Guttentagsche Sammlung
Nr. 156. Deutscher Reichsgesetze. Nr. 156.
Textausgaben mit Anmerkungen.

Mietrecht
und
Wohnungsmangelgesetzgebung

im Reiche, in Preußen und in Berlin, einschl. Hauszinssteuer, Kostenwesen und Rechtsentscheiden des Kammergerichts und Obersten Landesgerichts.

Dritte Auflage.

Zusammengestellt und mit ausführlichem Schlagwortregister versehen von

Landgerichtsrat O. Krieg.

Berlin und Leipzig 1925.
Walter de Gruyter & Co.
vormals G. J. Göschen'sche Verlagshandlung — J. Guttentag, Verlagsbuchhandlung — Georg Reimer — Karl J. Trübner — Veit & Comp.

Druck von Walter de Gruyter & Co., Berlin W. 10

Inhaltsverzeichnis.

IV. Kostenwesen.

V. Rechtsprechung.

VI. Register

I.

Reichsrecht.

A.

Reichsmietengesetz.

Vom 24. März 1922 (RGBl. I 273).
In Kraft in Preußen seit 1. 7. 22 (VO. v. 12. 6. 22, GS. 129).

Gesetzliche Miete.

§ 1. Der Vermieter wie der Mieter eines Gebäudes oder Gebäudeteils kann jederzeit dem anderen Vertragsteil gegenüber erklären, daß die Höhe des Mietzinses nach den Vorschriften dieses Gesetzes berechnet werden soll (gesetzliche Miete). Die Erklärung bedarf der schriftlichen Form. Sie hat die Wirkung, daß die gesetzliche Miete von dem ersten Termin ab, für den die Kündigung nach § 565 des Bürgerlichen Gesetzbuchs[1]) zulässig sein würde, an die Stelle des vereinbarten Mietzinses tritt.

---

[1]) „Bei Grundstücken ist die Kündigung nur für den Schluß eines Kalendervierteljahrs zulässig; sie hat spätestens am dritten Werktage des Vierteljahrs zu erfolgen. Ist der Mietzins nach Monaten bemessen, so ist die Kündigung nur für den Schluß eines Kalendermonats zulässig; sie hat spätestens am fünfzehnten des Monats zu erfolgen. Ist der Mietzins nach Wochen bemessen, so ist die Kündigung nur für den Schluß einer Kalenderwoche zulässig; sie hat spätestens am ersten Werktage der Woche zu erfolgen.

(Abs. 3:) Ist der Mietzins für ein Grundstück .... nach Tagen bemessen, so ist die Kündigung an jedem Tage für den folgenden Tag zulässig."

§ 580: „Die Vorschriften über die Miete von Grundstücken gelten auch für die Miete von Wohnräumen und anderen Räumen."

Kommt ein Einverständnis über die Höhe der gesetzlichen Miete nicht zustande, so entscheidet auf Antrag eines Vertragsteils das Mieteinigungsamt.

Auf Verlangen der Gemeindebehörde hat das Mieteinigungsamt Mietzinsvereinbarungen über Gebäude oder Gebäudeteile nachzuprüfen und, wenn der vereinbarte Mietzins im Vergleiche zu der gesetzlichen Miete für einen Vertragsteil eine schwere Unbilligkeit darstellt, an Stelle des vereinbarten Mietzinses die gesetzliche Miete festzusetzen.

Die oberste Landesbehörde kann für das ganze Land oder für bestimmte Gemeinden oder Gemeindeteile anordnen, daß das Mieteinigungsamt die Nachprüfung und Festsetzung auch von Amts wegen vornehmen kann; sie kann weiter anordnen, daß Vereinbarungen über die Höhe des Mietzinses der Gemeindebehörde oder dem Mieteinigungsamt anzuzeigen sind.

Diese Vorschriften finden auch Anwendung, wenn der bisherige Mietzins durch das Mieteinigungsamt festgesetzt oder auf Grund landesrechtlicher Vorschriften zu berechnen war.

Berechnung der gesetzlichen Miete.

§ 2. Bei Berechnung der gesetzlichen Miete ist von dem Mietzins auszugehen, der für die mit dem 1. Juli 1914 beginnende Mietzeit vereinbart war (Friedensmiete). Der in der Friedensmiete für Betriebs- und Instandsetzungskosten enthaltene Betrag ist abzurechnen. Das gleiche gilt für Vergütungen, die in der Friedensmiete für die Heizstoffe für Sammelheizung oder Warmwasserversorgung oder für andere von der obersten Landesbehörde bestimmte Nebenleistungen (z. B. Glasversicherung) enthalten sind.

Die oberste Landesbehörde hat für die abzurechnenden Beträge Hundertsätze der Friedensmiete festzusetzen. Der sich nach Abzug dieser Hundertsätze ergebende Betrag bildet die Grundmiete.

Der Vermieter hat dem Mieter auf Verlangen Auskunft über die Höhe der Friedensmiete zu geben. Insbesondere hat der Vermieter einen in seinem Besitze befindlichen Mietvertrag über die Räume, aus dem die Höhe der Friedensmiete hervorgeht, dem Mieter auf Verlangen vorzulegen.

Besteht über die Höhe der Friedensmiete Streit, so ist sie auf Antrag eines Vertragsteils von dem Mieteinigungsamte festzustellen.

War eine Friedensmiete nicht vereinbart oder läßt sie sich nicht mehr feststellen, oder weicht sie aus besonderen, in der damaligen Beschaffenheit des Raumes oder den damaligen Verhältnissen der Vertragsteile liegenden Gründen in außergewöhnlichem Umfang von dem damaligen ortsüblichen Mietzins ab, so hat das Mieteinigungsamt auf Antrag eines Vertragsteils als Friedensmiete den ortsüblichen Mietzins festzusetzen. Das gleiche gilt für Gebäude und Gebäudeteile, die nach dem 1. Juli 1914 bezugsfertig geworden oder in erheblicher Weise baulich verändert sind oder zu wesentlich anderen Zwecken verwendet werden, sofern diese Umstände einen abweichenden Mietzins rechtfertigen. Als ortsüblich ist der Mietzins anzusehen, der für die mit dem 1. Juli 1914 beginnende Zeit in der Gemeinde für Räume gleicher Art und Lage regelmäßig vereinbart war. Bei Bauten, deren Fertigstellung in der Zeit vom 1. Juli 1914 bis zum 30. Juni 1918 erfolgte, hat das Mieteinigungsamt die

Friedensmiete in der Höhe festzusetzen, welche den gegen die Friedenszeit erhöhten Baukosten entspricht.

Stehen in einem Gebäude die Friedensmieten der einzelnen Wohnungen oder Räume in einem offenbaren Mißverhältnisse zueinander, so hat das Mieteinigungsamt auf Antrag eines Vertragsteils die Friedensmieten innerhalb ihres Gesamtbetrags gegeneinander auszugleichen. Für das Wertverhältnis ist die Ortsüblichkeit am 1. Juli 1914 maßgebend.

Der ortsübliche Mietzins ist nach Abs. 4 auch dann festzusetzen, wenn eine Festsetzung des ortsüblichen Mietzinses auf Grund landesrechtlicher Vorschriften erfolgt war.

§ 3. Zu der Grundmiete (§ 2 Abs. 1) treten Zuschläge für

1. die Steigerung der Zinsen einer in der Vorkriegszeit vorhandenen Belastung des damaligen Grundstückswerts, soweit die Belastung in dem Bezirke, für den der Zuschlag festgesetzt wird, allgemein üblich war, und die Steigerung der Kosten für die Erneuerung dieser Belastung,
2. die Betriebskosten,
3. die Kosten für laufende Instandsetzungsarbeiten.

Die Zuschläge zu 2 und 3 müssen der jeweiligen Höhe der Betriebskosten und der Kosten für laufende Instandsetzungsarbeiten Rechnung tragen. Sie sind in Hundertsätzen der Grundmiete festzusetzen und können nach Gruppen und Klassen von Mieträumen abgestuft werden.

§ 4. Betriebskosten sind für das Haus zu entrichtende Steuern, öffentliche Abgaben, Versicherungsgebühren, Verwaltungskosten und ähnliche Unkosten.

Die Kosten für Heizstoffe für Sammelheizung und Warmwasserversorgung und die von der obersten Landesbehörde nach § 2 Abs. 1 Satz 3 bestimmten Nebenleistungen sind nicht zu berücksichtigen.

§ 5. Als laufende Instandsetzungsarbeiten gelten nicht die vollständige Erneuerung der Dachrinnen und Ablaufrohre, das Umdecken des Daches, der Abputz oder Anstrich des Hauses im Äußeren, der Neuanstrich des ganzen Treppenhauses im Innern, die Erneuerung der Heizanlage bei Sammelheizung und Warmwasserversorgung (große Instandsetzungsarbeiten). Die oberste Landesbehörde kann bestimmen, daß auch ähnliche außerordentliche, einen größeren Kostenaufwand erfordernde Instandsetzungsarbeiten, soweit sie zur ordnungsmäßigen Erhaltung des Hauses als solchen erforderlich sind, als große Instandsetzungsarbeiten gelten sollen.

§ 6. Der Instandsetzungszuschlag (§ 3) ist von dem Vermieter für die erforderlichen laufenden Instandsetzungsarbeiten sachgemäß zu verwenden. Der Vermieter hat der Mietervertretung auf Antrag die Verwendung der Gelder nachzuweisen.

Hat der Vermieter die Ausführung notwendiger laufender Instandsetzungsarbeiten unterlassen oder die Gelder nicht sachgemäß verwendet, so hat eine von der obersten Landesbehörde zu bestimmende Stelle auf Antrag des Mieters oder von Amts wegen die sachgemäße Ausführung der Instandsetzungsarbeiten durch geeignete Anordnungen zu sichern. Sie kann insbesondere anordnen, daß die Mieter einen entsprechenden Teil des Mietzinses nicht an den Vermieter, sondern an die Stelle selbst oder eine andere Stelle zu entrichten haben; der hiernach zu zahlende Betrag darf nicht höher sein als der Instandsetzungszuschlag (§ 3). Ist eine solche Anordnung getroffen, so erlischt insoweit der Anspruch des Vermieters auf Zahlung des Mietzinses; nicht verwendete Beträge sind dem Vermieter herauszugeben.

Vor einer Anordnung nach Abs. 2 sind beide Vertragsteile zu hören. Handelt es sich dabei um schwierigere heiztechnische Fragen für Heizanlagen größeren Umfanges, so soll vor der Entscheidung eine geeignete sachverständige Stelle gehört werden.

Die oberste Landesbehörde regelt das Verfahren im einzelnen; sie kann insbesondere anordnen, daß die Beträge von den Mietern wie Gemeindeabgaben beigetrieben werden können.

Große Instandsetzungsarbeiten.

§ 7. Zur Schaffung von Mitteln für große Instandsetzungsarbeiten ist von den Mietern ein weiterer Zuschlag in einem Hundertsatze der Grundmiete zu zahlen, der von der obersten Landesbehörde festzusetzen ist. Dieser Zuschlag ist von dem Vermieter auf ein für sein Haus oder seinen Hausbesitz besonders einzurichtendes Hauskonto einzuzahlen und lediglich für große Instandsetzungsarbeiten an den Gebäuden des Vermieters zu verwenden. Eine Verfügung des Vermieters über das Hauskonto bedarf der Zustimmung der Mieter. Wird die Zustimmung verweigert, so kann sie auf Antrag des Vermieters durch eine von der obersten Landesbehörde zu bestimmende Stelle ersetzt werden. Die oberste Landesbehörde trifft nähere Anordnungen über die Zustimmung der Mieter sowie über die Einrichtung sowie die Verwendung des Hauskontos. Sie kann insbesondere anordnen, daß die Mieter den Zuschlag nicht an den Vermieter, sondern unmittelbar auf das Hauskonto einzuzahlen haben. Ist eine solche Anordnung getroffen, so erlischt insoweit der Anspruch des Vermieters auf Zahlung des Zuschlags. § 6 Abs. 4 findet Anwendung.

Die oberste Landesbehörde kann ferner anordnen, daß der Vermieter für nicht vermietete Räume sowie für Räume, für welche nicht die gesetzliche Miete zu zahlen ist, den entsprechenden Betrag auf das Hauskonto einzuzahlen hat. § 6 Abs. 4 findet Anwendung.

Gemeinden und Gemeindeverbände können mit Zustimmung der obersten Landesbehörde einen Ausgleichsfonds einrichten, aus dem für große Instandsetzungsarbeiten, die mit den im Abs. 1 bestimmten Zuschlägen nicht gedeckt werden können, an wirtschaftlich Schwache Beihilfen nach billigem Ermessen gewährt werden. Die Mittel hierzu sind durch einen besonderen Zuschlag zu dem nach den §§ 6, 9 des Gesetzes über die Erhebung einer Abgabe zur Förderung des Wohnungsbaues vom 26. Juni 1921 (Reichsgesetzbl. S. 773)[1]) den Gemeinden (Gemeindeverbänden) zufließenden Zuschlag zu der Abgabe zur Förderung des Wohnungsbaues zu beschaffen. Die oberste Landesbehörde kann die Höhe des Zuschlags bestimmen, sie kann ferner nähere Vorschriften über die Verwaltung und Verwendung der Mittel erlassen. Über einen Antrag auf Gewährung von Mitteln aus dem Ausgleichsfonds ist unter Hinzuziehung von Vermieter- und Mietervertretern zu entscheiden. Sind örtliche Vermieter- und Mietervereinigungen vorhanden, so sind die von diesen benannten Vertreter zu hören. Der Ausgleichsfonds ist steuerfrei.

Mit Zustimmung des Reichsarbeitsministers kann die oberste Landesbehörde Ausnahmen von dem Grundsatz des Abs. 1 zulassen. Soweit eine solche Ausnahme zu-

[1]) Aufgehoben durch § 61 der Dritten Steuernotverordnung v. 14. 2. 24, unten zu B.

gelassen ist, ist auf Antrag eines Vertragsteils vom Mieteinigungsamt ein Zuschlag unter Berücksichtigung der Bedürfnisse des Gebäudes für eine im Einzelfalle seit Oktober 1920 ausgeführte oder in den nächsten zwölf Monaten erforderlich werdende große Instandsetzungsarbeit zu bestimmen.

§ 8. Läßt der Vermieter trotz Aufforderung durch die Gemeindebehörde eine notwendige große Instandsetzungsarbeit innerhalb einer angemessenen, von der Gemeindebehörde bei der Aufforderung zu bestimmenden Frist nicht ausführen, so ist die Gemeindebehörde berechtigt, die Arbeit selbst vorzunehmen. Im Falle des § 7 Abs. 1 kann die Gemeindebehörde die erforderlichen Mittel von dem Hauskonto in Anspruch nehmen. Im Falle des § 7 Abs. 4 ist sie zur Stellung des Antrags bei dem Mieteinigungsamte berechtigt. Das Mieteinigungsamt kann anordnen, daß die Mieter den Zuschlag nicht an den Vermieter, sondern an die Gemeindebehörde zu entrichten haben; ist eine solche Anordnung getroffen, so erlischt insoweit der Anspruch des Vermieters auf Zahlung des Betrags. Die Gemeindebehörde kann die Beträge von den Mietern wie Gemeindeabgaben beitreiben lassen.

§ 9. Hat der Vermieter das Gebäude erst nach dem 1. Januar 1920 erworben oder erwirbt er es erst nach dem Inkrafttreten dieses Gesetzes, so kann er die Gewährung von Mitteln für große Instandsetzungsarbeiten zur Beseitigung solcher Mängel nicht verlangen, die beim Erwerbe des Gebäudes bereits vorhanden waren, und die er gekannt hat oder kennen mußte.

Soweit der Vermieter mit Bezug auf das Gebäude Versicherungssummen, Vergütungen für Bergschäden oder Zuwendungen aus anderen Gründen zur Wiederherstellung des früheren Zustandes erhält, sind Mittel für große Instandsetzungsarbeiten nach § 7 nicht zu zahlen.

Gewerbliche Betriebe.

§ 10. Sind Räume an den Unternehmer eines gewerblichen Betriebs vermietet, so kann das Mieteinigungsamt auf Antrag des Vermieters einen besonderen Zuschlag zu der gesetzlichen Miete festsetzen, wenn und soweit infolge der Eigenart des Betriebs besonders hohe Betriebs- und Instandsetzungskosten entstehen und die nach § 3 Abs. 1 Nr. 2 und 3 festgesetzten Zuschläge zur Deckung dieser Kosten nicht ausreichen.

Für Räume, die zu gewerblichen Zwecken (§ 1 der Reichsgewerbeordnung) hergestellt sind oder mit Zustimmung der Gemeindebehörde für gewerbliche Zwecke verwendet werden, kann ein weiterer Zuschlag in Hundertsätzen der Grundmiete festgesetzt werden. Bei seiner Festsetzung ist auf die allgemeine Lage der Gewerbe sowie darauf Rücksicht zu nehmen, daß wirtschaftlich schwache Betriebe nicht in ihrer Existenz gefährdet werden. Der Zuschlag kann nach Klassen abgestuft werden.

Festsetzung der Hundertsätze.

§ 11. Die oberste Landesbehörde kann die in den §§ 2, 3, 7, 10 bezeichneten Hundertsätze für das Land oder für bestimmte Gemeinden oder Gemeindeteile selbst festsetzen oder die Festsetzung der Gemeindebehörde übertragen. Vor der Festsetzung der Hundertsätze sind Vermieter- und Mietervertreter zu hören; sind örtliche Vermieter- oder Mieterorganisationen vorhanden, so sind die von diesen benannten Vertreter zu hören. Eine Änderung der Hundertsätze ist zulässig; ist die Festsetzung durch die Gemeindebehörde erfolgt, so kann auch die oberste Landesbehörde die Sätze ändern. Die Änderung wirkt von dem auf den Zeitpunkt der Bekanntgabe folgenden nächsten Monatsersten oder von dem bei der Bekanntgabe bestimmten späteren Zeitpunkt. Das Nähere über das Verfahren bestimmt die oberste Landesbehörde.

Sammelheizung, Warmwasserversorgung und Nebenleistungen.

§ 12. Die Kosten der Heizstoffe für Sammelheizung und Warmwasserversorgung sowie für andere von der obersten Landesbehörde nach § 2 Abs. 1 Satz 3 bestimmte Nebenleistungen sind getrennt von der gesetzlichen Miete zu berechnen. Soweit derartige Nebenleistungen (z. B. Glasversicherung) nur bei einzelnen Mietern entstehen, haben nur diese Mieter sie zu tragen.

Die oberste Landesbehörde bestimmt, wie die Kosten der Heizstoffe für Sammelheizung und Warmwasserversorgung und die nach § 2 Abs. 1 Satz 3 bestimmten sonstigen Nebenleistungen auf die Mieter umzulegen sind. Sie kann anordnen, daß der Vermieter verpflichtet ist, dem Mieter Auskunft über die Höhe der Kosten der Heizstoffe oder der Nebenleistungen zu geben und die erforderlichen Belege vorzulegen.

§ 13. Das Mieteinigungsamt kann, gleichviel ob ein Mietzins vereinbart oder die gesetzliche Miete zu zahlen ist, auf Antrag eines Vertragsteils anordnen, daß der Vermieter berechtigt oder verpflichtet ist, die Sammelheizung oder Warmwasserversorgung in gewissen Fällen ganz oder teilweise einzustellen.

Ist eine solche Anordnung getroffen, so tritt eine entsprechende Minderung der für die Heizstoffe für Sammelheizung oder Warmwasserversorgung zu leistenden Vergütung ein.

Untermiete.

§ 14. Ist ein Mietraum weitervermietet, so muß der hierfür zu entrichtende Mietzins unter Berücksichtigung etwaiger Nebenleistungen, wie Überlassung von Einrichtungsgegenständen und Leistung von Diensten, in einem angemessenen Verhältnis zu dem auf den Raum entfallenden Teile des Hauptmietzinses stehen. Die oberste Landesbehörde hat nähere Bestimmungen über die Berechnung der Untermiete zu treffen. § 1 gilt entsprechend.

Abs. 1 gilt auch, wenn ein Hauseigentümer oder jemand, der ein Grundstück auf Grund eines Erbbaurechts, Nießbrauchs oder eines ähnlichen Rechtsverhältnisses innehat, einen Teil des von ihm selbst im Hause benutzten Raumes vermietet.

Entscheidungen des Mieteinigungsamts.

§ 15. Die auf Grund dieses Gesetzes vom Mieteinigungsamte getroffenen Entscheidungen gelten als vereinbarte Bestimmungen des Mietvertrags.

Ausnahmebestimmungen.

§ 16. Die Vorschriften dieses Gesetzes finden auf Neubauten oder durch Um- oder Einbauten neugeschaffene Räume, wenn sie nach dem 1. Juli 1918 bezugsfertig geworden sind oder künftig bezugsfertig werden, keine Anwendung. Das gleiche gilt für Räume in Gebäuden, die im Eigentume des Reichs, eines Landes oder einer sonstigen Körperschaft des öffentlichen Rechtes stehen und entweder öffentlichen Zwecken oder zur Unterbringung von

Angehörigen der Verwaltung des Reichs, des Landes oder der Körperschaft dienen oder diesen Zwecken, falls die Gebäude bereits vor dem 1. Oktober 1918 im Eigentume der genannten Körperschaften standen, zu dienen bestimmt sind. Die Vorschriften des Gesetzes finden ferner keine Anwendung auf die Abgabe von Räumen solcher Gesellschaften und Genossenschaften, deren Zweck ausschließlich darauf gerichtet ist, minderbemittelten Familien oder Personen gesunde und zweckmäßig eingerichtete Wohnungen in eigens erbauten oder angekauften Häusern zu billigen Preisen zu verschaffen, und bei denen die unter Ziffer 1 des Abschnitts „Befreiungen" der Nr. 1 des Tarifs zum Reichsstempelgesetze vom 3. Juli 1913 (Reichsgesetzbl. S. 639) in der Fassung des Gesetzes zur Änderung des Reichsstempelgesetzes vom 26. Juli 1918 (Reichsgesetzbl. S. 799) aufgeführten Voraussetzungen[1]) vorliegen; so-

[1]) Reichsstempelgesetz Tarifnummer 1, Befreiungen zu 1, lautet:

„Von der Stempelabgabe befreit sind inländische Gesellschaften und Genossenschaften, wenn ihr Zweck ausschließlich gemeinnützig ist und wesentlich der Förderung der minderbemittelten Volksklassen dient, der Reingewinn satzungsmäßig auf eine höchstens fünfprozentige Verzinsung der Kapitaleinlagen beschränkt, auch bei Auslosungen, Ausscheiden eines Gesellschafters oder für den Fall der Auflösung der Gesellschaft nicht mehr als der Nennwert des Anteils zugesichert und bei der Auflösung der etwaige Rest des Gesellschaftsvermögens für gemeinnützige Zwecke bestimmt ist. Die Entscheidung darüber, ob die vorbezeichneten Voraussetzungen vorliegen, erfolgt im Einverständnisse mit dem Reichskanzler durch die oberste Landesfinanzbehörde.

Diese ist ermächtigt, im Einverständnisse mit dem Reichskanzler die Befreiung auch dann zu bewilligen, wenn die Gesellschaft satzungsmäßig eine höchstens sechsprozentige Verzinsung der Kapitaleinlagen gewährt."

weit derartige Gesellschaften und Genossenschaften einem Revisionsverbande nicht angehören, entscheidet die oberste Landesbehörde, ob die in dem ersten Halbsatz genannten Voraussetzungen zutreffen.

Auf Neubauten, die mit Zuschüssen aus den für die Wiederherstellung der während des Krieges zerstörten Gebiete bereitgestellten Mitteln errichtet sind, finden die Vorschriften dieses Gesetzes Anwendung[1]).

Mietervertretung.

§ 17. Die Mieter eines Hauses sind berechtigt, einen oder mehrere von ihnen mit ihrer Vertretung in Mietangelegenheiten zu beauftragen (Mietervertretung, Vertrauensmann der Mieter, Mieterausschuß).

Die Mietervertretung soll das Einvernehmen zwischen den Mietern und dem Vermieter fördern. Jeder Beteiligte soll sich in Streitfällen, insbesondere vor Anrufung des Mieteinigungsamts, zunächst an die Mietervertretung, soweit eine solche vorhanden, wenden; diese soll den Sachverhalt nach Möglichkeit klären und eine gütliche Einigung herbeizuführen suchen. Die Mietervertretung ist ferner befugt, die nach § 6 zulässigen Anträge neben dem Mieter oder an seiner Stelle zu stellen. In den Fällen des § 7 Abs. 1 Satz 4 und Abs. 4 soll vor der Entscheidung über einen Antrag des Vermieters die Mietervertretung gehört werden. Im Falle des § 7 Abs. 3 kann die oberste Landesbehörde bestimmen, daß

---

[1]) Vgl. weiter Art. II Nr. 2 VO. v. 24. 12. 23, unten zu F:

„Die mit Unterstützung des Hilfswerkes Oppau errichteten Räume unterliegen den Vorschriften .... des Reichsmietengesetzes vom 24. März 1922.“

die Mietervertretung die Auszahlung von Mitteln beantragen kann. Für Mieträume mit Sammelheizung und Warmwasserversorgung kann von der obersten Landesbehörde bestimmt werden, daß der Vermieter die Kosten der Heizstoffe einer zu diesem Zwecke nach näherer Anordnung der obersten Landesbehörde zu bildenden Mietervertretung nachzuweisen hat und daß dieser ein Mitwirkungs- und Aufsichtsrecht bei Beschaffung, Lagerung und Verwendung der Heizstoffe zusteht.

Bei der Wahrnehmung ihrer Aufgaben hat die Mietervertretung dahin zu wirken, daß die Vertragsteile Forderungen und Maßnahmen unterlassen, welche die gemeinsamen Interessen der Vertragsteile oder das Gemeininteresse schädigen.

Mietenverzeichnis.

§ 18. Die oberste Landesbehörde kann allgemein oder für bestimmte Gemeinden anordnen, daß der Vermieter der Gemeindebehörde binnen einer bestimmten Frist anzuzeigen hat, was ihm über die Höhe der das Haus betreffenden Friedensmieten (§ 2 Abs. 1 Satz 1) bekannt ist. In den Fällen des § 2 Abs. 3, 4 und 5 hat das Mieteinigungsamt die von ihm festgestellte oder festgesetzte Friedensmiete der Gemeindebehörde mitzuteilen.

Die Gemeindebehörden haben die Anzeigen zu sammeln und nach näherer Bestimmung der obersten Landesbehörde aufzubewahren. Die oberste Landesbehörde bestimmt auch die Form und den Inhalt der von dem Vermieter zu erstattenden Anzeige.

Schlußbestimmungen.

§ 19. Auf die nach diesem Gesetze den Vertragsteilen

zustehenden Rechte kann nicht verzichtet werden. Eine Vereinbarung, nach der einem Vertragsteil bei Ausübung der Rechte besondere Nachteile erwachsen sollen, ist unwirksam.

Die Vorschriften dieses Gesetzes finden auch auf Verträge Anwendung, die unter Umgehung oder zum Zwecke der Umgehung des Gesetzes abgeschlossen sind.

§ 20. Tritt die gesetzliche Miete an die Stelle des vereinbarten Mietzinses, so richtet sich die Verpflichtung zur Tragung der Betriebskosten und zur Instandhaltung des Mietraums nach den Vorschriften des Bürgerlichen Gesetzbuchs; außerdem erlischt jede vom Vermieter oder Mieter übernommene, ihm nach den Vorschriften des Bürgerlichen Gesetzbuchs über den Mietvertrag nicht obliegende Verpflichtung, sofern sie auf die Festsetzung der Höhe des Mietzinses offenbar von Einfluß war. Im übrigen bleiben die auf Gesetz oder Vertrag beruhenden Rechte und Pflichten der Vertragsteile unberührt.

§ 21. Die Reichsregierung kann mit Zustimmung des Reichsrats Vorschriften zur Ausführung dieses Gesetzes erlassen[1]). Soweit sie von dieser Befugnis keinen Gebrauch macht, kann die oberste Landesbehörde die Ausführungsvorschriften erlassen[2]).

§ 22. Die oberste Landesbehörde kann die in diesem Gesetz ihr selbst oder der Gemeindebehörde zugewiesenen Befugnisse allgemein oder in bestimmten Fällen anderen Stellen übertragen. Sie kann anordnen, daß die Berechnung der gesetzlichen Zuschläge in bestimmten Gemeinden oder Gemeindeteilen nach anderen Grundsätzen erfolgen soll, als im Gesetze vorgesehen ist, insbesondere, daß die Zuschläge für einzelne Mieträume besonders zu

---

[1]) Nicht geschehen.

[2]) Für Preußen unten zu K. b ff.

berechnen sind. Sie kann nach Anhörung des Reichsarbeitsministers weiter anordnen, daß bestimmte Gemeinden oder Gemeindeteile oder bestimmte Arten von Mieträumen[1]) von den Bestimmungen dieses Gesetzes auszunehmen sind; sie kann nach Anhörung des Reichsarbeitsministers ferner anordnen, daß für das Land oder für bestimmte Gemeinden oder Gemeindeteile die gesetzliche Miete für alle Mietverhältnisse gelten soll.

§ 23. Ein Vermieter, der eine ihm nach § 1 Abs. 4 oder § 18 obliegende Anzeige vorsätzlich nicht oder nicht rechtzeitig erstattet oder wissentlich unrichtige oder unvollständige Angaben macht, wird mit Geldstrafe bis zu hunderttausend Mark[2]) oder mit Haft bestraft.

§ 24. Dieses Gesetz tritt zu dem von der obersten Landesbehörde bestimmten Tage, spätestens am 1. Juli 1922 in Kraft; gleichzeitig tritt die Verordnung über Sammelheizung und Warmwasserversorgungsanlagen in Mieträumen vom 22. Juni 1919 (Reichsgesetzbl. S. 595) / 29. Oktober 1920 (Reichsgesetzbl. S. 1846) außer Kraft. Ein auf Grund der bisherigen Vorschriften festgesetzter Mietzins gilt als vereinbart.

Das Gesetz tritt mit dem 1. Juli 1926 außer Kraft.

---

1) In Preußen z. B. möblierte Zimmer: unten Ja, b.

2) Jetzt Geldstrafengesetz in der Fassung v. 23. 11. 23 (RGBl. I 1117)/6. 2. 24 (RGBl. I 44).

B.

Dritte Steuernotverordnung.

Vom 14. Februar 1924 (RGBl. I 74).
In Kraft seit 14. 2. 24.

Auf Grund des Ermächtigungsgesetzes vom 8. Dezember 1923 (Reichsgesetzbl. I S. 1179) wird nach Anhörung eines Ausschusses des Reichstags und eines Ausschusses des Reichsrats von der Reichsregierung folgendes verordnet[1]):

---

[1]) Wegen der Zweifelhaftigkeit der Rechtslage ist ergangen die

Verordnung zur einstweiligen Regelung der Aufwertung.

Vom 4. Dez. 1924 (RGBl. I 765, ausgegeben 9. 12. 24).

Auf Grund des Artikel 48 der Reichsverfassung wird folgendes verordnet:

Art. I. Bis zur Regelung im Wege der ordentlichen Gesetzgebung sind die Vorschriften der Dritten Steuernotverordnung vom 14. Februar 1924 (Reichsgesetzbl. I S. 74) . . . für die Aufwertung und die übrigen in diesen Verordnungen behandelten Gegenstände maßgebend.

Art. II. Die im § 2 Abs. 1 Satz 3 . . . der Dritten Steuernotverordnung . . . bestimmten Fristen werden bis zum 31. März 1925 verlängert.

Berlin, den 4. Dezember 1924.

Der Reichspräsident.
Ebert.
Der Reichskanzler.
Zugleich für den Reichsminister des Innern.
Marx.
Der Reichsminister der Finanzen.
Dr. Luther.
Der Reichsminister der Justiz.
In Vertretung.
Dr. Joël.

§ 1. (1) Ansprüche aus Rechtsverhältnissen, die vor dem Inkrafttreten dieser Verordnung begründet sind und die Zahlung einer bestimmten in Reichswährung ausgedrückten Geldsumme zum Gegenstande haben, werden, soweit es sich um Vermögensanlagen handelt, die durch den Währungsverfall entwertet sind, nach Maßgabe der §§ 2 bis 11 aufgewertet. Dies gilt nicht, wenn der verbliebene Goldwert fünfzehn vom Hundert des ursprünglichen Goldmarkbetrags (§ 2 Abs. 2) erreicht oder übersteigt.

(2) Als Vermögensanlagen im Sinne dieser Verordnung gelten:

1. Hypotheken, Grundschulden und Rentenschulden;
2. Reallasten;
3. pp.;
4. durch Hypothek, Schiffspfandrecht oder Bahnpfandrecht gesicherte Forderungen;
5. pp.

§ 2. (1) Ansprüche aus Vermögensanlagen der im § 1 Abs. 2 Ziffer 1, 2, 3 bezeichneten Art werden auf fünfzehn vom Hundert des Goldmarkbetrags aufgewertet. Der Schuldner kann eine Herabsetzung der Aufwertung verlangen, wenn dies mit Rücksicht auf seine wirtschaftliche Lage zur Abwendung einer groben Unbilligkeit unabweisbar erscheint. Die Herabsetzung des Aufwertungsbetrags ist nur zulässig, wenn das Verlangen bis zum 31. Dezember 1924[1]) bei der Aufwertungsstelle (§ 9) gestellt ist.

---

[1]) Verlängert bis 31. 3. 25 durch Art. II VO. v. 4. 12. 24 (RGBl. I 765), Anm. 1 S. 25. Weiter verlängert bis 30. 6. 25 durch Ges. v. 27. 3. 25 (RGBl. I 29).

(2) Als Goldmarkbetrag gilt bei Ansprüchen, die der Gläubiger oder sein Erblasser vor dem 1. Januar 1918 erworben hat, der Nennbetrag. Bei später erworbenen Ansprüchen ist für die Berechnung des Goldmarkbetrags der Tag des Erwerbes maßgebend .... An Stelle des Nennbetrags ist der Erwerbspreis der Berechnung zugrunde zu legen, wenn er niedriger ist....

§ 3. Ansprüche der im § 1 Abs. 2 Ziffer 4 bezeichneten Art werden nach Maßgabe der Vorschriften des § 2 Abs. 1, 2 aufgewertet, soweit nicht nach allgemeinen Vorschriften eine höhere oder geringere Aufwertung stattfindet.

§ 5. (1) Die Zahlung der gemäß § 2 bis 4 aufgewerteten Kapitalbeträge kann nicht vor dem 1. Januar 1932 verlangt werden.

(2) Die aufgewerteten Ansprüche sind bis zum 31. Dezember 1924 unverzinslich. Rückständige Zinsen gelten als mit dem Inkrafttreten dieser Verordnung erlassen. Vom 1. Januar 1925 ab beträgt der Zinssatz 2 vom Hundert; er erhöht sich in jedem weiteren Jahre um je 1 vom Hundert, bis der Satz von 5 vom Hundert erreicht ist. Die Verpflichtung zur Leistung von Tilgungsbeträgen ruht bis zu diesem Zeitpunkt.

(3) Wiederkehrende Leistungen, die auf Grund einer Reallast oder Rentenschuld geschuldet werden, sind im Jahre 1925 mit 40 vom Hundert zu bewirken; in jedem weiteren Jahre erhöht sich der Satz um 20 vom Hundert, bis der aufgewertete Betrag der Jahresleistung erreicht ist.

§ 26. (1) Die Länder und nach näherer Bestimmung des Landesrechts die Gemeinden (Gemeindeverbände) erheben im Zusammenhange mit der Regelung des Mietwesens von dem bebauten Grundbesitz eine Steuer.

§ 27. (1) Die Länder werden ermächtigt, die Mietzinsbildung abweichend von den Vorschriften des Reichsmietengesetzes vom 24. März 1922 (Reichsgesetzbl. I S. 273)[1]) zu regeln[2]).

(2) Wollen die Länder bei einer solchen Regelung vom bürgerlichen Rechte in anderer Weise abweichen, als dies im Reichsmietengesetze vorgesehen ist, so bedarf es der Zustimmung der Reichsregierung; die Reichsregierung kann insoweit mit Zustimmung des Reichsrats Grundsätze aufstellen.

(3) Die Länder haben von der ihnen durch Abs. 1 erteilten Ermächtigung in der Weise Gebrauch zu machen, daß die Mieten allmählich gemäß der Entwicklung der allgemeinen Wirtschaftslage den Friedensmieten angenähert werden. Dabei sind neben den steuerlichen Bedürfnissen der Länder und Gemeinden auch die allgemeinen Interessen, insbesondere an der ordnungsmäßigen Unterhaltung und Instandsetzung der Häuser und die Leistungsfähigkeit der als Mieter in Betracht kommenden Bevölkerungskreise zu berücksichtigen. Als Friedensmiete gilt der Goldmarkbetrag des Mietzinses, der für die mit dem 1. Juli 1914 beginnende Mietzeit vereinbart war; die Länder treffen über die Festsetzung der Friedensmiete für besondere Fälle Bestimmung.

§ 28. (1) Die Besteuerung kann in Form einer besonderen Aufwertungssteuer oder einer Steuer vom Grundvermögen erfolgen; im zweiten Falle muß eine getrennte

---

[1]) Oben zu A.

[2]) Für Preußen unten zu Keff.

Berechnung der auf Grund dieser Verordnung erhobenen Grundsteuer und der allgemeinen Grundsteuer vorgesehen sein.

(2) Die Steuer soll so bemessen sein, daß durch die Miete mindestens die Betriebs- und Instandsetzungskosten gedeckt werden, die nach den bestehenden Verhältnissen zur Erhaltung des Gebäudes erforderlich sind. Die dem Eigentümer hiernach verbleibenden Beträge müssen am 1. April 1924 30 vom Hundert der Friedensmiete erreicht haben.

(3) Soweit vor dem Inkrafttreten dieser Verordnung auf einem Grundstück eine privatrechtliche wertbeständige Last gemäß der Verordnung über die Eintragung von Hypotheken in ausländischer Währung vom 13. Februar 1920 (Reichsgesetzbl. S. 231) oder dem Gesetz über wertbeständige Hypotheken vom 23. Juni 1923 (Reichsgesetzbl. I S. 407) eingetragen ist, vermindert sich auf Antrag die Steuer um den Wert der aus der Last sich ergebenden laufenden Geldverpflichtung. Das gleiche gilt für die auf Grund des Gesetzes über das Zusatzabkommen zum Abkommen vom 6. Dezember 1920 zwischen dem Deutschen Reiche und der Schweizerischen Eidgenossenschaft, betreffend schweizerische Goldhypotheken in Deutschland und gewisse Arten von Frankenforderungen an deutsche Schuldner vom 23. Juni 1923 (Reichsgesetzbl. II S. 284) aus der Umwandlung einer schweizerischen Goldhypothek entstandenen Frankengrundschulden. Zu den laufenden Geldverpflichtungen gehören in diesem Falle auch Tilgungsbeträge, die zur Abtragung der Frankengrundschuld angesammelt werden. Die näheren Bestimmungen darüber, in welcher Höhe Tilgungen

als angemessen anzusehen sind, treffen die Landesregierungen. Soweit eine nicht wertbeständige privatrechtliche Last aufgewertet ist, vermindert sich auf Antrag die Steuer um den Wert der aus einer Aufwertung bis zu 15 vom Hundert des Nennbetrags in Goldmark sich ergebenden laufenden Geldverpflichtung; dies gilt nicht, soweit die Verpflichtungen den im § 5 Abs. 2 vorgesehenen Zinsbetrag übersteigen.

(4) Für den Fall, daß die hiernach erhobene Miete 70 vom Hundert der Friedensmiete übersteigt, vermindert sich auf Antrag des Eigentümers die Steuer im Verhältnis des Wertes seines Eigenkapitals zum Gesamtwert des Grundstücks, wobei der Betrag des Eigenkapitals um ein Drittel zu kürzen ist. Dem Antrag ist insoweit nicht zu entsprechen, als der Betrag der Steuer gegenüber dem Zustand bei einer 70 prozentigen Friedensmiete gekürzt werden würde. Für die Berechnung des Gesamtwerts und des Eigenkapitals ist der Stand vom 1. Juli 1914 maßgebend oder bei späterer Fertigstellung des Gebäudes der Stand im Zeitpunkt der Fertigstellung.

(5) Bei Grundstücken, die zu dem im vorstehenden Absatz bezeichneten Zeitpunkt entweder unbelastet waren oder deren dingliche privatrechtliche Belastung nicht mehr als 20 vom Hundert des Gesamtwerts betrug, ist der Betrag der Steuer auf Antrag des Eigentümers unabhängig von der Überschreitung der 70 prozentigen Friedensmiete soweit herabzusetzen, daß er nicht mehr als 20 vom Hundert der Friedensmiete ausmacht. Soweit es sich hierbei um Gebäude handelt, die nicht vermietet sind (Eigenhaus, Eigenwohnung), können die Länder eine weitere Minderung der Steuer eintreten lassen.

(6) Soweit nach den Bestimmungen eines Landes über die Mietzinsbildung die Steuer nicht in der gesetzlichen Miete enthalten, der Vermieter aber berechtigt ist, sie auf die Mieter umzulegen, bleibt der Vermieter auch im Falle der Befreiung oder Minderung der Steuer gemäß Abs. 3, 4 und 5 zur Umlegung eines der vollen Steuer entsprechenden Betrags berechtigt.

§ 29. Von der Besteuerung sind auszuschließen Neubauten oder durch Um- oder Einbauten neugeschaffene Gebäudeteile, wenn der Bau erst nach dem 1. Juli 1918 bezugsfertig geworden ist, es sei denn, daß die Neubauten, Um- oder Einbauten mit Beihilfen aus öffentlichen Mitteln ausgeführt worden sind. Die aus der Besteuerung dieser Neubauten aufkommenden Steuerbeträge sind ausschließlich zur Förderung des Wohnungsbaues zu verwenden....

§ 31. Die nach §§ 26 bis 30 erforderlichen Bestimmungen erlassen die Landesregierungen.

§ 32. (1) Die Bestimmungen der §§ 26—31 gelten so lange, als eine gesetzliche Miete in den betreffenden Landesteilen festgesetzt ist, jedoch nicht über den 31. März 1926 hinaus. Die Reichsregierung kann mit Zustimmung des Reichsrats die Bestimmungen zu einem früheren Zeitpunkt außer Kraft setzen.

§ 61. Das Reichsgesetz über die Erhebung einer Abgabe zur Förderung des Wohnungsbaues in der Fassung der Bekanntmachung vom 28. März 1923 (Reichsgesetzbl. I S. 238) tritt mit dem Ablauf des 31. März 1924 außer Kraft. Den Ländern bleibt es überlassen, die Veranlagung und Erhebung der Wohnungsbauabgabe schon für eine frühere Zeit einzustellen.

§ 65. Diese Verordnung tritt, soweit nicht ein anderer Zeitpunkt bestimmt ist, mit dem Tage der Verkündung in Kraft[1]).

Berlin, den 14. Februar 1924.

Der Reichskanzler.
Marx.

Der Reichsminister der Finanzen.
Dr. Luther.

Der Reichsminister der Justiz.
Emminger.

---

[1]) Die die VO. enthaltende Nr. 11 des RGBl. ist am 14. 2. 24 ausgegeben.

C.

Wohnungsmangelgesetz.

Vom 26. Juli 1923 (RGBl. I 754).

Fassung der Bekanntmachung des Reichsarbeitsministers v. 28. Juli 1923 (RGBl. I 754)[1]).

In Kraft in dieser Fassung seit 1. 9. 23 (Art. 5 RGes. v. 26. 7. 23, RGBl. I 751).

---

§ 1. Die oberste für das Wohnungswesen zuständige Landesbehörde kann Gemeindebehörden zu den nach diesem Gesetze zulässigen Anordnungen und Maßnahmen ermächtigen oder verpflichten. Sie kann die Anordnungen und Maßnahmen auch unmittelbar treffen oder die Berechtigung hierzu einer ihr unterstellten Behörde übertragen. Sie führt die Aufsicht über die Durchführung der Anordnungen oder Maßnahmen und erteilt die erforderlichen Anweisungen.

§ 2. Ohne vorherige Zustimmung der Gemeindebehörde dürfen

a) Gebäude oder Teile von Gebäuden nicht abgebrochen,
b) mehrere Wohnungen zu einer nicht vereinigt werden.

Räume, die bis zum 1. Oktober 1918 zu Wohnzwecken bestimmt oder benutzt waren, dürfen zu anderen Zwecken, insbesondere als Fabrik-, Lager-, Werkstätten-, Dienst- oder Geschäftsräume nicht verwendet werden. In besonderen Fällen kann die Gemeindebehörde Ausnahmen zulassen, wenn für den beanspruchten Raum neuer Wohnraum erstellt wird.

---

[1]) Wegen zeitweiliger Fortdauer des alten Rechtes siehe unten zu Me.

§ 3. Der Verfügungsberechtigte hat der Gemeindebehörde

a) unverzüglich Anzeige zu erstatten, sobald eine Wohnung oder Fabrik-, Lager-, Werkstätten-, Dienst-, Geschäftsräume oder sonstige Räume unbenutzt sind,
b) ihrem Beauftragten über die unbenutzten Wohnungen und Räume sowie über deren Vermietung Auskunft zu erteilen und ihm die Besichtigung zu gestatten.

Als unbenutzt gelten Wohnungen und Räume der bezeichneten Art, wenn sie völlig leerstehen oder nur zur Aufbewahrung von Sachen dienen, sofern dem Verfügungsberechtigten eine andere Aufbewahrung ohne Härte zugemutet werden kann, oder wenn der Verfügungsberechtigte seinen Wohnsitz dauernd oder zeitweilig in das Ausland verlegt hat.

§ 4. Die Gemeindebehörde kann für eine unbenutzte Wohnung oder andere unbenutzte Räume, die zu Wohnzwecken geeignet sind, von dem Verfügungsberechtigten verlangen, daß er mit einem der ihm bezeichneten Wohnungsuchenden innerhalb einer angemessenen Frist einen Mietvertrag abschließt. Kommt ein Mietvertrag nicht zustande, so setzt auf Anrufen der Gemeindebehörde das Mieteinigungsamt, falls für den Verfügungsberechtigten kein unverhältnismäßiger Nachteil aus der Vermietung an sich oder aus der Art des Mieters zu besorgen ist, einen Mietvertrag fest. Der Vertrag gilt als geschlossen, wenn der Wohnungssuchende[1]) nicht innerhalb einer vom Mieteinigungsamte zu bestimmenden Frist bei diesem

---

[1]) Die folgenden Worte: „oder der Verfügungsberechtigte" sind gestrichen durch Art. II Nr. 1 VO. v. 24. 12. 23, unten zu F.

Widerspruch erhebt. Der Inhalt des Vertrags gilt den Parteien gegenüber als vereinbart.

Das Mieteinigungsamt kann dabei anordnen, daß die Gemeinde an Stelle des Wohnungsuchenden als Mieter gilt und berechtigt ist, die Mieträume dem Wohnungsuchenden weiterzuvermieten.

Stellt der Verfügungsberechtigte der Gemeindebehörde Wohnräume, die eine abgeschlossene Wohnung nicht darstellen, oder abgeschlossene Wohnungen, die durch Teilung oder Ausbau einer Wohnung gewonnen werden, bevor eine Beschlagnahme erfolgt ist, freiwillig zur Verfügung, so genügt der Nutzungsberechtigte den Vorschriften des Abs. 1, wenn er mit einem der auf der Wohnungsliste der Gemeindebehörde eingezeichneten Wohnungsuchenden, die vor dem 1. Januar 1914 in Deutschland ihren Wohnsitz hatten oder zu den im § 14 dieses Gesetzes bezeichneten Personen gehören, einen Mietvertrag innerhalb der Frist abschließt. Die Gemeindebehörde ist verpflichtet, dem Verfügungsberechtigten Einblick in die Wohnungsliste zu gewähren.

Die Vorschriften des Abs. 3 gelten auch für den Fall, daß zur Verfügung gestellter Wohnraum durch Aufhebung des Mietvertrags wieder frei wird.

§ 5. Auf Anfordern der Gemeindebehörde hat der Verfügungsberechtigte der Gemeinde unbenutzte Fabrik-, Lager-, Werkstätten-, Dienst-, Geschäftsräume oder sonstige Räume (auch Dachgeschosse) zur Errichtung als Wohnräume gegen Vergütung zu überlassen. Das Mieteinigungsamt bestimmt die Höhe der Vergütung und die Zahlungsbedingungen, wenn eine Einigung hierüber nicht zustande kommt. Die Gemeindebehörde ist berechtigt, den

Gebrauch der hergerichteten Räume einem Dritten zu überlassen, insbesondere sie zu vermieten.

Die Anordnung baulicher Veränderungen soll nur nach Anhörung des Verfügungsberechtigten erfolgen und nach Möglichkeit die Schaffung eines dauernd verwertbaren Zustandes anstreben.

Nach Fortfall der der Gemeindebehörde erteilten Ermächtigung sind dem Verfügungsberechtigten die Räume in angemessener Frist zurückzugewähren. Die Frist bestimmt, wenn eine Einigung nicht zustande kommt, das Mieteinigungsamt. Auf Verlangen des Berechtigten hat die Gemeinde den der früheren Zweckbestimmung und Ausstattung entsprechenden Zustand der Räume wieder herzustellen, es sei denn, daß ein schriftliches Einvernehmen über die vorgenommenen Änderungen erzielt war.

§ 6. Machen sich nach dem Ermessen der obersten Landesbehörde infolge besonders starken Mangels an Wohnungen außergewöhnliche Mißstände geltend, so kann die oberste Landesbehörde mit Zustimmung des Reichsarbeitsministers Gemeindebehörden auch zu anderen als den in den §§ 2 bis 5 bezeichneten Anordnungen und Maßnahmen, insbesondere zu Eingriffen in die Freizügigkeit sowie die Unverletzlichkeit der Wohnung und des Eigentums, desgleichen zu Beschränkungen der Zwangsvollstreckung, soweit solche Eingriffe und Beschränkungen zur Behebung oder Milderung der Wohnungsnot dringend erforderlich sind, ermächtigen oder verpflichten oder mit Zustimmung des Reichsarbeitsministers solche Anordnungen und Maßnahmen unmittelbar treffen oder die Berechtigung hierzu einer ihr unterstellten Behörde übertragen. Eingriffe sollen nur erfolgen, nachdem der Versuch einer gütlichen Einigung erfolglos geblieben ist. Soweit für

Eingriffe in Privatrechte Entschädigung zu gewähren ist, haftet für die Zahlung der Entschädigung die Stelle, welche die Verfügung trifft.

Für den Fall, daß Umbauten zur Durchführung des Abs. 1 vorgenommen sind, gelten § 5 Abs. 2 und 3 entsprechend.

§ 7. Die Inanspruchnahme von Gebäuden oder Räumen, die im Eigentum oder in der Verwaltung des Reichs oder eines Landes oder im Eigentum oder in der Verwaltung einer Körperschaft des öffentlichen Rechts stehen und öffentlichen Zwecken oder zur Unterbringung von Angehörigen der Verwaltung des Reichs, des Landes oder der Körperschaft zu dienen bestimmt sind, ist nur zulässig, wenn von der zuständigen Reichs- oder Landesbehörde kein Einspruch erhoben wird. Diese Behörden entscheiden auch, ob die im Satz 1 erwähnten Voraussetzungen im Einzelfalle vorliegen. Ist Einspruch erhoben, so entscheidet bei Gebäuden oder Räumen, die zur Verfügung des Reichs stehen, die Reichsregierung, im übrigen die Landesregierung.

Die Bestimmungen des Abs. 1 finden auf Gebäude und Räume, die im Eigentum oder in der Verwaltung gemeinnütziger Anstalten und Stiftungen, sowie gemeinnütziger, nicht auf Erwerb gerichteter Organisationen stehen, oder die religiösen oder anerkannt gemeinnützigen oder mildtätigen Zwecken dienen, entsprechend Anwendung.

Die Bestimmungen der Abs. 1 und 2 gelten auch für andere Anordnungen und Maßnahmen, die auf Grund dieses Gesetzes getroffen sind. Das Recht der Gemeindebehörden aus §§ 2 und 3 bleibt jedoch unberührt. Die Versagung nach § 2 ist unzulässig, wenn gleichwertiger neuer Wohnraum hergestellt wird.

Verträge der im Abs. 1 und 2 genannten Stellen über die Ermietung von Gebäuden oder Gebäudeteilen zu öffentlichen Zwecken dürfen nicht der Genehmigung der Gemeindebehörden unterstellt werden.

§ 8. Wollen Personen, die vor dem 1. Januar 1914 in Deutschland ihren Wohnsitz hatten, oder Personen, bei denen die im § 14[1]) genannten Voraussetzungen vorliegen, ihre selbständigen benutzten Wohnungen innerhalb des Reichsgebiets miteinander tauschen, so sind sie verpflichtet, die Genehmigung der beteiligten Gemeindebehörden unter Beifügung der schriftlich gegebenen Zustimmung der Vermieter vor Durchführung des Tausches einzuholen. Wird die Zustimmung versagt, so entscheidet das Mieteinigungsamt. Unter diesen Voraussetzungen ist die Genehmigung

---

[1]) Hier liegt eine Ungenauigkeit der Bek. vor: Art. I Ziff. 9 des RGes. zur Änderung der Bek. über Maßnahmen gegen Wohnungsmangel v. 26. 7. 23 (RGBl. I 751) sagt „im § 9c" und bestimmt in Ziff. 19 (jetziger § 18, siehe unten), daß insoweit die bisherige Fassung maßgebend bleibt. Es hätte deshalb in der Neufassung des Gesetzes statt „im § 14" heißen müssen „im § 9c der Bekanntmachung über Maßnahmen gegen Wohnungsmangel vom 23. September 1918 in der Fassung des Gesetzes über Maßnahmen gegen Wohnungsmangel vom 11. Mai 1920 (RGBl. S. 949)".

Dieser alte, danach fortgeltende § 9c lautet:

„Deutsche, die unter den Einwirkungen des Krieges aus dem Auslande oder aus einem vom Feinde besetzten oder infolge des Friedensschlusses aus dem Reichsgebiet ausscheidenden oder einer anderen Verwaltung unterstehenden Landesteile geflüchtet oder vertrieben worden sind, sowie Deutsche, die zur Erfüllung einer Wehrpflicht aus dem Ausland nach Deutschland zurückgekehrt sind und denen jetzt von der ausländischen Regierung die Rückkehr nach ihrem Wohnort verboten oder erschwert wird, sind von den Gemeindebehörden bei der Unterbringung der Wohnungsuchenden vorzugsweise zu berücksichtigen".

innerhalb einer Frist von 14 Tagen zu erteilen; bei Überschreitung dieser Frist gilt die Genehmigung als erteilt. Die Vorschriften über die zulässige Belegung und Benutzung behalten Gültigkeit.

§ 9. Die obersten Landesbehörden können Ausführungsbestimmungen zu diesem Gesetz erlassen.

§ 10. Die obersten Landesbehörden können die von ihnen erteilten Ermächtigungen zurücknehmen und die Gemeindebehörden zur Aufhebung der von ihnen auf Grund der Ermächtigung getroffenen Anordnungen und Maßnahmen anhalten.

§ 11. Die zur Bekämpfung des Wohnungsmangels getroffenen Verfügungen sind mit schriftlicher, tatsächlicher und rechtlicher Begründung dem Betroffenen zuzustellen. Sie können im Wege unmittelbaren polizeilichen Zwanges durchgeführt werden. Gegen Reich und Land ist die Anwendung derartiger Zwangsmaßnahmen unzulässig; das gleiche gilt für die Reichsbank.

§ 12. Die Vorschriften dieses Gesetzes finden auf Neubauten oder durch Um- oder Einbauten neu geschaffene Räume keine Anwendung, wenn sie nach dem 1. Juli 1918 bezugsfertig geworden sind oder künftig bezugsfertig werden.

Auf Neubauten, die mit Zuschüssen aus den für die Wiederherstellung der während des Krieges zerstörten Gebiete bereitgestellten Mitteln errichtet sind, finden die Vorschriften dieses Gesetzes dagegen Anwendung.

Die mit Unterstützung des Hilfswerkes Oppau errichteten Räume unterliegen den Vorschriften dieses Gesetzes sowie des Reichsmietengesetzes vom 24. März 1922 (Reichsgesetzbl. I S. 273)[1]) und des Gesetzes über Mieter-

[1]) Oben zu A.

schutz und Mieteinigungsämter[1]) vom 1. Juni 1923 (Reichsgesetzbl. I S. 353)[2]).

§ 13. Werden vor dem 1. Juli 1918 bezugsfertig gewordene Räume, die im Eigentume von Gesellschaften oder Genossenschaften der im § 16 Abs. 1 Satz 3 des Reichsmietengesetzes bezeichneten Art stehen, von der Gemeindebehörde zur Unterbringung von Wohnungsuchenden in Anspruch genommen, so ist die Gemeindebehörde zur Bezeichnung der aufzunehmenden Wohnungsuchenden erst dann berechtigt, wenn die Gesellschaft oder Genossenschaft die Räume nicht innerhalb der ihr gestellten Frist an einen Wohnungsuchenden vergibt, der bereits seit mindestens einem Jahre der Gesellschaft oder der Genossenschaft als Mitglied angehört.

§ 14. Deutsche, die aus dem Ausland oder aus einem besetzten oder infolge des Friedensschlusses aus dem Reichsgebiet ausgeschiedenen oder einem einer anderen Verwaltung unterstehenden Landesteile vertrieben worden sind, sind von den Gemeinden bei der Unterbringung der Wohnungsuchenden vorzugsweise zu berücksichtigen.

Als vertrieben im Sinne des Abs. 1 gelten nur

1. diejenigen, welche infolge Ausweisungsbefehls der fremden Macht das Gebiet verlassen mußten,
2. diejenigen, denen der Aufenthalt in den Gebieten durch sonstige Maßnahmen der Behörde oder andere gleichzwingende Gründe unmöglich gemacht worden ist,
3. diejenigen, welche bei Ausbruch oder während des Krieges in den Gebieten gewohnt, sie alsdann verlassen haben und infolge von Maßnahmen der dortigen Behörden nicht zurückkehren konnten.

---

[1]) Unten zu E.

[2]) Abs. 3 ist Zusatz der VO. v. 24. 12. 23, unten zu F.

Als ein gleichzwingender Grund im Sinne des Abs. 2 Nr. 2 ist der allgemeine Verfall des Wirtschaftslebens in diesen Gebieten nicht anzusehen.

Die Eigenschaft als Vertriebener ist durch eine amtliche Bescheinigung festzustellen. Die obersten Landesbehörden bestimmen die Stellen, welche zur Ausstellung der Bescheinigung berechtigt sind. Von der Beibringung der amtlichen Bescheinigung sind befreit alle Deutschen, die beim Inkrafttreten dieses Gesetzes im Besitze von amtlichen Flüchtlingspapieren waren.

Der Anspruch nach Abs. 1 erlischt, sobald der Vertriebene eine Wohnung bezogen hat, sofern es sich nicht lediglich um eine Notwohnung handelt.

Familien mit drei oder mehr in der häuslichen Gemeinschaft lebenden Kindern sind ebenfalls als „vorzugsweise zu berücksichtigende" anzusehen.

§ 15. Auf Räume, die zur Unterbringung von Angehörigen eines Betriebs von dem Inhaber des Betriebs errichtet oder vor dem 1. Juli 1918 zu Eigentum erworben oder gemietet sind, finden die Vorschriften der §§ 3 bis 5 nur dann Anwendung, wenn solche Räume länger als vier Wochen nicht benutzt sind und keine sichere Aussicht auf die Benutzung innerhalb der nächsten vier Wochen besteht.

Soweit es sich um die Unterbringung von Personen handelt, die vor dem 1. Januar 1914 ihren Wohnsitz in Deutschland nicht hatten oder zu den im § 14[1]) genannten Personen nicht gehören, bedarf der Inhaber des Betriebes der Zustimmung der Gemeindebehörde, es sei

---

[1]) Hier gilt nach Art. I Ziff. 14 RGes. v. 26. 7. 23 (RGBl. I 751) dasselbe wie bei § 8; vgl. oben Anm. 1 zu § 8.

denn, daß es sich um die Belegung von Räumen handelt, die für die besonderen Zwecke der Unterbringung von Wanderarbeitern oder ähnlichen Personen errichtet sind.

§ 16. Gegen eine auf Grund dieser Verordnung[1]) im Einzelfalle getroffene Verfügung steht dem unmittelbar Betroffenen die Beschwerde zu. Das Nähere regelt die oberste Landesbehörde[2]).

§ 17. Mit Geldstrafe von mindestens 20000 Mark[3]) und mit Gefängnis oder mit einer dieser Strafen wird bestraft:

1. wer einem gemäß § 2 erlassenen Verbote zuwiderhandelt,
2. wer einer gemäß § 3 erlassenen Anordnung zuwider vorsätzlich eine Anzeige oder Auskunft nicht oder nicht rechtzeitig erstattet oder wissentlich unrichtige oder unvollständige Angaben macht oder eine Besichtigung nicht gestattet,
3. wer einer Anordnung zuwiderhandelt, die auf Grund des § 6 erlassen worden ist.

§ 18. In Gesetzen, Verordnungen oder Anordnungen, in denen auf Vorschriften der Bekanntmachung über Maßnahmen gegen Wohnungsmangel verwiesen ist, treten die entsprechenden Vorschriften dieses Gesetzes an ihre Stelle. Soweit jedoch im § 35 des Gesetzes über Mieterschutz und Mieteinigungsämter vom 1. Juni 1923 (Reichsgesetzbl. I S. 353)[4]) sowie in den §§ 8 und 15 dieses Gesetzes auf

---

[1]) Muß jetzt heißen „dieses Gesetzes".

[2]) Für Preußen: unten zu Ma, b.

[3]) Jetzt Geldstrafengesetz in der Fassung v. 23. 11. 23 (RGBl. I 1117).

[4]) Unten zu E.

§ 14[1]) Bezug genommen ist, bleibt die bisherige Fassung maßgebend. Diese gilt auch weiterhin für Personen, die zur Zeit des Inkrafttretens dieses Gesetzes auf Grund der bisherigen Fassung des § 14[2]) bei einer Gemeindebehörde als Wohnungsuchende zur vorzugsweisen Berücksichtigung eingetragen waren.

---

[1]) Auch hier heißt es im eigentlichen Gesetzestext „auf § 9c"; vgl. oben die Anm. zu §§ 8, 15.

[2]) „des § 9c"; s. vorige Anm.

D.
Notgesetz.

Vom 24. Februar 1923 (RGBl. I 147).
In Kraft seit 27. 2. 23.

Artikel V. Die oberste Landesbehörde kann anordnen, daß die aus den besetzten rheinischen Gebieten oder dem Einbruchsgebiet ausgewiesenen oder durch unmittelbaren Zwang entfernten deutschen Reichsangehörigen und ihre Familien vor allen anderen Wohnungsuchenden unterzubringen sind[1]). Die oberste Landesbehörde kann für diese Fälle die Zuständigkeit zur Unterbringung abweichend von den allgemeinen Vorschriften regeln.

Ist eine Anordnung nach Abs. 1 Satz 1 getroffen, so findet gegen die Zuweisung der Räume eine Beschwerde nicht statt. Mit der Zuweisung gilt ein Mietvertrag zwischen den Verfügungsberechtigten und dem Zugewiesenen als abgeschlossen. Das Nähere über den Inhalt des Vertrags bestimmt im Streitfall auf Anrufen eines der Vertragsteile das Mieteinigungsamt.

Die oberste Landesbehörde kann[2]) Räume, die zu gesetzwidrigen Zwecken verwendet werden, sowie Räumlichkeiten für Gast- oder Schankwirtschaft oder für den Kleinhandel mit Branntwein oder Spiritus, wenn der Betrieb der Wirtschaft oder des Kleinhandels nach Artikel I § 3 Abs. 1 bis 3[3]) geschlossen oder verboten

---

[1]) Für Preußen: unten zu Na.

[2]) Für Preußen: unten zu Nb.

[3]) „Die zuständige Behörde kann die Fortsetzung des Betriebes einer Gast- oder Schankwirtschaft und des Kleinhandels mit Branntwein oder Spiritus durch unmittelbaren oder mittelbaren Zwang verhindern, wenn der Betrieb ohne Erlaubnis begonnen oder die Erlaubnis erloschen oder endgültig zurückgenommen ist.

wird, beschlagnahmen und wohnungssuchenden Personen, die nach den bestehenden Vorschriften bevorzugt unterzubringen sind, oder, falls es sich um Räume handelt, die nicht für Wohnzwecke geeignet sind, Gewerbetreibenden zuweisen; sie kann die Berechtigung zu diesen Maßnahmen einer ihr unterstellten Behörde übertragen. Die Freimachung der Räume kann durch polizeilichen Zwang erfolgen. Gegen die Maßnahmen der obersten Landesbehörde oder der ihr unterstellten Behörde [1]) findet eine Beschwerde nicht statt. Die Vorschriften des Abs. 2 Satz 2 und 3 finden Anwendung. Der Reichsarbeitsminister kann Grundsätze für die Durchführung aufstellen.

Artikel VII. (1) Dieses Gesetz tritt mit dem Tage der Verkündung in Kraft [2]).

Erhellt aus Handlungen oder Unterlassungen des Inhabers einer Gast- oder Schankwirtschaft oder eines Kleinhändlers mit Branntwein oder Spiritus klar, daß er die zum Betriebe seines Gewerbes erforderliche Zuverlässigkeit nicht besitzt (§ 1), so kann die zuständige Behörde den Betrieb vorläufig schließen. Sie hat in diesem Falle unverzüglich bei der hierfür zuständigen Behörde die Zurücknahme der Erlaubnis zu beantragen. Diese Behörde hat über die Schließung vorab zu entscheiden.

Die Erlaubnis kann durch die zuständige Behörde zurückgenommen werden, wenn Tatsachen eintreten, welche die Versagung der Erlaubnis nach § 1 Abs. 3 Nr. 1 rechtfertigen würden."

[1]) Vgl. die PrWO. v. 18. 5. 23, unten zu Nb.

[2]) Die das Gesetz enthaltende Nr. 15 des RGBl. ist am 27. 2. 23 ausgegeben.

E.

Gesetz über Mieterschutz und Mieteinigungsämter.

Vom 1. Juni 1923 (RGBl. I 353).

In Kraft seit 1. 10. 23.

---

1. Abschnitt.

Mieterschutz.

a. Beschränkung der Aufhebung von Mietverhältnissen.

§ 1. Mietverhältnisse über Gebäude oder Gebäudeteile können, vorbehaltlich der §§ 19 bis 26, auf Verlangen des Vermieters gegen den Willen des Mieters nur aus den in den §§ 2 bis 4 bezeichneten Gründen aufgehoben werden. Die Aufhebung erfolgt auf Klage des Vermieters durch gerichtliches Urteil.

Ist das Mietverhältnis für eine bestimmte Zeit eingegangen, so wird es nach dem Ablauf der Mietzeit fortgesetzt, wenn nicht der Mieter spätestens zu dem Zeitpunkt, zu dem nach § 565 des Bürgerlichen Gesetzbuchs[1]) eine für den Ablauf der Mietzeit zulässige Kündigung zu erfolgen haben würde, sich auf die Beendigung des Mietverhältnisses beruft. Ein vertraglich vorbehaltenes Rücktrittsrecht kann vom Vermieter nicht gegen den Willen des Mieters ausgeübt werden.

Dem Vermieter steht gleich, wer nach dem Abschluß des Mietvertrags das Eigentum an dem Grundstück erwirbt.

---

[1]) Abgedruckt in Anm. 1 zu § 1 RMietG., oben zu A.

§ 2. Der Vermieter kann auf Aufhebung des Mietverhältnisses klagen, wenn der Mieter oder eine Person, die zu seinem Hausstand oder Geschäftsbetriebe gehört, oder der er den Gebrauch des Mietraums überlassen hat, sich einer erheblichen Belästigung des Vermieters oder eines Hausbewohners schuldig macht oder durch unangemessenen Gebrauch des Mietraums oder Vernachlässigung der gebotenen Sorgfalt den Mietraum oder das Gebäude erheblich gefährdet, oder wenn der Mieter einem Dritten den Gebrauch des Mietraums beläßt, obwohl er zur Überlassung nicht befugt ist. Die angemessene Wahrnehmung der Befugnisse eines Mietervertreters ist als Belästigung nicht anzusehen.

Die Aufhebung ist nur zulässig, wenn der Mieter ungeachtet einer Abmahnung des Vermieters das Verhalten fortsetzt oder es unterläßt, eine ihm mögliche Abhilfe zu schaffen, oder wenn das Verhalten des Mieters oder einer der im Abs. 1 bezeichneten Personen ein solches war, daß dem Vermieter die Fortsetzung des Mietverhältnisses nicht zugemutet werden kann. Hatte der Vermieter oder eine zu seinem Hausstand gehörige Person die Belästigung (Abs. 1) durch eigenes Verschulden veranlaßt, so findet eine Aufhebung nicht statt.

Der Vermieter muß die Klage binnen sechs Monaten von dem Zeitpunkt an erheben, in dem er von dem Aufhebungsgrunde Kenntnis erlangt hat. Die Klage ist ausgeschlossen, wenn seit dem Entstehen des Aufhebungsgrundes ein Jahr verstrichen ist.

§ 3. Der Vermieter kann auf Aufhebung des Mietverhältnisses klagen, wenn der Mieter, welcher den Mietzins in kürzeren als vierteljährigen Zeitabschnitten zu entrichten hat, mit einem Betrag im Verzug ist, welcher den für die Dauer von zwei Monaten zu entrichtenden Mietzins erreicht. Ist der Mietzins in vierteljährigen oder längeren Zeitabschnitten zu entrichten, so kann die Aufhebungsklage erhoben werden, wenn der Mieter mit einem Betrag im Verzug ist, welcher den für die Dauer eines Vierteljahres zu entrichtenden Mietzins erreicht; bei nur einmaligem Rückstand ist die Erhebung der Klage, wenn Vorauszahlung vereinbart war, erst vier Monate, im übrigen erst einen Monat nach der Fälligkeit zulässig. Bezieht sich der Rückstand auf mehrere Zeitabschnitte, so ist für die Berechnung des nach Satz 1, 2 maßgebenden Betrags der Mietzins des Zeitabschnitts zugrunde zu legen, hinsichtlich dessen der Mieter zuerst in Verzug geraten ist.

Der Anspruch besteht nicht, wenn der Verzug auf eine nicht auf Fahrlässigkeit beruhende Unkenntnis des Mieters über den Betrag oder den Zeitpunkt der Fälligkeit des Mietzinses zurückzuführen ist.

Die Aufhebung ist nicht mehr zulässig, wenn der Mieter den Vermieter vor dem Erlasse des Urteils befriedigt oder wenn sich der Mieter von seiner Schuld durch Aufrechnung befreien kann und bis zum Erlasse des Urteils die Aufrechnung erklärt.

§ 4. Der Vermieter kann auf Aufhebung des Mietverhältnisses klagen, wenn für ihn aus besonderen Gründen ein so dringendes Interesse an der Erlangung des Mietraums besteht, daß auch bei Berücksichtigung der Verhältnisse des Mieters die Vorenthaltung eine schwere Unbilligkeit für den Vermieter darstellen würde. Zugunsten des Mieters ist dabei der Umstand mit zu berücksichtigen, daß der Mieter im Einverständnis mit dem Vermieter in dem Mietraum bauliche, mit einem erheblichen Kostenaufwande verbundene Arbeiten hat vornehmen lassen. Bei gewerblichen Räumen ist es zugunsten eines Mieters, der keine weitere Betriebsstätte als den herauszugebenden Raum besitzt, mit zu berücksichtigen, wenn der Vermieter außer einer Hauptbetriebsstätte mehrere Zweigstellen in demselben Gemeindebezirk innehat und den Mietraum lediglich zur Vergrößerung seines Betriebs verwenden will. Die Absicht des Vermieters, den Raum selbst in Gebrauch zu nehmen oder ihn Angehörigen zum Gebrauche zu überlassen, rechtfertigt allein die Aufhebung nicht.

Das Gericht kann die Aufhebung auf einen Teil des Mietraums beschränken, insbesondere wenn der Vermieter Nebenräume, welche nicht Wohnräume sind, oder entbehrliche Teile des Mietraums zur Herstellung selbständigen Wohnraums braucht. In diesem Falle ist, sofern ein vereinbarter Mietzins zu zahlen ist, auf Antrag in der Urteilsformel auszusprechen, um welchen Betrag sich der Mietzins für den verbleibenden Teil des Mietraums mindert; gilt die gesetzliche Miete, so wird der verbleibende Teil des Mietzinses nach § 2 Abs. 4 des Reichsmietengesetzes von dem Mieteinigungsamte festgesetzt.

Wird das Mietverhältnis lediglich auf Grund des Abs. 1 aufgehoben, so kann das Gericht auf Antrag des Mieters den Vermieter verpflichten, dem Mieter die für den Umzug innerhalb des Gemeindebezirkes erforderlichen Kosten ganz oder teilweise zu ersetzen, wenn dies nach Lage der Sache, insbesondere nach den Vermögens- und Erwerbsverhältnissen der Vertragsteile, der Billigkeit entspricht. Die oberste Landesbehörde kann bestimmen, daß benachbarte Gemeinden als eine Gemeinde im Sinne dieser Vorschrift anzusehen sind. Für Gemeinden, die verschiedenen

Ländern angehören, kann auf Antrag der beteiligten obersten Landesbehörden der Reichsarbeitsminister die Bestimmung treffen.

Soweit die Ersatzpflicht ausgesprochen wird, ist auf Antrag des Mieters die Zwangsvollstreckung von der Hinterlegung eines in der Urteilsformel zu bezeichnenden, die Umzugskosten oder den zugebilligten Teil mutmaßlich deckenden Geldbetrags abhängig zu machen.

Der Mieter ist über die Zulässigkeit der in den Abs. 3, 4 bezeichneten Anträge zu belehren. Wird das Urteil nur wegen der Umzugskosten angefochten, so erfolgt die Anfechtung durch sofortige Beschwerde.

Auf Antrag des Mieters kann durch einstweilige Verfügung die Hinterlegung des im Abs. 4 bezeichneten Betrags angeordnet werden, wenn der Mieter mit der erforderlichen behördlichen Genehmigung (§ 31) einen Ersatzraum gemietet oder wenn das Mieteinigungsamt einen Mietvertrag über einen Ersatzraum festgesetzt hat. Zum Erlasse der einstweiligen Verfügung ist nicht erforderlich, daß eine Gefährdung des Anspruchs glaubhaft gemacht wird.

Das Gericht kann in dem das Mietverhältnis aufhebenden Urteil aussprechen, daß eine Beschlagnahme des Mietraums durch die Gemeindebehörde unter bestimmten, im Urteil zu bezeichnenden Voraussetzungen ausgeschlossen ist. Eine Anfechtung des Urteils findet insoweit nicht statt.

§ 5. In den Fällen der §§ 2 bis 4 ist das Mietverhältnis für den Zeitpunkt aufzuheben, für den eine zur Zeit der Klageerhebung erfolgende Kündigung nach dem Vertrag oder beim Mangel einer Vertragsbestimmung nach § 565 des Bürgerlichen Gesetzbuchs [1]) zulässig sein oder

[1]) Abgedruckt in Anm. 1 zu § 1 RMietG., oben zu A.

an dem die vereinbarte Mietzeit ablaufen würde. In den Fällen der §§ 2, 3 kann auf Antrag des Vermieters das Mietverhältnis mit sofortiger Wirkung aufgehoben werden.

Der Zeitpunkt, für den die Aufhebung erfolgt, ist in der Urteilsformel festzustellen.

In der Urteilsformel ist ferner zu bestimmen, daß der Mieter den Mietraum zu dem im Abs. 1 bezeichneten Zeitpunkt an den Vermieter herauszugeben hat. § 721 der Zivilprozeßordnung[1]) bleibt unberührt.

§ 6. Wird ein Mietverhältnis lediglich auf Grund des § 4 Abs. 1 aufgehoben, so ist die Zwangsvollstreckung durch Ausspruch in der Urteilsformel davon abhängig zu machen, daß für den Mieter ein unter Berücksichtigung seiner Wohn- oder Geschäftsbedürfnisse angemessener Ersatzraum gesichert ist. Enthält das Urteil den Ausspruch nicht, so ist es zu ergänzen; auf das Verfahren finden die Vorschriften des § 319 Abs. 2, 3 der Zivilprozeßordnung[2]) entsprechende Anwendung.

Erfolgt die Aufhebung aus einem anderen Grunde oder ist sie auf einen Teil des Mietraums beschränkt (§ 4 Abs. 2), so kann die Zwangsvollstreckung von der Sicherung eines ausreichenden Ersatzraums abhängig ge-

---

[1]) Jetzige Fassung v. 13. 5. 24 (RGBl. I 437). § 721 lautet: „Wird auf Räumung einer Wohnung erkannt, so kann das Gericht auf Antrag dem Schuldner eine den Umständen nach angemessene Frist zur Räumung gewähren. Auf den Antrag finden die Vorschriften der §§ 714 (Antragstellung vor Schluß der letzten mündlichen Verhandlung), 716 (Urteilsergänzung nach § 321 ZPO. — unten Anm. 2 zu § 40 — bei Übergehung des Antrags) entsprechende Anwendung."

[2]) Unten Anm. 1 zu § 40.

macht werden, wenn dies zur Vermeidung unbilliger Härten erforderlich erscheint. Abs. 1 Satz 2 gilt entsprechend, wenn der Mieter den Ausspruch beantragt hatte. Wird das Urteil nur wegen des Ausspruchs oder wegen des Mangels eines solchen angefochten, so erfolgt die Anfechtung durch sofortige Beschwerde.

Solange in den Fällen der Abs. 1, 2 der Ersatzraum nicht gesichert ist, jedoch nicht über den Zeitpunkt der Herausgabe des Mietraums hinaus, haben die Beteiligten in Ansehung dieses Raumes die aus dem Mietverhältnisse sich ergebenden Rechte und Pflichten.

Enthält das Urteil eine Beschränkung der Zwangsvollstreckung nach den Abs. 1, 2 oder nach § 4 Abs. 4 und treten nach der Rechtskraft des Urteils Tatsachen ein, welche die Aufhebung des Mietverhältnisses nach den §§ 2, 3 rechtfertigen würden, so kann der Vermieter die Aufhebung der Beschränkung verlangen. Über den Antrag des Vermieters wird auf Grund mündlicher Verhandlung durch Urteil entschieden; gegen das Urteil findet sofortige Beschwerde statt. § 25 Abs. 2 des Gerichtskostengesetzes[1]) gilt entsprechend.

b. Verfahren.

§ 7. Über die Aufhebungsklage entscheidet das Amtsgericht unter Zuziehung von Beisitzern. Ausschließlich zuständig ist das Amtsgericht, in dessen Bezirk sich der Mietraum befindet. Die Vereinbarung der schiedsgerichtlichen Erledigung ist unwirksam.

Die Beisitzer müssen zur Hälfte Vermieter aus dem Kreise der Hausbesitzer, zur Hälfte Mieter sein. Die Be-

---

1) Unten zu Sa.

stellung erfolgt auf Grund von Vorschlagslisten, die von örtlichen Hausbesitzer- und Mietervereinen zu erfordern sind, auf die Dauer von mindestens einem Jahre. Die Beisitzer erhalten für ihre Tätigkeit eine Vergütung.

Für die Auswahl der Beisitzer darf nur maßgebend sein, daß von ihnen eine gewissenhafte und unparteiische Ausübung des Amtes zu erwarten ist; nach der Zugehörigkeit zu bestimmten Berufsarten oder Bevölkerungskreisen darf ein Unterschied nicht gemacht werden. Personen, die gleichzeitig Vermieter und Mieter sind, sollen nicht zu Beisitzern bestellt werden. Das gleiche gilt für Mitglieder und Vertreter von Gesellschaften und Genossenschaften, die ihren Mitgliedern satzungsgemäß Wohnungen verschaffen, soweit diese Personen Wohnungen inne haben, die nicht den Vorschriften dieses Gesetzes unterliegen, es sei denn, daß sie von einem örtlichen Hausbesitzer- oder Mietervereine vorgeschlagen sind. Die Beisitzer dürfen nicht zugleich mit dem Vollzuge der Maßnahmen gegen Wohnungsmangel betraut sein. Sie dürfen nur bestellt werden, wenn sie sich verpflichten, für Dritte keine berufliche oder ehrenamtliche Tätigkeit auszuüben, die sich auf Mietverhältnisse über Gebäude oder Gebäudeteile bezieht; im Falle ihrer Geschäftsvereinigung mit anderen müssen auch diese sich verpflichten, keine solche Tätigkeit im Bezirke des Gerichts gegen Vergütung auszuüben. Als Tätigkeit dieser Art gelten nicht die Verwaltung eines Hauses für Mitberechtigte, die Wahrnehmung der Mieterinteressen von Hausgenossen und die ehrenamtliche Tätigkeit in einem Hausbesitzer- oder Mietervereine. Im übrigen finden für die Berufung und deren Ablehnung sowie für die Verhältnisse, die bei der Ausübung des Amtes in Betracht kommen, die für Schöffen geltenden Vorschriften der §§ 31 bis 35, 51, 52, 54, 56 des Gerichtsverfassungsgesetzes[1]) entsprechende Anwendung; jedoch kann die Zahl der im § 35 Nr. 2 bezeichneten Sitzungstage anderweit gemäß Abs. 7 bestimmt werden[2]).

Die Beisitzer sind in bestimmter Reihenfolge zu den Sitzungen heranzuziehen.

Wer eine Verpflichtung nach Abs. 3 Satz 5 übernommen hat, darf nicht dieser Verpflichtung zuwider vor einem Gericht, einem Mieteinigungsamt oder einer Beschwerdestelle (§ 42) als Bevollmächtigter oder Beistand in Angelegenheiten auftreten, die sich auf Mietverhältnisse über Gebäude oder Gebäudeteile beziehen.

Für jeden Beisitzer ist mindestens ein Stellvertreter zu bestellen. Die Vorschriften der Abs. 2 bis 5 gelten auch für die Stellvertreter.

Das Nähere über die Bestellung der Beisitzer regelt die oberste Landesbehörde.

§ 8. Die nicht auf Grund einer mündlichen Verhandlung ergehenden Beschlüsse und Verfügungen werden von dem Amtsrichter allein erlassen.

Im übrigen sind für die Befugnisse des Amtsrichters und der Beisitzer die Vorschriften über das landgerichtliche Verfahren maßgebend. Das Gericht kann anordnen, daß ein Augenschein durch die Beisitzer oder, wo mehr als zwei Beisitzer tätig sind, durch je einen Beisitzer aus dem Kreise

---

[1]) Jetzige Fassung v. 22. 3. 24 (RGBl. I 299). Inhalt: § 31: Schöffenamt ist Ehrenamt für Deutsche. § 32: Unfähigkeitsgründe. §§ 33 und 34: Wer nicht berufen werden soll. § 35: Wer die Berufung ablehnen darf. § 51: Beeidigung (Wortlaut unten zu H bei § 1). § 52: Nachträgliche Streichung. § 54: Nachträgliche Entbindung. § 56: Bestrafung.

[2]) Preußen: § 4 VO. v. 15. 8. 23, unten zu Oa.

der Vermieter und der Mieter eingenommen wird; andere Beweiserhebungen können Beisitzern nicht übertragen werden. Die Entscheidungen bedürfen nicht der Unterschrift durch die Beisitzer.

In bezug auf die Beratung und Abstimmung finden die §§ 194 bis 200 des Gerichtsverfassungsgesetzes[1]) entsprechende Anwendung. Die Vorschriften der Zivilprozeßordnung über die Ausschließung und Ablehnung der Gerichtspersonen[2]) gelten sinngemäß; die Entscheidung über die Ausschließung oder Ablehnung eines Beisitzers erfolgt durch den Amtsrichter.

§ 9. Die Bestimmung eines Termins zum Zwecke eines gerichtlichen Sühneversuchs kann auch von dem Mieter beantragt werden, der eine Aufhebungsklage befürchtet. § 510c der Zivilprozeßordnung[3]) gilt entsprechend.

---

[1]) Jetzt §§ 192 bis 198 der Fassung v. 22. 3. 24 (RGBl. I 299). Inhalt, soweit hier von Interesse: § 192: Zulässigkeit von Ergänzungsrichtern und Beisitzern. § 193: Niemand sonst darf bei der Beratung anwesend sein. § 194: Leitung der Beratung durch den Vorsitzenden. § 195: Auch der Überstimmte muß weiter mitstimmen. § 196: Mehrheit entscheidet; bei Summen gilt die höchste Zahl, für die eine Mehrheit vorhanden ist. § 197: Reihenfolge der Abstimmung; erst der jüngere, dann der ältere Beisitzer, dann der Vorsitzende. § 198: Stillschweigen über Beratung und Abstimmung.

[2]) §§ 41—49 in der Fassung v. 13. 5. 24 (RGBl. I 437).

[3]) „Wer eine Klage zu erheben beabsichtigt, kann unter Angabe des Gegenstandes seines Anspruchs bei dem Amtsgerichte, vor welchem der Gegner seinen allgemeinen Gerichtsstand hat, beantragen, daß zum Zwecke eines Sühneversuchs Termin bestimmt werde.

Erscheinen beide Parteien und wird ein Vergleich geschlossen, so ist der Vergleich zu Protokoll festzustellen. Kommt

§ 10. Jede Ladung einer Partei zur mündlichen Verhandlung über die Aufhebungsklage soll den Hinweis darauf enthalten, daß gegen die Partei Versäumnisurteil ergehen kann, wenn sie im Termin nicht erscheint oder sich nicht ordnungsmäßig vertreten läßt.

§ 11. In dem ersten auf die Klage angesetzten Termine kann die Zuziehung der Beisitzer unterbleiben.

Erscheint in dem Termine nur eine der Parteien, so erläßt auf ihren Antrag der Amtsrichter das Versäumnisurteil.

Erscheinen beide Parteien und kommt ein Vergleich nicht zustande, so hat der Amtsrichter die Entscheidung zu erlassen, wenn sie sofort erfolgen kann und beide Parteien es beantragen. Andernfalls ist ein neuer Verhandlungstermin, zu dem die Beisitzer zuzuziehen sind, anzusetzen und sofort zu verkünden. Zeugen und Sachverständige, deren Vernehmung der Amtsrichter für erforderlich erachtet, sind zu diesem Termine zu laden.

§ 12. Wird vor einem nach § 7 Abs. 1 besetzten Gericht oder vor dem Amtsrichter eine Partei, die einer Ver-

---

ein Vergleich nicht zustande, so wird auf Antrag beider Parteien der Rechtsstreit sofort verhandelt; die Erhebung der Klage erfolgt in diesem Falle durch den mündlichen Vortrag. Die Klage ist zu Protokoll zu nehmen, falls die Sache streitig bleibt.

Ist der Gegner nicht erschienen, oder der Sühneversuch erfolglos geblieben, so werden die erwachsenen Kosten als Teil der Kosten des Rechtsstreits behandelt."

Der § 510c ist in der Neufassung der ZPO. v. 13. 5. 24 (RGBl. I 437) gestrichen. Ob er für das Mieterschutzgesetz weiter gelten soll, ist nicht zu sehen. Notfalls wäre das Güteverfahren (§§ 495a ff. ZPO.) heranzuziehen, aber ohne die Möglichkeit eines Versäumnisurteils gegen den Vermieter.

einigung der Hausbesitzer, der Mieter, der Arbeitgeber oder der Arbeitnehmer angehört, von einem Beauftragten der Vereinigung vertreten, so findet § 157 Abs. 1 der Zivilprozeßordnung[1]) insoweit keine Anwendung.

§ 13. Bis zum Schlusse der mündlichen Verhandlung, auf die das Urteil ergeht, können andere als die in der Klage vorgebrachten Klagegründe geltend gemacht werden. In der Berufungsinstanz gilt dies nur, wenn glaubhaft gemacht wird, daß der Vermieter ohne sein Verschulden außerstande gewesen sei, jene Gründe im ersten Rechtszug vorzubringen, oder wenn der Mieter zu der Änderung der Klage seine Einwilligung erteilt hat.

Die Leistung eines Eides ist durch Beweisbeschluß anzuordnen.

Erfolgt die Aufhebung des Mietverhältnisses lediglich nach § 4, so ist das Urteil nicht für vorläufig vollstreckbar zu erklären. Ein Urteil, das auf einem anderen Grunde beruht, darf nur dann für vorläufig vollstreckbar erklärt werden, wenn glaubhaft gemacht wird, daß die Aussetzung der Vollstreckung dem Vermieter einen nicht zu ersetzenden Nachteil bringen würde.

Die Kosten des Rechtsstreits können, wenn die Aufhebung lediglich nach § 4 erfolgt, dem Vermieter ganz oder teilweise auferlegt werden, sofern dies nach Lage der Sache, insbesondere nach den Vermögens- und Erwerbsverhältnissen der Vertragsteile, der Billigkeit entspricht. Die Entscheidung über die Kosten kann in diesem Falle selbständig angefochten werden, sofern der Wert des Beschwerdegegenstandes den Betrag von dreißig Gold-

---

[1]) „Das Gericht kann Bevollmächtigte und Beistände, welche das mündliche Verhandeln vor Gericht geschäftsmäßig betreiben, zurückweisen."

mark[1]) übersteigt; die Anfechtung erfolgt durch sofortige Beschwerde.

Für die Wertberechnung bei der Aufhebungsklage ist der Betrag des für die Dauer eines Vierteljahrs zu entrichtenden Mietzinses maßgebend.

§ 14. Gegen ein Urteil, durch das ein Mietverhältnis aufgehoben oder eine Aufhebungsklage abgewiesen ist, finden die Berufung und in den Fällen des § 6 Abs. 2 Satz 3, Abs. 4 auch die sofortige Beschwerde ohne Rücksicht auf den Wert des Beschwerdegegenstandes statt.

Jedes auf eine Aufhebungsklage ergehende Urteil soll einen Hinweis auf den zulässigen Rechtsbehelf sowie auf die Form und Frist seiner Einlegung enthalten.

§ 15. Der Vermieter kann in der Klage neben dem Aufhebungsanspruch auch andere Ansprüche erheben, sofern sie das gleiche Mietverhältnis betreffen und das Gericht auch für sie zuständig ist.

Die Erhebung einer Widerklage ist nur statthaft, sofern der Gegenanspruch des Mieters das gleiche Mietverhältnis betrifft.

Wird mit der Aufhebungsklage ein Anspruch anderer Art verbunden, so ist auf Antrag des Beklagten anzuordnen, daß der Anspruch in getrenntem Prozesse verhandelt werde. Die Anordnung kann auch von Amts wegen getroffen werden. In entsprechender Weise ist zu verfahren, wenn eine Widerklage anderer Art erhoben wird. Die Abtrennung der Widerklage ist auf Antrag auch dann anzuordnen, wenn der mit ihr erhobene An-

---

[1]) Alte Fassung: „tausend Mark", jetzige Fassung gemäß Art. I Nr. 1 VO. v. 14. 2. 24, unten zu G; vgl. dazu Art. II das. wegen des Übergangsrechtes.

spruch die sachliche Zuständigkeit des Amtsgerichts übersteigt.

Der Antrag auf Abtrennung ist nur vor der Verhandlung des Antragstellers zur Hauptsache zulässig. Die Abtrennung von Amts wegen darf nur erfolgen, solange nicht eine Verhandlung zur Hauptsache stattgefunden hat und darauf ein Beschluß verkündet ist.

§ 16. Enthält das Urteil einen Ausspruch nach § 6 Abs. 1, 2, so darf von demjenigen Teile des Urteils, welcher die Herausgabe des Mietraums zum Gegenstande hat, eine vollstreckbare Ausfertigung nur auf Anordnung des Vorsitzenden erteilt werden. Die Anordnung ist erst zulässig, wenn durch eine Bescheinigung der Gemeindebehörde oder durch andere öffentliche oder öffentlich beglaubigte Urkunden nachgewiesen ist, daß der Ersatzraum für den Mieter gesichert ist und daß entweder der Mieter sich mit dem Ersatzraum einverstanden erklärt oder binnen einer Woche seit der Zuweisung des Ersatzraums Einwendungen beim Mieteinigungsamt nicht erhoben hat oder daß die Einwendungen vom Mieteinigungsamt, das hierüber endgültig entscheidet, für unbegründet erklärt worden sind. Hat der Mieter gegenüber der Gemeindebehörde auf die Zuweisung eines Ersatzraums verzichtet, so genügt eine Bescheinigung der Gemeindebehörde über den Verzicht. Ist die Vollstreckung nach § 4 von der Hinterlegung eines Geldbetrags abhängig gemacht, so muß in gleicher Weise nachgewiesen sein, daß die Hinterlegung erfolgt und daß dem Mieter eine beglaubigte Abschrift der Hinterlegungserklärung zugestellt ist.

Die Anordnung des Vorsitzenden ist in der Vollstreckungsklausel zu erwähnen.

Die Vollstreckung darf erst beginnen, wenn die vollstreckbare Ausfertigung mindestens drei Tage vorher zugestellt ist. Auf Antrag des Mieters kann der Vorsitzende eine längere Frist bestimmen.

Die vorstehenden Vorschriften finden keine Anwendung, wenn die Beschränkung der Zwangsvollstreckung nach § 6 Abs. 4 aufgehoben ist.

§ 17. Der Vermieter, der mit der Aufhebungsklage abgewiesen ist, kann das Recht, die Aufhebung zu verlangen, nicht mehr auf Tatsachen gründen, die er in einem früheren Rechtsstreit geltend gemacht hat oder geltend machen konnte. Tatsachen, auf die aus diesem Grunde oder wegen § 2 Abs. 3 eine Aufhebungsklage nicht mehr begründet werden kann, dürfen zur Unterstützung einer auf andere Tatsachen gegründeten Aufhebungsklage geltend gemacht werden.

§ 18. Im Wege der einstweiligen Verfügung darf die Herausgabe eines Mietraums nicht angeordnet werden.

c. Besondere Mietverhältnisse.

Sonstige Vorschriften.

§ 19. Das beim Tode des Mieters dem Vermieter wie dem Erben nach § 569 des Bürgerlichen Gesetzbuchs[1]) zustehende Kündigungsrecht wird durch dieses Gesetz nicht berührt; entgegenstehende Bestimmungen des Mietvertrags kommen nicht in Betracht. Der Vermieter kann jedoch nicht kündigen, wenn der Erbe der Ehegatte des Mieters oder ein volljähriger Verwandter bis zum zweiten Grade

---

[1]) „Stirbt der Mieter, so ist sowohl der Erbe als der Vermieter berechtigt, das Mietverhältnis unter Einhaltung der gesetzlichen Frist zu kündigen. Die Kündigung kann nur für den ersten Termin erfolgen, für den sie zulässig ist.“

ist und beim Tode des Mieters zu dessen Hausstand gehört hat.

Kündigt der Vermieter oder der Erbe nach der im Abs. 1 bezeichneten Vorschrift, so treten Familienangehörige des Mieters, bei denen die im Abs. 1 Satz 2 bezeichneten Voraussetzungen vorliegen, in die Rechte und Pflichten des Mieters ein. Gibt ein Angehöriger unverzüglich, nachdem er von der Kündigung Kenntnis erlangt hat, dem Vermieter gegenüber die Erklärung ab, daß er das Mietverhältnis nicht fortsetzen wolle, so gilt hinsichtlich dieses Angehörigen der Eintritt als nicht erfolgt.

Ist der Erbe nicht ein Familienangehöriger des Mieters, so kann er von Familienangehörigen, die beim Tode des Mieters zu dessen Hausstand gehört haben, die Herausgabe des Mietraums nur nach den für die Aufhebung eines Mietverhältnisses geltenden Vorschriften verlangen. Die für die weitere Überlassung des Raumes zu entrichtende Vergütung wird auf Antrag eines Vertragsteils von dem Mieteinigungsamte festgesetzt.

Auf Mietverhältnisse, die sich lediglich auf Geschäftsräume beziehen, finden die Vorschriften des Abs. 1 Satz 2 sowie der Abs. 2, 3 keine Anwendung. Abs. 1 Satz 1 gilt mit der Maßgabe, daß der Vermieter nicht kündigen kann, wenn der Erbe das Geschäft fortführt.

§ 20. Ist der Raum nur mit Rücksicht auf ein zwischen den Vertragsteilen bestehendes Dienst- oder Arbeitsverhältnis vermietet, so gelten die §§ 1 bis 19 auch über die Dauer des Dienst- oder Arbeitsverhältnisses hinaus. Dies gilt nicht, wenn der Mieter durch sein Verhalten dem Vermieter gesetzlich begründeten Anlaß zur Auflösung des Dienst- oder Arbeitsverhältnisses gegeben hatte oder wenn der Mieter das Verhältnis aufgelöst hat, ohne daß ihm vom Vermieter ein solcher Anlaß gegeben war. Ist streitig, ob ein begründeter Anlaß zur Auflösung des Dienst- oder Arbeitsverhältnisses vorlag und ist für die Entscheidung die Zuständigkeit einer anderen Stelle begründet, so ist die Verhandlung bis zur endgültigen Erledigung des Streites auszusetzen. Die Entscheidung der anderen Stelle ist für das Gericht bindend, das über den Mietstreit entscheidet.

Gewerkschaftliche Betätigung, insbesondere eine Beteiligung an Gesamtstreitigkeiten über Lohn- oder Arbeitsbedingungen, rechtfertigen die Aufhebung des Mietverhältnisses nicht.

§ 21. Ist ein Raum nur mit Rücksicht auf ein zwischen den Vertragsteilen bestehendes Dienst- oder Arbeitsverhältnis überlassen und stellt die Überlassung einen Teil der für die Leistung der Dienste zu gewährenden Vergütung dar, so finden die Vorschriften des § 20 nach der Auflösung des Dienst- oder Arbeitsverhältnisses entsprechende Anwendung. Der für die weitere Überlassung des Raumes zu entrichtende Mietzins wird auf Antrag eines Vertragsteils von dem Mieteinigungsamte festgesetzt.

§ 22. Gelten in den Fällen der §§ 20, 21 die §§ 1 bis 19 auch nach der Beendigung des Dienst- oder Arbeitsverhältnisses, so genügt es an Stelle des im § 4 bezeichneten Aufhebungsgrundes, daß der Vermieter den Mietraum aus besonderen Gründen, insbesondere für den Nachfolger des Mieters in dem Dienst- oder Arbeitsverhältnis dringend braucht. Der Vermieter wie der Mieter kann verlangen, daß die Zwangsvollstreckung statt von der im § 6 bezeichneten Sicherung eines Ersatzraums davon abhängig gemacht wird, daß der Vermieter an den Mieter einen angemessenen Geldbetrag zahlt; § 6 Abs. 2 Satz 2, 3, § 14, § 16 gelten entsprechend.

§ 23. Sind Räume in Gebäuden, die von dem Inhaber eines Betriebs zur Unterbringung von Angehörigen des Betriebs errichtet sind, an einen Betriebsfremden überlassen, so kann der Vermieter die Aufhebung des Mietverhältnisses verlangen, wenn er den Raum für einen Angehörigen des Betriebs dringend braucht. § 22 findet mit der Maßgabe entsprechende Anwendung, daß der Geldbetrag nur zuzuerkennen ist, wenn die Versagung eine unbillige Härte darstellen würde.

§ 24. Die Vorschriften der §§ 1 bis 19 finden auch auf Untermietverhältnisse Anwendung. An Stelle des im § 4 bezeichneten Aufhebungsgrundes genügt es jedoch, daß der Untervermieter ein begründetes Interesse an der Erlangung des Raumes hat, insbesondere wenn er diesen für sich selbst oder wenn er einen Teil des Raumes zur Herstellung selbständigen Wohnraums braucht; an Stelle des § 6 Abs. 1 findet § 6 Abs. 2 Anwendung. Diese Einschränkung gilt nicht, wenn der Untermieter in dem Mietraum eine eigene Wirtschaft oder Haushaltung führt oder fortsetzt.

Einem Untermietverhältnis steht es gleich, wenn ein Hauseigentümer oder jemand, der einen Raum auf Grund eines Erbbaurechts, Nießbrauchs oder eines ähnlichen Rechtsverhältnisses inne hat, einen Teil des von ihm selbst im Hause benutzten Raumes vermietet.

§ 25. Ist ein Raum für besondere Zwecke zu vorübergehendem Gebrauche vermietet oder untervermietet, so finden, unbeschadet des § 27, die §§ 1 bis 19 keine Anwendung.

§ 26. Das dem Vermieter nach § 19 der Konkursordnung[1]) zustehende Kündigungsrecht wird durch dieses Gesetz nicht berührt.

§ 27. Die für die Aufhebungsklage geltenden Vorschriften über die Zuziehung von Beisitzern finden auch in einem Rechtsstreit Anwendung, der die Herausgabe eines Mietraums zum Gegenstande hat, ohne daß eine Aufhebung des Mietverhältnisses im Sinne dieses Gesetzes verlangt wird. Die Zwangsvollstreckung kann von der Sicherung eines ausreichenden Ersatzraums abhängig gemacht werden, wenn dies zur Vermeidung unbilliger Härten erforderlich erscheint; § 6 Abs. 2 bis 4, § 16 mit Ausnahme von Abs. 1 Satz 3 finden Anwendung. Im übrigen bestimmt sich das Verfahren nach den §§ 7 bis 12, § 13 Abs. 2, Abs. 3 Satz 2, §§ 14, 15, 18.

Die Vorschriften des Abs. 1 gelten auch, soweit der Vermieter oder der Erbe des Mieters von dessen Familienangehörigen die Herausgabe eines Raumes verlangen kann (§ 19). Für Räume, die nur mit Rücksicht auf ein bestehendes Dienst- oder Arbeitsverhältnis vermietet oder überlassen sind, findet Abs. 1 Satz 1, 3 Anwendung.

Die Vorschriften des § 16 gelten auch, wenn in einem gerichtlichen Vergleiche die Aufhebung eines Mietverhältnisses oder in den Fällen der Abs. 1, 2 die Herausgabe eines Raumes mit der Bestimmung vereinbart ist, daß die Zwangsvollstreckung aus dem Vergleiche von der Siche-

---

[1]) „War dem Gemeinschuldner ein von ihm gemieteter ... Gegenstand vor der Eröffnung des Verfahrens überlassen, so kann ... (der Vermieter) das Mietverhältnis kündigen. Die Kündigungsfrist ist, falls nicht eine kürzere Frist bedungen war, die gesetzliche ..."

rung eines Ersatzraums für den Mieter abhängig sein soll. Enthält der Vergleich eine solche Bestimmung nicht, so gilt sie, falls die Klage lediglich auf § 4 gestützt war, als dahin vereinbart, daß ein ausreichender Ersatzraum gesichert sein soll.

§ 28. Auf eine Verpflichtung des Mieters, eine ihm nach § 538 Abs. 2 des Bürgerlichen Gesetzbuchs[1]) gegenüber dem Vermieter zustehende Ersatzforderung nicht gegen eine Mietzinsforderung aufzurechnen, kann sich der Vermieter nicht berufen. Hat jedoch der Mieter die gesetzliche Miete zu zahlen, so kann er eine solche Forderung nur aufrechnen, soweit die im § 6 Abs. 2 des Reichsmietengesetzes[2]) bezeichnete Stelle vor der Vornahme der Arbeit die Vornahme einer laufenden Instandsetzungsarbeit (§ 5 jenes Gesetzes[3])) für erforderlich erklärt hat.

§ 29. Die Erlaubnis des Vermieters, den Gebrauch des Wohnraums einem Dritten zu überlassen, insbesondere ihn unterzuvermieten (§ 549 Abs. 1 des Bürgerlichen Gesetzbuchs), wird durch die Erlaubnis des Mieteinigungsamts ersetzt. Das Mieteinigungsamt soll die Erlaubnis versagen, wenn der Vermieter sie aus einem wichtigen Grunde verweigert hat.

§ 30. Ist in Fällen, in denen die gesetzliche Miete zu zahlen ist, der Mietzins nach einem längeren Zeitabschnitt als einem Vierteljahre bemessen, so kann der Vermieter verlangen, daß der Mieter den Mietzins in vierteljährigen Zeitabschnitten entrichtet.

---

[1]) „Im Falle des Verzugs des Vermieters kann der Mieter den Mangel selbst beseitigen und Ersatz der erforderlichen Aufwendungen verlangen."

[2]) Oben zu A und unten zu Ke § 11, früher Kb Nr. XXI.

[3]) d. h. des RMietG., oben zu A.

Die oberste Landesbehörde kann anordnen, daß in Fällen, in denen die gesetzliche Miete gilt, der Vermieter wie der Mieter berechtigt ist, zu verlangen, daß der Mietzins wöchentlich oder monatlich[1]) gezahlt wird.

§ 31. Bestehen in einer Gemeinde Anordnungen, nach denen der Abschluß von Mietverträgen über Gebäude oder Gebäudeteile anzuzeigen oder zur Genehmigung mitzuteilen ist, so können aus einem dieser Anordnung zuwider nicht angezeigten oder nicht genehmigten Mietvertrage Rechte weder einem Vertragsteil noch einem Dritten noch einer Behörde gegenüber geltend gemacht werden; insbesondere finden die Vorschriften über die Aufhebung des Mietverhältnisses sowie die Vorschriften des § 27 keine Anwendung.

Ist die Anzeige erstattet oder die Genehmigung erteilt, so kann der Mieter die Herausgabe des Mietraums von demjenigen verlangen, der den Raum ohne Abschluß eines Vertrags oder auf Grund eines nicht angezeigten oder nicht genehmigten Mietvertrags inne hat.

§ 32. Hat das Reich oder ein Land Gebäude oder Gebäudeteile vermietet oder zum Gebrauch überlassen, die in seinem Eigentum oder in seiner Verwaltung stehen und entweder öffentlichen Zwecken oder zur Unterbringung von Angehörigen der Verwaltung des Reichs oder des Landes zu dienen bestimmt sind, so finden die §§ 1 bis 31 keine Anwendung.

Die Zwangsvollstreckung aus einem Urteil, welches die Herausgabe eines vermieteten oder überlassenen Raumes zum Gegenstande hat, ist durch Ausspruch in der Urteils-

---

[1]) Alte Fassung: „in Monatsabschnitten", jetzige Fassung gemäß Art. I Nr. 1 VO. v. 24. 12. 23, unten zu F. Preußen vgl. § 1 VO. v. 25. 9. 23, unten zu Oc.

formel davon abhängig zu machen, daß ein ausreichender Ersatzraum gesichert ist. Über Einwendungen gegen den Ersatzraum entscheidet die Behörde, welche der über den Raum verfügungsberechtigten Behörde vorgesetzt ist. Der Mieter oder derjenige, dem der Gebrauch überlassen ist, kann vom Reiche oder vom Lande den Ersatz der erforderlichen Umzugskosten verlangen, es sei denn, daß ihm bereits nach den Dienstvorschriften angemessene Umzugskosten zustehen. Über die Ersatzpflicht ist auf Antrag des Berechtigten in der Urteilsformel Bestimmung zu treffen.

Abs. 2 gilt nicht, wenn Tatsachen vorliegen, welche die Aufhebung des Mietverhältnisses nach den §§ 2, 3 rechtfertigen würden oder wenn der Raum für besondere Zwecke zu vorübergehendem Gebrauch überlassen ist.

Die Vorschriften der Abs. 1 bis 3 sowie des § 23 finden auf Gemeinden, Körperschaften des öffentlichen Rechtes, gemeinnützige Anstalten und Stiftungen sowie auf gemeinnützige, nicht auf Erwerb gerichtete Organisationen, soweit sie die Räume für eigene Zwecke dringend benötigen, entsprechende Anwendung.

§ 33. Die Vorschriften der §§ 1 bis 31 finden ferner keine Anwendung auf Neubauten oder durch Um- oder Einbauten neugeschaffene Räume, wenn sie nach dem 1. Juli 1918 bezugsfertig geworden sind oder künftig bezugsfertig werden. Das gleiche gilt für Räume solcher Gesellschaften und Genossenschaften, deren Zweck ausschließlich darauf gerichtet ist, minderbemittelten Familien oder Personen gesunde und zweckmäßig eingerichtete Wohnungen in eigens erbauten oder angekauften Häusern zu billigen Preisen zu verschaffen und bei denen die unter Ziffer 1 des Abschnitts „Befreiungen" der Nr. 1 des Tarifs zum Reichsstempelgesetze vom 3. Juli 1913

(Reichsgesetzbl. S. 639) in der Fassung des Gesetzes zur Änderung des Reichsstempelgesetzes vom 26. Juli 1918 (Reichsgesetzbl. S. 799)[1]) aufgeführten Voraussetzungen vorliegen; soweit derartige Gesellschaften und Genossenschaften einem Revisionsverbande nicht angehören, entscheidet die oberste Landesbehörde, ob die Voraussetzungen zutreffen.

Auf Neubauten, die mit Zuschüssen aus den für die Wiederherstellung der während des Krieges zerstörten Gebiete bereitgestellten Mitteln errichtet sind, finden die Vorschriften dieses Gesetzes Anwendung[2]).

Die oberste Landesbehörde kann anordnen, daß die Vorschriften der §§ 1 bis 31 auf Neubauten oder durch Um- oder Einbauten neu geschaffene Räume Anwendung finden, die nach dem 1. Juli 1918 bezugsfertig geworden sind oder künftig bezugsfertig werden und für die Zuschüsse aus öffentlichen Mitteln gegeben sind[3]).

Für die Erledigung eines Rechtsstreits, der vor dem Inkrafttreten einer Anordnung nach Abs. 3 anhängig geworden ist, gilt § 51 Abs. 1. Die Zwangsvollstreckung aus einem vor dem Inkrafttreten der Anordnung erlassenen Urteil erfolgt nach den vor dem Inkrafttreten dieses Gesetzes in Geltung gewesenen Vorschriften; Anordnungen, nach denen die Vollstreckung von der Genehmigung des Mieteinigungsamts abhängig war, finden Anwendung[4]).

---

[1]) Oben zu A Anm. 1 bei § 16 RMietG.

[2]) Vgl. weiter Art. II Nr. 2 VO. v. 24. 12. 23, unten zu F.

„Die mit Unterstützung des Hilfswerkes Oppau errichteten Räume unterliegen den Vorschriften.... des Gesetzes über Mieterschutz und Mieteinigungsämter vom 1. Juni 1923."

[3]) Preußen: VO. v. 7. 4. 24, unten zu Od.

[4]) Abs. 3 und 4 sind Zusätze der VO. v. 24. 12. 23, unten zu F.

§ 34. Die oberste Landesbehörde kann mit Zustimmung des Reichsarbeitsministers für bestimmte Gemeinden, insbesondere Grenzgemeinden, anordnen, daß die §§ 1 bis 31 oder ein Teil dieser Vorschriften keine Anwendung finden, wenn der Mieter im Ausland eine seine Arbeitskraft ganz oder überwiegend in Anspruch nehmende Beschäftigung ausübt, ohne zu einem deutschen Arbeitgeber in einem Dienst- oder Arbeitsverhältnis zu stehen. Die Anordnung kann auf einzelne Gruppen von Mietern beschränkt werden.

§ 35. Hatte der Mieter am 1. Januar 1914 seinen Wohnsitz nicht im Inland, so genügt es an Stelle des im § 4 bezeichneten Aufhebungsgrundes, daß der Vermieter ein begründetes Interesse an der Erlangung des Mietraums hat; die Vorschriften über den Ersatz von Umzugskosten und die Sicherung eines Ersatzraums finden keine Anwendung.

Abs. 1 gilt nicht, wenn die dort bezeichneten Voraussetzungen auch auf seiten des Vermieters vorliegen oder wenn der Mieter zu den im § 9c der Bekanntmachung über Maßnahmen gegen Wohnungsmangel vom 23. September 1918 (Reichsgesetzbl. S. 1143) in der Fassung des Gesetzes über Maßnahmen gegen Wohnungsmangel vom 11. Mai 1920 (Reichsgesetzbl. S. 949) [1]) bezeichneten Personen gehört.

§ 36. Ist die Zwangsvollstreckung aus einem Urteil nach den §§ 6, 27 von der Sicherung eines Ersatzraums abhängig, so hat die Gemeindebehörde dem zur Herausgabe Verpflichteten einen entsprechenden Ersatzraum be-

---

[1]) Hier ist § 9c in dieser alten Fassung gemeint, nicht in der jetzigen des § 14 Wohnungsmangelgesetzes; so ausdrücklich dessen § 18, oben zu C. Dort bei dessen § 8 ist der Wortlaut des alten § 9c abgedruckt.

schleunigt zuzuweisen, es sei denn, daß der Verpflichtete gegenüber der Gemeindebehörde auf die Zuweisung eines Ersatzraums verzichtet hat. Dies gilt auch im Falle eines gerichtlichen Vergleichs, wenn das Gericht die beschleunigte Zuweisung eines Ersatzraums angeordnet hat; eine Anfechtung der Entscheidung findet nicht statt. Die Gemeindebehörde hat den bisherigen Vermieter von dem Zeitpunkt der Zuweisung zu benachrichtigen.

Ein Ersatzraum ist auch beschleunigt zuzuweisen, wenn der Mieter in den Fällen der §§ 22, 23 den Mietraum gegen Zahlung eines Geldbetrags hat herausgeben müssen oder wenn in den Fällen des § 32 die Zwangsvollstreckung von der Sicherung eines Ersatzraums abhängig ist[1]).

Wer gemäß Abs. 1, 2 zur Herausgabe eines Raumes verpflichtet ist, darf von der Gemeindebehörde nicht in den gleichen Raum wieder eingewiesen werden.

2. Abschnitt.

Mieteinigungsämter.

§ 37. Die in diesem Gesetze, dem Reichsmietengesetz und in der Bekanntmachung über Maßnahmen gegen Wohnungsmangel vom 23. September 1918 (Reichsgesetzbl. S. 1143) in der Fassung des Gesetzes über Maßnahmen gegen Wohnungsmangel vom 11. Mai 1920 (Reichsgesetzbl. S. 949) und des Gesetzes über Verlängerung der Geltungsdauer des Gesetzes über Maßnahmen gegen Wohnungsmangel vom 11. Juli 1921

---

[1]) Von „oder" ab Zusatz gemäß Art. I Nr. 1 VO. v. 14. 2. 24, unten zu G; vgl. dazu Art. II das. wegen des Übergangsrechtes.

(Reichsgesetzbl. S. 933) [1]) den Mieteinigungsämtern übertragenen Aufgaben sind durch Mieteinigungsämter wahrzunehmen, die dem § 38 entsprechen.

Die oberste Landesbehörde kann Gemeinden, Gemeindeverbände und weitere Kommunalverbände zur Errichtung von Mieteinigungsämtern anhalten. Sie kann die Aufgaben einer anderen Stelle übertragen, wenn deren Zusammensetzung dem § 38 entspricht, insbesondere auch einem mit Beisitzern besetzten Gerichte; soweit die Übertragung an ein Gericht erfolgt, kann auch bestimmt werden, daß die Feststellung der Sicherung eines Ersatzraums (§§ 6, 16) schon im Verfahren über die Aufhebung des Mietverhältnisses getroffen werden kann. Für das Verfahren bleiben die für das Mieteinigungsamt geltenden Vorschriften maßgebend.

§ 38. Das Mieteinigungsamt besteht aus einem Vorsitzenden und mehreren Beisitzern. Für jedes Mitglied ist mindestens ein Stellvertreter zu bestellen.

Der Vorsitzende muß zum Richteramte befähigt sein oder die Prüfung zum höheren Verwaltungsdienst abgelegt haben. Während seiner Amtszeit, die mindestens ein Jahr betragen soll, darf er gegen seinen Willen nur nach den für die Entlassung eines nicht richterlichen Beamten geltenden Vorschriften aus dem Amte entfernt werden, es sei denn, daß er vorher aus der Gemeindeverwaltung ausscheidet.

Auf die Beisitzer finden die Vorschriften des § 7 Abs. 2 bis 6 entsprechende Anwendung. Die Vorschriften des § 7 Abs. 3 Satz 1, 4 bis 6, Abs. 4 bis 6 gelten entsprechend auch für den Vorsitzenden.

---

[1]) Jetzt Wohnungsmangelgesetz, oben zu C.

In bezug auf die Beratung und Abstimmung sowie auf die Ausschließung und Ablehnung des Vorsitzenden und der Beisitzer gilt § 8 Abs. 3 mit der Maßgabe, daß an Stelle des Landgerichts die Beschwerdestelle (§ 42) tritt.

Das Nähere über die Besetzung des Mieteinigungsamts regelt die oberste Landesbehörde.

§ 39. Das Mieteinigungsamt entscheidet in der Besetzung von einem Vorsitzenden und mindestens zwei Beisitzern. Die Beisitzer müssen zur Hälfte Vermieter, zur Hälfte Mieter sein; ihre Zahl bestimmt die oberste Landesbehörde.

Die oberste Landesbehörde kann zulassen, daß der Vorsitzende oder die Beisitzer (Abs. 1 Satz 2) oder, wenn die Aufgaben des Mieteinigungsamts einem Gericht übertragen sind, der Gerichtsschreiber Vorverhandlungen abhalten, insbesondere einen Augenschein einnehmen, und daß, falls nicht ein Vergleich zustande kommt, der Vorsitzende eine Entscheidung trifft, wenn sie sofort erfolgen kann und die Beteiligten es beantragen.

Gegen die Entscheidungen des Vorsitzenden kann innerhalb der Notfrist von einer Woche das Mieteinigungsamt angerufen werden.

§ 40. Die Beteiligten sind zu einem Termine, der nicht in ihrer Anwesenheit anberaumt ist, schriftlich zu laden; § 10 gilt entsprechend. Die Ladungsfrist beträgt drei Tage; eine Abkürzung der Frist ist zulässig. Das Mieteinigungsamt muß in der Lage sein, festzustellen, daß die Ladungsschrift den Beteiligten rechtzeitig zugegangen ist.

Sind die Beteiligten ordnungsgemäß geladen und ist die Sache zu einer Entscheidung reif, so kann das Mieteinigungsamt auch in Abwesenheit eines Beteiligten entscheiden. Wird die Verhandlung vertagt, so hat der säumige Teil die den anderen Beteiligten durch das Ausbleiben verursachten notwendigen Kosten zu ersetzen. Erscheint der Säumige auch in dem zweiten Termine nicht, so darf eine weitere Vertagung nur mit Zustimmung der anderen Beteiligten stattfinden.

Die Entscheidung (§ 39) erfolgt im Rahmen der im § 37 bezeichneten Vorschriften und der dazu erlassenen Anordnungen nach billigem Ermessen. Sie darf nur erlassen werden, wenn den Beteiligten Gelegenheit gegeben worden ist, sich zur Sache und über das Ergebnis einer Beweisaufnahme zu äußern und der Erhebung der Beweise beizuwohnen.

Die Entscheidung ist schriftlich zu begründen. Sind die Beteiligten im Termin anwesend, so kann die Begründung mündlich erfolgen; jeder Beteiligte kann jedoch innerhalb der Notfrist (§ 39 Abs. 3, § 41 Abs. 1) die schriftliche Mitteilung der Gründe beantragen. Die Beteiligten sind auf die zulässigen Rechtsbehelfe hinzuweisen; § 14 Abs. 2 gilt entsprechend.

Vor der Entscheidung kann eine einstweilige Anordnung erlassen werden.

Die §§ 319[1]), 321[2]) der Zivilprozeßordnung gelten ent-

---

[1]) „Schreibfehler, Rechenfehler und ähnliche offenbare Unrichtigkeiten, welche in dem Urteile vorkommen, sind jederzeit von dem Gericht auch von Amts wegen zu berichtigen.

Über die Berichtigung kann ohne vorgängige mündliche Verhandlung entschieden werden. Der Beschluß, welcher eine Berichtigung ausspricht, wird auf dem Urteil und den Ausfertigungen bemerkt.

Gegen den Beschluß, durch welchen der Antrag auf Berichtigung zurückgewiesen wird, findet kein Rechtsmittel, gegen den Beschluß, welcher eine Berichtigung ausspricht, findet sofortige Beschwerde statt."

[2]) „Wenn ein nach dem ursprünglich festgestellten oder

sprechend. Ist die Entscheidung vom Vorsitzenden erlassen, so erfolgt die Berichtigung oder die Ergänzung durch das Mieteinigungsamt.

§ 41. Gegen die Entscheidung des Mieteinigungsamts findet innerhalb der Notfrist von zwei Wochen die Rechtsbeschwerde statt. § 16 Abs. 1 Satz 2 bleibt unberührt.

Die Rechtsbeschwerde kann nur darauf gestützt werden, daß die Entscheidung auf einer Verletzung des Gesetzes beruhe. Dies ist stets anzunehmen, wenn § 40 Abs. 3 Satz 2 nicht beachtet ist; das gleiche gilt, wenn die Voraussetzungen vorliegen, unter denen nach § 551 Nr. 1 bis 5 der Zivilprozeßordnung[1]) eine gerichtliche Entscheidung

---

nachträglich berichtigten Tatbestande von einer Partei geltend gemachter Haupt- oder Nebenanspruch oder wenn der Kostenpunkt bei der Endentscheidung ganz oder teilweise übergangen ist, so ist auf Antrag das Urteil durch nachträgliche Entscheidung zu ergänzen.

Die nachträgliche Entscheidung muß binnen einer einwöchigen Frist, welche mit der Zustellung des Urteils beginnt, durch Zustellung eines Schriftsatzes beantragt werden.

Der Schriftsatz muß den Antrag auf Ergänzung und die Ladung des Gegners zur mündlichen Verhandlung enthalten.

Die mündliche Verhandlung hat nur den nicht erledigten Teil des Rechtsstreits zum Gegenstande."

[1]) „1. wenn das erkennende Gericht nicht vorschriftsmäßig besetzt war;

2. wenn bei der Entscheidung ein Richter mitgewirkt hat, welcher von der Ausübung des Richteramts kraft Gesetzes ausgeschlossen war, sofern nicht dieses Hindernis mittels eines Ablehnungsgesuchs ohne Erfolg geltend gemacht ist;
3. wenn bei der Entscheidung ein Richter mitgewirkt hat, obgleich derselbe wegen Besorgnis der Befangenheit abgelehnt und das Ablehnungsgesuch für begründet erklärt war;
4. wenn das Gericht seine Zuständigkeit oder Unzuständigkeit mit Unrecht angenommen hat;

als auf einer Verletzung des Gesetzes beruhend anzusehen ist. Ebenso liegt eine Gesetzesverletzung vor, wenn § 5a der Bekanntmachung über Maßnahmen gegen Wohnungsmangel vom 23. September 1918 (Reichsgesetzbl. S. 1143) in der Fassung des Gesetzes über Maßnahmen gegen Wohnungsmangel vom 11. Mai 1920 (Reichsgesetzbl. S. 949)[1]) unbeachtet geblieben ist; die endgültige Entscheidung hierüber hat bei Gebäuden, die zur Verfügung des Reichs stehen, die Reichsregierung, im übrigen die Landesregierung. Die §§ 550[2]), 563[3]) der Zivilprozeßordnung finden Anwendung. Die Entscheidung über die Kosten (§ 46) kann nur zugleich mit der Entscheidung in der Hauptsache angefochten werden.

Die Beschwerdestelle ist befugt, in Fällen, in denen es ihr notwendig erscheint, von Amts wegen die Nachprüfung oder Vornahme einzelner tatsächlicher Feststellungen anzuordnen.

Der Gegner des Beschwerdeführers kann sich der Rechtsbeschwerde anschließen. Die §§ 521 Abs. 1[4]), 522[5]) der Zivilprozeßordnung gelten entsprechend.

---

5. wenn eine Partei in dem Verfahren nicht nach Vorschrift der Gesetze vertreten war, sofern sie nicht die Prozeßführung ausdrücklich oder stillschweigend genehmigt hat."

[1]) Jetzt § 7 WohnMangG., oben zu C.

[2]) „Das Gesetz ist verletzt, wenn eine Rechtsnorm nicht oder nicht richtig angewendet worden ist."

[3]) „Ergeben die Entscheidungsgründe zwar eine Gesetzesverletzung, stellt die Entscheidung selbst aber aus anderen Gründen sich als richtig dar, so ist die Revision zurückzuweisen."

[4]) „Der Berufungsbeklagte kann sich der Berufung anschließen, selbst wenn er auf die Berufung verzichtet hat oder wenn die Berufungsfrist verstrichen ist."

[5]) „Die Anschließung verliert ihre Wirkung, wenn die Berufung zurückgenommen oder als unzulässig verworfen wird.

§ 42. Erachtet das Mieteinigungsamt die Rechtsbeschwerde für begründet, so hat es ihr abzuhelfen; andernfalls ist die Beschwerde der Beschwerdestelle vorzulegen.

Die Beschwerdestelle entscheidet in einer Besetzung von mindestens drei Mitgliedern; der Vorsitzende und mindestens ein Beisitzer müssen zum Richteramte befähigt sein oder die Prüfung zum höheren Verwaltungsdienst abgelegt haben. Werden Hausbesitzer und Mieter bestellt, so dürfen sie nur in gleicher Zahl herangezogen werden. Die Mitglieder der Beschwerdestelle dürfen nicht Mitglieder eines Mieteinigungsamts sein; § 7 Abs. 5 gilt entsprechend.

Das Nähere über die Besetzung der Beschwerdestelle bestimmt die oberste Landesbehörde. Sie kann die Aufgaben der Beschwerdestelle einer Verwaltungsbehörde, dem Landgericht oder einem höheren Gericht übertragen.

§ 43. Die Beschwerdestelle kann in der Sache selbst entscheiden oder sie zur nochmaligen Verhandlung und Entscheidung an das Mieteinigungsamt zurückverweisen. Die Zurückverweisung kann an eine andere Abteilung des Mieteinigungsamts erfolgen. Das Mieteinigungsamt, an das die Sache zurückverwiesen wird, hat die rechtliche Beurteilung, die der Aufhebung der Entscheidung zugrunde liegt, auch seiner Entscheidung zugrunde zu legen.

Eine Entscheidung, die der Beschwerde unterliegt, wird erst endgültig, wenn die Beschwerdefrist abgelaufen ist, ohne daß eine Beschwerde eingelegt worden ist, oder wenn die Beschwerde nach Ablauf der Beschwerdefrist zurückgenommen oder von der Beschwerdestelle zurückgewiesen wird.

Hat der Berufungsbeklagte innerhalb der Berufungsfrist sich der erhobenen Berufung angeschlossen, so wird es so angesehen, als habe er die Berufung selbständig eingelegt."

§ 44. Wer mit einem Antrag endgültig abgewiesen ist, kann den gleichen Antrag nicht mehr auf Tatsachen gründen, die er in einem früheren Verfahren geltend gemacht hat oder geltend machen konnte. Tatsachen, auf die der Antrag nicht mehr gegründet werden kann, dürfen zur Unterstützung eines auf andere Tatsachen gegründeten Antrags geltend gemacht werden.

§ 45. Aus Vergleichen, die vor dem Mieteinigungsamte, dem Vorsitzenden des Mieteinigungsamts oder der Beschwerdestelle zwischen dem Vermieter, dem Mieter oder einem Dritten abgeschlossen sind, findet die gerichtliche Zwangsvollstreckung statt.

Die oberste Landesbehörde kann bestimmen, daß auch aus Vergleichen, die in einem vor Beisitzern oder vor dem Gerichtsschreiber stattfindenden Verfahren (§ 39 Abs. 2) abgeschlossen sind, die gerichtliche Zwangsvollstreckung stattfindet.

§ 46. Für das Verfahren vor dem Mieteinigungsamt und der Beschwerdestelle werden Gebühren erhoben. Die Höhe der Gebühren bestimmt die oberste Landesbehörde. Der Gesamtbetrag der Gebühren darf das Dreifache, im Verfahren vor der Beschwerdestelle das Fünffache der vollen Gebühr des § 8[1]) des Gerichtskostengesetzes nicht übersteigen; der Berechnung darf kein höherer Wert zugrunde gelegt werden als der Jahresbetrag der gesetzlichen Miete (§ 1 des Reichsmietengesetzes)[2]).

Neben den Gebühren kann die Erstattung der in dem Verfahren entstandenen baren Auslagen verlangt werden.

Die Kosten (Abs. 1, 2) hat der unterliegende Teil zu tragen.

---

[1]) Jetzige Fassung unten zu Sb.

[2]) Oben zu A.

Die §§ 92[1]), 93[2]), 97[3]) der Zivilprozeßordnung gelten entsprechend. Kosten, die hiernach einer Gemeinde, einem Gemeindeverband oder einem weiteren Kommunalverbande zur Last fallen würden, bleiben außer Ansatz. Das Mieteinigungsamt kann die Kosten dem obsiegenden Teile auferlegen, soweit dies nach Lage der Sache, insbesondere nach den Vermögens- und Erwerbsverhältnissen der Beteiligten, der Billigkeit entspricht.

Von der Verpflichtung zur Kostentragung ist befreit, wer ohne Beeinträchtigung des für ihn und seine Familie notwendigen Unterhalts hierzu außerstande ist, es sei denn, daß die beabsichtigte Rechtsverfolgung oder Rechtsverteidigung mutwillig oder aussichtslos erscheint. Bessern

---

1) „Wenn jede Partei teils obsiegt, teils unterliegt, so sind die Kosten gegeneinander aufzuheben oder verhältnismäßig zu teilen. Sind die Kosten gegeneinander aufgehoben, so fallen die Gerichtskosten jeder Partei zur Hälfte zur Last.

Das Gericht kann der einen Partei die gesamten Prozeßkosten auferlegen, wenn die Zuvielforderung der anderen Partei eine verhältnismäßig geringfügige war und keine besonderen Kosten veranlaßt hat, oder wenn der Betrag der Forderung der anderen Partei von der Festsetzung durch richterliches Ermessen, von der Ausmittelung durch Sachverständige oder von einer gegenseitigen Berechnung abhängig war."

2) „Hat der Beklagte nicht durch sein Verhalten zur Erhebung der Klage Veranlassung gegeben, so fallen dem Kläger die Prozeßkosten zur Last, wenn der Beklagte den Anspruch sofort anerkennt."

3) „Die Kosten eines ohne Erfolg eingelegten Rechtsmittels fallen der Partei zur Last, welches dasselbe eingelegt hat.

Die Kosten der Berufungsinstanz können der obsiegenden Partei ganz oder teilweise auferlegt werden, wenn sie auf Grund eines neuen Vorbringens obsiegt, welches sie nach freiem Ermessen des Gerichts in erster Instanz geltend zu machen imstande war...."

sich die Verhältnisse des Kostenschuldners, so ist er zur Nachzahlung verpflichtet.

Die Körperschaften des öffentlichen Rechtes sowie gemeinnützige Anstalten und Stiftungen genießen Gebühren- und Stempelfreiheit und sind von der Erstattung von Auslagen (Abs. 2) befreit.

§ 47. Im übrigen wird das Verfahren vor dem Mieteinigungsamt und der Beschwerdestelle von der Reichsregierung mit Zustimmung des Reichsrats geregelt[1]).

3. Abschnitt.

Schluß- und Übergangsvorschriften.

§ 48. Die oberste Landesbehörde kann die ihr nach diesem Gesetze zustehenden Befugnisse einer anderen Behörde übertragen. Sie kann die Übertragung widerrufen und die Behörde zur Aufhebung einer auf Grund der Befugnis getroffenen Anordnung oder Maßnahme anhalten, auch eine solche Anordnung oder Maßnahme selbst aufheben.

§ 49. Auf die nach diesem Gesetze den Beteiligten zustehenden Rechte kann nicht verzichtet werden. Eine Vereinbarung, nach der einem Beteiligten bei Ausübung der Rechte besondere Nachteile erwachsen sollen, ist unwirksam.

Die Vorschriften dieses Gesetzes finden auch auf Verträge Anwendung, die unter Umgehung oder zum Zwecke der Umgehung des Gesetzes abgeschlossen sind.

§ 50. Dieses Gesetz tritt, unbeschadet des § 53 Abs. 2, am 1. Oktober 1923 in Kraft. Bis dahin bleiben die Bekanntmachung zum Schutze der Mieter vom

[1]) Unten zu H.

23. September 1918 (Reichsgesetzbl. S. 1140)
22. Juni 1919 (Reichsgesetzbl. S. 591) in der Fassung von Nr. II des Gesetzes über Maßnahmen gegen Wohnungsmangel vom 11. Mai 1920 (Reichsgesetzbl. S. 949) und des Gesetzes über Verlängerung der Geltungsdauer des Gesetzes über Maßnahmen gegen Wohnungsmangel vom 11. Juli 1921 (Reichsgesetzbl. S. 933) sowie die dazu erlassenen Anordnungen in Geltung; diese Vorschrift tritt mit der Verkündung in Kraft.

Anordnungen, die auf Grund der Bekanntmachung über Maßnahmen gegen Wohnungsmangel vom 23. September 1918 (Reichsgesetzbl. S. 1143) in der Fassung des Gesetzes über Maßnahmen gegen Wohnungsmangel vom 11. Mai 1920 (Reichsgesetzbl. S. 949) und des Gesetzes über Verlängerung der Geltungsdauer des Gesetzes über Maßnahmen gegen Wohnungsmangel vom 11. Juli 1921 (Reichsgesetzbl. S. 933) erlassen sind, treten insoweit außer Kraft, als die Vorschriften dieses Gesetzes entgegenstehen.

§ 51. Ein vor dem Inkrafttreten dieses Gesetzes anhängig gewordener Rechtsstreit, der die Herausgabe eines vermieteten oder sonst zum Gebrauch überlassenen Raumes zum Gegenstande hat, ist nach den bisherigen Vorschriften zu erledigen. Die Zwangsvollstreckung kann von der Sicherung eines ausreichenden Ersatzraums abhängig gemacht werden, wenn dies zur Vermeidung unbilliger Härten erforderlich erscheint; § 6 Abs. 2 bis 4, § 12, § 13 Abs. 2, Abs. 3 Satz 2, § 14, § 16 mit Ausnahme von Abs. 1 Satz 3 und § 36 finden entsprechende Anwendung.

Die Zwangsvollstreckung aus einem vor dem Inkrafttreten des Gesetzes erlassenen Urteil erfolgt nach den bisherigen Vorschriften. Anordnungen, nach denen die Vollstreckung von der Genehmigung des Mieteinigungsamts abhängig ist, bleiben insoweit unberührt.

Die Vorschriften des Abs. 1 Satz 2 und des Abs. 2 Satz 2 gelten nicht für die in den §§ 32, 33 bezeichneten Gebäude und Gebäudeteile.

Ist bei Inkrafttreten des Gesetzes dem Vermieter die nach den bisherigen Vorschriften erforderliche Zustimmung zur Kündigung für einen nach dem Inkrafttreten liegenden Zeitpunkt, für den sie nur vor dem Inkrafttreten erfolgen konnte, lediglich vorläufig erteilt, so kann spätestens am dritten Werktag nach dem Inkrafttreten eine Klage auf Aufhebung des Mietverhältnisses für den Zeitpunkt erhoben werden, für den die Kündigung erfolgt war. Bedarf es in einem solchen Falle zur Erlangung des Mietraums einer Aufhebungsklage nicht, so kann der Vermieter für den bezeichneten Zeitpunkt die Herausgabe des Mietraums verlangen.

§ 52. Die oberste Landesbehörde kann mit Zustimmung des Reichsarbeitsministers anordnen, daß bestimmte Gemeinden oder Gemeindeteile oder bestimmte Arten von Mieträumen[1]) von den Vorschriften des ersten Abschnitts ausgenommen werden. Das Gericht kann jedoch auch in diesen Fällen die Zwangsvollstreckung aus Urteilen oder Vergleichen, welche die Herausgabe eines Mietraums zum Gegenstande haben, von der Sicherung eines ausreichenden Ersatzraums abhängig machen, wenn dies zur Vermeidung unbilliger Härten erforderlich erscheint; § 6 Abs. 2 bis 4, §§ 9, 10, 12, § 13 Abs. 2, Abs. 3 Satz 2, § 14, § 16 mit Ausnahme von Abs. 1 Satz 3, §§ 18, 36 gelten entsprechend.

1) In Preußen z. B. möblierte Zimmer: unten zu Ja, b.

§ 53. In Ländern, in denen vor dem Inkrafttreten des Reichsmietengesetzes auf Grund der Bekanntmachung zum Schutze der Mieter eine Höchstgrenze für Mietzinssteigerungen vorgeschrieben war und im Einzelfall ein Zuschlag für unverschuldete Zubußen gewährt werden konnte, sind die obersten Landesbehörden befugt, mit Zustimmung des Reichsarbeitsministers zur Beseitigung von Härten anzuordnen, daß

a) ein bereits bewilligter Zuschlag neben der gesetzlichen Miete des Reichsmietengesetzes weiterzuzahlen ist,

b) falls ein Zuschlag vor dem Inkrafttreten noch nicht bewilligt war, auf Antrag des Vermieters ein solcher Zuschlag unter den gleichen Voraussetzungen zugebilligt werden kann, wie dies nach den früheren Vorschriften zulässig gewesen wäre, jedoch nicht für die vor dem 1. Januar 1922 liegende Zeit. Der Antrag auf Bewilligung des Zuschlags ist nur binnen zwei Monaten nach dem Erlasse der landesrechtlichen Anordnung zulässig [1]).

Diese Vorschrift tritt mit der Verkündung in Kraft. Die Anordnungen der obersten Landesbehörden müssen spätestens binnen drei Monaten erlassen werden.

§ 54. Dieses Gesetz tritt am 1. Juli 1926 außer Kraft.

---

[1]) Preußen: VO. v. 29. 6. 23, unten zu Ka.

F.

Verordnung der Reichsregierung zur Änderung des Mieterschutzgesetzes und des Wohnungsmangelgesetzes.

Vom 24. Dezember 1923 (RGBl. 1923 I 1247; 1924 I 56).

In Kraft seit 28. 12. 23.

Auf Grund des Ermächtigungsgesetzes vom 8. Dezember 1923 (Reichsgesetzbl. I S. 1179) verordnet die Reichsregierung nach Anhörung eines Ausschusses des Reichsrats und eines aus 15 Mitgliedern bestehenden Ausschusses des Reichstags:

Artikel I. Das Gesetz über Mieterschutz und Mieteinigungsämter vom 1. Juni 1923 (Reichsgesetzbl. I S. 353)[1]) wird wie folgt geändert:

1. § 30 Abs. 2 erhält folgende Fassung:
   (Oben zu E in den Gesetzestext eingefügt.)
2. § 33 erhält folgende Absätze 3 und 4:
   (Oben zu E in den Gesetzestext eingefügt.)

Artikel II. Das Wohnungsmangelgesetz vom 26. Juli 1923 (Reichsgesetzbl. I S. 754)[2]) wird wie folgt geändert:

1. Im § 4 Abs. 1 Satz 3 werden die Worte „oder der Verfügungsberechtigte" gestrichen.
2. § 12 erhält folgenden Abs. 3:
   „Die mit Unterstützung des Hilfswerkes Oppau errichteten Räume unterliegen den Vorschriften dieses Gesetzes sowie des Reichsmietengesetzes vom 24. März 1922 (Reichsgesetzbl. I S. 273)[3]) und des Gesetzes

---

[1]) Oben zu E.
[2]) Oben zu C.
[3]) Oben zu A, Zusatz zu § 16.

über Mieterschutz und Mieteinigungsämter vom 1. Juni 1923 (Reichsgesetzbl. I S. 353[1])."

Artikel III. Die oberste Landesbehörde kann mit Zustimmung des Reichsarbeitsministers für Teile des Landes, in denen die Durchführung des Gesetzes über Mieterschutz und Mieteinigungsämter vom 1. Juni 1923 (Reichsgesetzbl. I S. 353) und des Wohnungsmangelgesetzes vom 26. Juli 1923 (Reichsgesetzbl. I S. 754) aus tatsächlichen Gründen nicht möglich oder besonders erschwert ist, anordnen, daß die bisherigen Vorschriften bis auf weiteres Geltung haben[2]).

Artikel IV. Diese Verordnung tritt mit dem Tage der Verkündung in Kraft[3]).

Berlin, den 24. Dezember 1923.

Der Reichskanzler.
Marx.
Der Reichsminister der Justiz.
Emminger.
Für den Reichsarbeitsminister.
Der Reichsminister des Innern.
Dr. Jarres.

G.

Verordnung der Reichsregierung zur Änderung des Mieterschutzgesetzes.

Vom 14. Februar 1924 (RGBl. I 111).
In Kraft seit 29. 2. 24.

Auf Grund des Ermächtigungsgesetzes vom 8. De-

---

[1]) Oben zu E, Zusatz zu § 33.
[2]) Preußen: unten zu Me.
[3]) Die die VO. enthaltende Nr. 133 des RGBl. ist am 28. 12. 23 ausgegeben.

zember 1923 (Reichsgesetzbl. I S. 1179) verordnet die Reichsregierung nach Anhörung eines Ausschusses des Reichsrats und des Reichstags:

Artikel I. Das Gesetz über Mieterschutz und Mieteinigungsämter vom 1. Juni 1923 (Reichsgesetzbl. I S. 353)[1]) wird wie folgt geändert:

1. Im § 13 Abs. 4 Satz 2 treten an die Stelle der Worte „tausend Mark" die Worte „dreißig Goldmark".
2. § 36 Abs. 2 erhält folgenden Zusatz:

   „oder wenn in den Fällen des § 32 die Zwangsvollstreckung von der Sicherung eines Ersatzraums abhängig ist".

Artikel II. Artikel I Nr. 1 findet keine Anwendung auf Entscheidungen, die vor dem Inkrafttreten[2]) der Verordnung ergangen sind.

Artikel I Nr. 2 gilt auch für Vollstreckungstitel, die vor dem Inkrafttreten[2]) der Verordnung erlassen sind.

Berlin, den 14. Februar 1924.

Der Reichskanzler.
Marx.

Der Reichsminister der Justiz.
Emminger.

Der Reichsarbeitsminister.
Dr. Brauns.

---

[1]) Oben zu E.

[2]) Die die VO. enthaltende Nr. 12 des RGBl. ist am 15. 2. 24 ausgegeben, sie ist also am 29. 2. 24 in Kraft getreten.

H.

Anordnung der Reichsregierung für das Verfahren vor dem Mieteinigungsamt und der Beschwerdestelle.

Fassung der Bek. des Reichsministers der Justiz und des Reichsarbeitsministers vom 19. September 1923 (RGBl. I 889).

In Kraft in dieser Fassung seit 1. 10. 23 (Art. II. VO. v. 19. 9. 23, RGBl. I 885).

Auf Grund des § 47 des Gesetzes über Mieterschutz und Mieteinigungsämter vom 1. Juni 1923 (Reichsgesetzbl. I S. 353)[1]) wird mit Zustimmung des Reichsrats folgendes verordnet:

§ 1. Der Vorsitzende des Mieteinigungsamts ist vor seinem Amtsantritte zu treuer und gewissenhafter Führung seines Amtes eidlich zu verpflichten. Soweit eine Verpflichtung nach den bisherigen Vorschriften stattgefunden hat, behält es dabei sein Bewenden.

Die eidliche Verpflichtung der Beisitzer bestimmt sich nach § 51 des Gerichtsverfassungsgesetzes[2]).

---

1) Oben zu E.

2) „Die Beeidigung der Schöffen erfolgt bei ihrer ersten Dienstleistung in öffentlicher Sitzung. Sie gilt für die Dauer des Geschäftsjahres.

Der Vorsitzende richtet an die zu Beeidigenden die Worte: „Sie schwören bei Gott dem Allmächtigen und Allwissenden, die Pflichten eines Schöffen getreulich zu erfüllen und Ihre Stimmen nach bestem Wissen und Gewissen abzugeben."

Die Schöffen leisten den Eid, indem jeder einzeln die Worte spricht:

„Ich schwöre es, so wahr mir Gott helfe."

§ 2. Die Mitglieder des Mieteinigungsamts sind zur Amtsverschwiegenheit verpflichtet.

§ 3. Für das Verfahren vor dem Mieteinigungsamte gelten die Vorschriften über die Gerichtssprache entsprechend[1]).

§ 4. Der Antrag ist an das Mieteinigungsamt zu richten, in dessen Bezirk sich die Mietsache befindet. Im Falle des § 16 Abs. 1 Satz 2 des Gesetzes über Mieterschutz und Mieteinigungsämter (Mieterschutzgesetz)[2]) und in den Fällen der §§ 2, 4, 5, 6, 8 des Wohnungsmangelgesetzes vom 26. Juli 1923 (Reichsgesetzbl. I S. 754)[3]) ist der Antrag an das Mieteinigungsamt zu richten, in dessen Bezirk die Gebäude oder die Räume belegen sind.

Der Antrag an das Mieteinigungsamt ist schriftlich oder zu Protokoll des Schriftführers des Mieteinigungsamts zu stellen. Er soll unter Darlegung der Sachlage und Angabe der Beweismittel kurz begründet werden; der Antragsteller soll die ihm zugänglichen Beweisurkunden, insbesondere Vertragsurkunden und Briefe, beifügen.

§ 5. Das Mieteinigungsamt verhandelt und entscheidet in nichtöffentlicher Sitzung.

Der Schwörende soll bei der Eidesleistung die rechte Hand erheben.

Ist ein Schöffe Mitglied einer Religionsgesellschaft, welcher das Gesetz den Gebrauch gewisser Beteuerungsformeln an Stelle des Eides gestattet, so wird die Abgabe einer Erklärung unter der Beteuerungsformel dieser Religionsgesellschaft der Eidesleistung gleichgeachtet.

Über die Beeidigung wird von dem Gerichtsschreiber ein Protokoll aufgenommen."

[1]) §§ 184—191 des Gerichtsverfassungsgesetzes in der Fassung v. 22. 3. 24 (RGBl. I 299).

[2]) Oben zu E.

[3]) Oben zu C.

Vor der Entscheidung ist der Gegner des Antragstellers zu hören. Betrifft das Verfahren eine der in den §§ 2, 4, 5, 6, 8 des Wohnungsmangelgesetzes[1]) bezeichneten Angelegenheiten, so ist vor der Entscheidung auch der zur Verfügung über die Gebäude oder die Räume Berechtigte und in den Fällen des § 4 dieses Gesetzes auch der Wohnungsuchende zu hören.

Über Einwendungen des Mieters nach § 16 Abs. 1 Satz 2 des Mieterschutzgesetzes ist die Gemeindebehörde und, wenn der Ersatzraum von dem obsiegenden Vermieter angeboten war, auch dieser zu hören. Hat der zur Verfügung über den Ersatzraum Berechtigte gegen die Zuweisung des Mieters Beschwerde erhoben, so soll das Mieteinigungsamt, falls es zur Entscheidung über die Beschwerde berufen ist, hierüber und über die Einwendungen des Mieters tunlichst in demselben Verfahren entscheiden, dabei gegebenenfalls auch den neuen Mietvertrag festsetzen.

§ 6. Der Antrag und die sonstigen Erklärungen eines Beteiligten sind den übrigen Beteiligten vom Amts wegen mitzuteilen. Die Beteiligten haben die für die Mitteilung erforderliche Zahl von Abschriften einzureichen, soweit nicht der Vorsitzende hiervon Befreiung gewährt.

Das Mieteinigungsamt kann von der Mitteilung absehen, wenn das mitzuteilende Schriftstück lediglich Wiederholungen früherer Angaben oder Ausführungen enthält.

§ 7. Das Mieteinigungsamt kann anordnen, daß eine mündliche Verhandlung mit den Beteiligten statt-

---

1) Oben zu C.

findet. Es kann das persönliche Erscheinen der Beteiligten anordnen. Gegen die trotz dieser Anordnung nicht erschienenen Beteiligten kann wie gegen einen im Vernehmungstermine nicht erschienenen Zeugen verfahren werden; auf Haft darf nicht erkannt werden. Das Mieteinigungsamt kann andere Personen, die ein rechtliches Interesse an der Entscheidung haben, zu der Verhandlung zulassen.

Das Mieteinigungsamt soll in jeder Lage des Verfahrens auf eine gütliche Einigung der Beteiligten hinwirken.

§ 8. Die Beteiligten können sich durch eine mit schriftlicher Vollmacht versehene Person vertreten lassen. Ist eine schriftliche Vollmacht[1]) beigebracht, so sind Ladungen und sonstige Mitteilungen an den Bevollmächtigten zu richten. Ist das persönliche Erscheinen eines Beteiligten angeordnet, so ist neben dem Bevollmächtigten auch der Beteiligte zu laden.

Der Mangel der Vollmacht kann unberücksichtigt bleiben. Ein Vergleich, der von einer nicht mit schriftlicher Vollmacht versehenen Person geschlossen ist, wird erst wirksam, wenn die Vollmacht beigebracht wird; hierfür ist dem Vertreter eine angemessene Frist zu bestimmen. Von dem fruchtlosen Ablauf der Frist ist den anderen Beteiligten Mitteilung zu machen; auch kann alsbald eine Entscheidung erlassen werden.

Gegenüber Bevollmächtigten und Beiständen, die nicht Rechtsanwälte sind, hat das Mieteinigungsamt die Befugnisse, die dem Amtsgericht im Verfahren über die

---

[1]) Wegen Stempelfreiheit unten zu Sa § 2 Anm. 1.

Aufhebungsklage zustehen (§ 157 der Zivilprozeßordnung[1]), § 12 des Mieterschutzgesetzes).

§ 9. Das Mieteinigungsamt kann den Beteiligten aufgeben, binnen einer bestimmten Frist Tatsachen zur weiteren Aufklärung des Sachverhalts anzugeben und Beweismittel, insbesondere Urkunden, vorzulegen oder Zeugen zu stellen.

Bei Versäumung der Frist kann das Mieteinigungsamt nach Lage der Sache ohne Berücksichtigung der nicht beigebrachten Beweismittel entscheiden.

§ 10. Das Mieteinigungsamt kann auf Antrag oder von Amts wegen Beweise erheben, insbesondere Zeugen und Sachverständige eidlich vernehmen sowie Versicherungen an Eides Statt entgegennehmen. Zeugen und Sachverständige, die in dem Antrag oder in sonstigen Erklärungen der Beteiligten benannt sind, sollen zu der nächstfolgenden Verhandlung geladen werden, soweit ihre Vernehmung zur Aufklärung des Sachverhältnisses dienlich erscheint.

Auf die Erledigung des Zeugen- und Sachverständigenbeweises finden die Vorschriften der Zivilprozeßordnung entsprechende Anwendung. Ein Augenschein kann nur durch Beisitzer aus dem Kreise der Vermieter und

---

[1]) „Das Gericht kann Bevollmächtigte und Beistände, welche das mündliche Verhandeln vor Gericht geschäftsmäßig betreiben, zurückweisen.

Das Gericht kann Parteien, Bevollmächtigten und Beiständen, denen die Fähigkeit zum geeigneten Vortrage mangelt, den weiteren Vortrag untersagen . . .

Eine Anfechtung dieser Anordnungen findet nicht statt.

Die Vorschriften der Abs. 1, 2 finden auf Rechtsanwälte, die Vorschrift des Abs. 1 auf Personen, denen das mündliche Verhandeln vor Gericht durch eine seitens der Justizverwaltung getroffene Anordnung gestattet ist, keine Anwendung. . ."

Mieter gemeinschaftlich erfolgen. Die Zeugen und Sachverständigen erhalten Gebühren nach Maßgabe der Gebührenordnung für Zeugen und Sachverständige[1]).

Die Gerichts- und Verwaltungsbehörden haben innerhalb ihrer Zuständigkeit dem Ersuchen der Mieteinigungsämter um Aufnahme von Beweisen zu entsprechen. Auf die von den Gerichten zu leistende Rechtshilfe finden die Vorschriften des dreizehnten Titels des Gerichtsverfassungsgesetzes entsprechende Anwendung.

§ 11. Die Befugnisse aus § 6 Abs. 2, § 7, § 8 Abs. 3, §§ 9, 10 sowie aus § 40 Abs. 1 Satz 2, Abs. 5 des Mieterschutzgesetzes stehen außerhalb der Sitzungen dem Vorsitzenden zu.

§ 12. Zu der Verhandlung wird ein Schriftführer zugezogen. Er ist bei der ersten Dienstleistung vom Vorsitzenden durch Handschlag an Eides Statt zu treuer und gewissenhafter Führung seines Amts zu verpflichten und hat Amtsverschwiegenheit zu beobachten. Ein Schriftführer ist auch bei einer Vorverhandlung mit den Beteiligten zuzuziehen, wenn ein Vergleich geschlossen wird. Der Zuziehung eines Schriftführers bedarf es nicht, wenn die Vorverhandlung vor dem Gerichtsschreiber (§ 39 Abs. 2 des Mieterschutzgesetzes) abgehalten wird.

Über die Verhandlung (Abs. 1 Satz 1, 3, 4) wird eine Niederschrift aufgenommen, die von dem Vorsitzenden, in den Fällen des § 39 Abs. 2 des Mieterschutzgesetzes von zwei Beisitzern oder dem Gerichtsschreiber und, wenn ein Schriftführer zugezogen wird, auch von diesem zu unterschreiben ist. Sie soll Ort und Tag der Verhandlung, die Bezeichnung der mitwirkenden Personen und

---

[1]) Letzte Fassung v. 21. 12. 23 (RGBl. I 1239).

der Beteiligten sowie das Ergebnis der Verhandlung enthalten.

Kommt ein Vergleich zustande, so ist er in der Niederschrift festzustellen. Die Niederschrift ist insoweit, als sie einen Vergleich enthält, den Beteiligten vorzulesen oder zur Durchsicht vorzulegen. In der Niederschrift ist zu bemerken, daß dies geschehen und die Genehmigung erfolgt ist.

§ 13. Die Aufrechterhaltung der Ordnung in der Sitzung liegt dem Vorsitzenden ob.

Das Mieteinigungsamt kann gegen Beteiligte, Bevollmächtigte und Beistände sowie gegen Zeugen, Sachverständige und sonstige Personen, die sich in der Sitzung einer Ungebühr schuldig machen, vorbehaltlich der strafgerichtlichen oder disziplinaren Verfolgung, eine Ordnungsstrafe bis zu dem in dem Verfahren vor den ordentlichen Gerichten für Ungebührstrafen zulässigen Geldbetrag oder bis zu drei Tagen Haft festsetzen, auch diese Personen aus dem Sitzungszimmer entfernen lassen. § 158 Satz 1 der Zivilprozeßordnung[1]) gilt entsprechend. Auf Rechtsanwälte, die als Bevollmächtigte oder Beistände auftreten, finden diese Vorschriften keine Anwendung.

Gegen die Festsetzung einer Ordnungsstrafe findet binnen einer Frist von drei Tagen nach der Bekanntgabe Beschwerde statt. Über die Beschwerde entscheidet die Be-

---

[1]) „Ist eine bei der Verhandlung beteiligte Person zur Aufrechterhaltung der Ordnung von dem Orte der Verhandlung entfernt worden, so kann auf Antrag gegen sie in gleicher Weise verfahren werden, als wenn sie freiwillig sich entfernt hätte."

schwerdestelle. Die Beschwerde hat keine aufschiebende Wirkung. Das Mieteinigungsamt ist befugt, die Strafe aufzuheben oder zu ermäßigen.

Die Befugnisse aus den Abs. 2, 3 stehen bei einer Verhandlung vor dem Vorsitzenden diesem allein zu.

§ 14. Die Entscheidung erfolgt durch Beschluß. Der Beschluß enthält die Namen der Mitglieder, die bei der Entscheidung mitgewirkt haben, und ist von dem Vorsitzenden zu unterschreiben.

Von einer schriftlichen Begründung der Entscheidung soll nur abgesehen werden, wenn die anwesenden Beteiligten oder deren Bevollmächtigte nach mündlicher Mitteilung der Gründe (§ 40 Abs. 4 des Mieterschutzgesetzes) auf die Einlegung der Rechtsbeschwerde und auf die Mitteilung einer schriftlichen Begründung verzichten.

§ 15. In der Entscheidung kann bestimmt werden, daß und in welchem Betrag ein Beteiligter anderen Beteiligten Ersatz der baren Auslagen sowie Entschädigung für eine durch notwendige Reisen oder durch die notwendige Wahrnehmung von Terminen entstandene Zeitversäumnis zu gewähren hat. Die für die Entschädigung von Zeugen geltenden Vorschriften sowie § 41 Abs. 2 Satz 5 des Mieterschutzgesetzes gelten entsprechend.

§ 16. Die Beschlüsse (§ 14) und die Anordnungen auf Grund des § 40 Abs. 5 des Mieterschutzgesetzes sind von dem Schriftführer auszufertigen; er bescheinigt die Übereinstimmung mit der Urschrift.

Die Beschlüsse sind den Beteiligten oder deren Bevollmächtigten (§ 8), soweit sie nicht in deren Gegenwart verkündet sind, in der im § 40 Abs. 1 Satz 3 des Mieterschutzgesetzes vorgeschriebenen Weise mitzuteilen; von einer Mitteilung der Gründe kann, unbeschadet des § 40

Abs. 4 Satz 2 des Mieterschutzgesetzes, abgesehen werden, wenn der Beteiligte zu dem Termin, in dem der Beschluß ergangen ist, geladen, aber weder erschienen noch ordnungsgemäß vertreten war.

§ 17. Die Vollstreckungsklausel zu einem Vergleich ist vom Vorsitzenden oder, sofern die Aufgaben des Mieteinigungsamts dem Gericht übertragen sind (§ 37 Abs. 2 des Mieterschutzgesetzes), von dem Gerichtsschreiber zu erteilen und mit dem Siegel des Mieteinigungsamts oder der Gemeindebehörde zu versehen. Ist der Vergleich von einem Bevollmächtigten geschlossen (§ 8 Abs. 2 Satz 2), so darf eine vollstreckbare Ausfertigung nur erteilt werden, wenn eine schriftliche Vollmacht vorliegt.

In den Fällen des § 726 Abs. 1, der §§ 727 bis 729, 738, 742, 744, des § 745 Abs. 2 und des § 749 der Zivilprozeßordnung[1]) ist die vollstreckbare Ausfertigung nur auf Anordnung des Amtsgerichts zu erteilen, in dessen Bezirk das Mieteinigungsamt seinen Sitz hat.

Das im Abs. 2 bezeichnete Amtsgericht ist zuständig für die Entscheidung über Einwendungen, welche die Zulässigkeit der Vollstreckungsklausel betreffen, sowie für die Entscheidung über Erteilung einer weiteren vollstreckbaren Ausfertigung, die ausdrücklich als solche zu bezeichnen ist.

---

[1]) § 726: Urteile, deren Vollstreckbarkeit von besonderen Tatsachen abhängt. Klauselumschreibung gegen: § 727 Rechtsnachfolger, § 728 Nacherben, § 729 Vermögensübernehmer, § 738 Nießbraucher, § 742 Ehemann, § 744 Ehefrau nach beendigter Gütergemeinschaft, § 745 Kinder nach beendigter fortgesetzter Gütergemeinschaft, § 749 Testamentsvollstrecker.

Der § 797 Abs. 5 der Zivilprozeßordnung findet Anwendung[1]).

§ 18. Die Entscheidung ist, soweit sie Gebühren und Auslagen oder die einem Beteiligten zu ersetzenden Kosten (§ 15) betrifft, vollstreckbar. Das gleiche gilt von einem Beschlusse, durch den eine Ordnungsstrafe festgesetzt wird.

Die Vollstreckung richtet sich wegen der einem Beteiligten zu ersetzenden Kosten nach den Vorschriften der Zivilprozeßordnung, im übrigen nach den Vorschriften über die Beitreibung von Gemeindeabgaben.

§ 19. Auf Befreiung von der Kostenlast (§ 46 Abs. 4 des Mieterschutzgesetzes) haben Angehörige solcher Staaten keinen Anspruch, in denen einem Deutschen das Armenrecht in bürgerlichen Rechtsstreitigkeiten versagt wird.

§ 20. Im Falle des § 39 Abs. 3 des Mieterschutzgesetzes beginnt die Frist für die Anrufung des Mieteinigungsamts mit der Bekanntgabe der Entscheidung (§ 16 Abs. 2).

Durch die Anrufung des Mieteinigungsamts wird die Wirksamkeit des angefochtenen Beschlusses gehemmt.

Ist die Anrufung verspätet erfolgt, so spricht das Mieteinigungsamt aus, daß es bei der Entscheidung sein Bewenden behalte. Gegen die Versäumung der Notfrist findet Wiedereinsetzung in den vorigen Stand statt; § 233 Abs. 1[2]), §§ 234[3]), 237[4]), § 238 Abs. 1, 2[5])

---

[1]) Zuständigkeit bei Klagen auf Vollstreckungsklausel und gegen den Anspruch selbst.

[2]) „Einer Partei, welche durch Naturereignisse oder andere unabwendbare Zufälle verhindert worden ist, eine Notfrist... einzuhalten, ist auf Antrag die Wiedereinsetzung in den vorigen Stand zu erteilen."

der Zivilprozeßordnung gelten mit der Maßgabe entsprechend, daß die im § 234 Abs. 1 bestimmte Frist eine Woche beträgt.

§ 21. Die Rechtsbeschwerde (§ 41 des Mieterschutzgesetzes) ist beim Mieteinigungsamte schriftlich oder zu Protokoll des Schriftführers einzulegen. Die Einlegung bei der Beschwerdestelle genügt zur Wahrung der Notfrist. Der Beschwerdeführer soll die Beschwerde begründen und einen bestimmten Antrag stellen.

Das Mieteinigungsamt hat von Amts wegen zu prüfen, ob die Beschwerde an sich statthaft und ob sie rechtzeitigt eingelegt ist. Mangelt es an einem dieser Erfordernisse, so ist die Beschwerde vom Mieteinigungsamt als unzulässig zu verwerfen. Der Beschwerde-

---

[3]) „Die Wiedereinsetzung muß innerhalb einer zweiwöchigen (hier einwöchigen) Frist beantragt werden.

Die Frist beginnt mit dem Tage, an welchem das Hindernis gehoben ist.

Nach Ablauf eines Jahres, von dem Ende der versäumten Frist an gerechnet, kann die Wiedereinsetzung nicht mehr beantragt werden."

[4]) „Über den Antrag auf Wiedereinsetzung entscheidet das Gericht, welchem die Entscheidung über die nachgeholte Prozeßhandlung zusteht."

[5]) „Das Verfahren über den Antrag auf Wiedereinsetzung ist mit dem Verfahren über die nachgeholte Prozeßhandlung zu verbinden. Das Gericht kann jedoch das Verfahren zunächst auf die Verhandlung und Entscheidung über den Antrag beschränken.

Auf die Entscheidung über die Zulässigkeit des Antrags und auf die Anfechtung der Entscheidung finden die Vorschriften Anwendung, welche in diesen Beziehungen für die nachgeholte Prozeßhandlung gelten. Der Partei, welche den Antrag gestellt hat, steht jedoch der Einspruch nicht zu."

führer kann binnen einer Woche nach der Mitteilung des Beschlusses des Mieteinigungsamts die Entscheidung der Beschwerdestelle beantragen. In diesem Falle sind die Akten der Beschwerdestelle vorzulegen.

Will das Mieteinigungsamt der Beschwerde abhelfen, so hat es vor der Entscheidung den Beschwerdegegner zu hören.

Wird der Beschwerde nicht abgeholfen, so ist sie mit den Akten, die den mit Gründen versehenen Beschluß zu enthalten haben, binnen drei Tagen der Beschwerdestelle vorzulegen.

In den Fällen der Abs. 1, 2 gilt § 20 Abs. 1, 2, Abs. 3 Satz 2 entsprechend.

§ 22. Die Beteiligten können auf das Recht der Beschwerde verzichten.

Auf den Verzicht sowie die Zurücknahme der Beschwerde finden § 514[1]) und § 515 Abs. 3[2]) der Zivilprozeßordnung entsprechende Anwendung.

§ 23. Für die Beschwerdestelle sind, unbeschadet des § 41 Abs. 3 des Mieterschutzgesetzes, die tatsächlichen Feststellungen der angefochtenen Entscheidung bindend, soweit nicht neue Tatsachen zur Begründung eines wesentlichen Mangels des Verfahrens vorgebracht werden.

§ 24. Hat die oberste Landesbehörde die Aufgaben der Beschwerdestelle dem Landgericht oder einer Verwal-

1) „Die Wirksamkeit eines nach Erlassung des Urteils erklärten Verzichts auf das Recht der Berufung ist nicht davon abhängig, daß der Gegner die Verzichtleistung angenommen hat."

2) „Die Zurücknahme hat den Verlust des Rechtsmittels und die Verpflichtung zur Folge, die durch das Rechtsmittel entstandenen Kosten zu tragen. Auf Antrag des Gegners sind diese Wirkungen durch Urteil auszusprechen."

tungsbehörde übertragen, so kann sie anordnen[1]), daß die Beschwerdestelle die Sache einem höheren Gericht oder einer höheren Verwaltungsbehörde zur Vorabentscheidung über eine Rechtsfrage (Rechtsentscheid) vorzulegen hat oder vorlegen kann, wenn

a) die Beschwerdestelle von der ihr bekannten Entscheidung einer anderen Beschwerdestelle oder des höheren Gerichts (der höheren Verwaltungsbehörde) abweichen will,

b) es sich um eine von dem höheren Gericht (der höheren Verwaltungsbehörde) noch nicht entschiedene Rechtsfrage von grundsätzlicher Bedeutung handelt.

Der Rechtsentscheid ist in der Sache verbindlich.

§ 25. Die Beschlüsse der Beschwerdestelle sind schriftlich zu begründen.

§ 26. Ist die Beschwerdestelle mit einer geraden Zahl von Mitgliedern besetzt, so entscheidet bei Stimmengleichheit die Stimme des Vorsitzenden.

§ 27. Im übrigen gelten für das Verfahren vor der Beschwerdestelle die Vorschriften über das Verfahren vor dem Mieteinigungsamt entsprechend.

§ 28. Auf Verlangen eines Beteiligten hat der Schriftführer des Mieteinigungsamts auf der Ausfertigung der Entscheidung zu bescheinigen, daß die Entscheidung endgültig geworden ist.

§ 29. Soweit die Aufgaben des Mieteinigungsamts oder der Beschwerdestelle einem Gericht übertragen sind, finden die Vorschriften dieser Anordnung mit folgenden Maßgaben Anwendung:

---

[1]) Für Preußen: unten zu Ob.

1. An die Stelle des Schriftführers tritt der Gerichtsschreiber.
2. Eine besondere Verpflichtung des Vorsitzenden und des Gerichtsschreibers (§§ 1, 12) findet nicht statt.
3. An die Stelle des § 8 Abs. 2 treten die §§ 88 Abs. 2, 89 der Zivilprozeßordnung, an die Stelle des § 13 die §§ 177 bis 185 des Gerichtsverfassungsgesetzes[1]).
4. Die Vollstreckungsklausel zu einem Vergleiche (§ 17) ist mit dem Gerichtssiegel zu versehen.
5. Die Beitreibung von Gebühren, baren Auslagen des Verfahrens und Ordnungsstrafen (§ 18) bestimmt sich nach den Vorschriften über die Beitreibung von Gerichtskosten.

[1]) Jetzt §§ 176—183 des Gerichtsverfassungsgesetzes in der Fassung v. 22. 3. 24 (RGBl. I 299).

II.

Preußisches Recht.

1. Ausnahmen vom Zwangsrecht.

Ja.

Preuß. Verordnung über die Bewirtschaftung möblierter Zimmer und übergroßer Wohnungen.

Vom 12. Dezember 1924 (PrGS. 760).

Auf Grund des § 22 des Reichsmietengesetzes vom 24. März 1922[1]), des § 52 des Gesetzes über Mieterschutz und Mieteinigungsämter vom 1. Juni 1923[2]) sowie der §§ 1 und 10 des Wohnungsmangelgesetzes vom 26. Juli 1923[3]) ordne ich nach Anhörung und mit Zustimmung des Reichsarbeitsministers für das Gebiet des Preußischen Staates folgendes an:

§ 1. Die Vorschriften des Reichsmietengesetzes[1]) und meiner sämtlichen dazu erlassenen Ausführungsbestimmungen sowie die Bestimmungen des 1. Abschnitts des Gesetzes über Mieterschutz und Mieteinigungsämter[2]) mit Ausnahme der des § 29, ferner die Vorschriften des Wohnungsmangelgesetzes[3]) finden keine Anwendung auf möblierte Zimmer, die keine selbständige Wohnung[4]) darstellen.

---

[1]) Oben zu A.
[2]) Oben zu E.
[3]) Oben zu C.
[4]) Dazu der erläuternde Erlaß v. 6. 2. 1925, unten zu Jb.

§ 2. Eine Inanspruchnahme von Teilen einer Wohnung mit der Begründung, daß die Wohnung im Verhältnisse zur Zahl ihrer Bewohner als übergroß anzusprechen sei, ist nicht mehr zulässig.

§ 3. Soweit bis zum Inkrafttreten dieser Verordnung die Inanspruchnahme von Teilen übergroßer Wohnungen ausgesprochen oder durchgeführt worden ist, behält es bei den bisherigen Bestimmungen und dem durch die Inanspruchnahme geschaffenen Zustande sein Bewenden. Dies gilt auch bei einem Wechsel in der Person desjenigen, dem gegenüber die Inanspruchnahme ausgesprochen oder durchgeführt worden ist.

Desgleichen sind sämtliche vor dem Inkrafttreten dieser Verordnung anhängig gewordenen Streitigkeiten über die Höhe der gesetzlichen Miete für Räume der im § 1 bezeichneten Art sowie anhängige Streitigkeiten über deren Herausgabe nach den bisherigen Vorschriften zu erledigen.

Die Kommunalaufsichtsbehörden werden ermächtigt, auf Antrag von Gemeindebehörden für einzelne Fälle Ausnahmen von der Bestimmung des Abs. 1 Satz 2 zuzulassen.

§ 4. Sämtliche von mir erteilten Ermächtigungen, soweit sie mit dieser Verordnung in Widerspruch stehen, werden hiermit zurückgenommen.

Ich behalte mir vor, auf Antrag von Kommunalaufsichtsbehörden für einzelne Gemeinden Ausnahmen von den Bestimmungen der §§ 1 und 2 zuzulassen.

§ 5. Diese Verordnung tritt, soweit die Bestimmungen der §§ 2 und 3 Abs. 1 und 3 in Frage kommen, mit der

Verkündung[1]), im übrigen mit dem 1. Januar 1925 in Kraft.

Berlin, den 12. Dezember 1924.

Der Preußische Minister für Volkswohlfahrt.
Hirtsiefer.

Jb.

Erlaß des Preußischen Volkswohlfahrtsministers betr. Bewirtschaftung möblierter Zimmer.

Vom 6. Februar 1925 — II 6 Nr. 200 (Volkswohlf. 77)[2]).

Gemäß § 1 meiner Verordnung über die Bewirtschaftung möblierter Zimmer und übergroßer Wohnungen vom 12. Dezember 1924 (PrGS. S. 760)[3]) ist die Wohnungszwangswirtschaft für solche möblierten Zimmer aufgehoben, „die keine selbständige Wohnung darstellen". Zur Behebung von Zweifeln bei der Auslegung des Begriffs einer selbständigen Wohnung im Sinne dieser Bestimmung bemerke ich, daß als selbständige möblierte Wohnung nicht etwa nur eine abgeschlossene möblierte Wohnung zu verstehen ist. Auch möblierte Zimmer, die von den übrigen Räumen einer Wohnung nicht abgeschlossen sind, gelten als selbständige

---

[1]) Die die VO. enthaltende Nr. 62 der PrGS. ist am 20. 12. 24 ausgegeben.

[2]) Nach dem Eingang des Erlasses ist anzunehmen, daß er ohne Anhörung des Reichsarbeitsministers erlassen ist. Deshalb dürfte er unverbindlich sein, soweit er nicht wirklich nur eine Wiederholung der VO. v. 12. 12. 24, oben zu Ja, ist.

[3]) Oben zu Ja.

Wohnungen im Sinne meiner Verordnung vom 12. Dezember 1924, wenn der Untermieter das Recht hat, in den gemieteten Räumen einen selbständigen Haushalt zu führen. Das ist der Fall, wenn ihm das Recht der ständigen Benutzung der Küche eingeräumt worden ist oder er eine in den gemieteten Räumen vorhandene Kochgelegenheit mit Zustimmung des Hauptmieters ständig benutzt oder zur ständigen Benutzung sich selbst herrichten durfte. Ob der Untermieter von diesem Recht nicht oder nur selten Gebrauch gemacht hat, ist unerheblich; es kommt vielmehr lediglich auf die Art und den Umfang des ihm eingeräumten Rechtes zur Führung eines selbständigen Haushalts an. Eine selbständige Wohnung liegt dagegen nicht vor, wenn der Hauptmieter dem Untermieter nur gelegentlich die Mitbenutzung der Kücheneinrichtung stillschweigend oder ausdrücklich (bittweise) gestattet hat oder wenn der Untermieter in einem möblierten Zimmer sich selbst ohne Erlaubnis des Hauptmieters eine Kochgelegenheit eingerichtet hat.

Hirtsiefer.

2. Mietzinsregelung.

Ka.

Anordnung des Ministers für Volkswohlfahrt, betreffend Bewilligung von Mietzuschlägen für unverschuldete Zubußen.

Vom 29. Juni 1923 (PrGS. 304, ausgegeben 14. 7. 23).

Auf Grund des § 53 des Gesetzes über Mieterschutz und Mieteinigungsämter vom 1. Juni 1923 (RGBl. I S. 364)[1]) ordne ich hiermit mit Zustimmung des Reichsarbeitsministers an, daß

a) ein auf Grund des § 10 der außer Kraft getretenen preußischen Höchstmietenverordnung vom 9. Dezember 1919 (GesSamml. S. 192)[2]) bereits

---

[1]) Oben zu E.

[2]) „Im einzelnen Falle kann dem Vermieter auf Antrag für einen fest zu bestimmenden Zeitraum durch das Einigungsamt ein über den Höchstsatz der Miete hinausgehender Zuschlag zur Miete zugebilligt werden, wenn er nachweist, daß

a) er ohne solchen Zuschlag bei der Verwaltung des fraglichen Grundstücks unverschuldete Zubußen zu leisten haben würde, und außerdem

b) die Zubußen bei der Verwaltung nur entweder durch notwendige, im letzten Jahre ausgeführte oder im bevorstehenden Jahre auszuführende bauliche Instandsetzungsarbeiten oder durch Erhöhung der vom Grundstücke zu entrichtenden öffentlich-rechtlichen Abgaben verursacht sind.

Eine Verlängerung des Zeitraums, für welchen der besondere Zuschlag zur Miete zugebilligt ist, ist wegen derselben Instandsetzungsarbeiten unzulässig. Scheidet während des festgesetzten Zeitraums ein Mieter aus, so kann der auf die Mieträume entfallende Zuschlag dem nachfolgenden Mieter gegenüber anders festgesetzt werden. Die Kosten von baupolizeilichen oder sonstigen Gutachten, welche auf Grund dieser Vorschrift erforderlich werden, hat der Vermieter zu tragen."

bewilligter Zuschlag neben der gesetzlichen Miete des Reichsmietengesetzes weiterzuzahlen ist;

b) ein noch nicht bewilligter Zuschlag für unverschuldete Zubußen unter den gleichen Voraussetzungen zugebilligt werden kann, wie dies nach den früheren Vorschriften zulässig gewesen wäre, wenn ein entsprechender Antrag vom Vermieter gestellt wird. Die Zubilligung darf sich jedoch nicht über die vor dem 1. Januar 1922 liegende Zeit erstrecken.

Der Antrag auf Bewilligung des Zuschlags ist nur binnen zwei Monaten nach dem Erlasse dieser Anordnung zulässig[1]).

Berlin, den 29. Juni 1923.

Der Preußische Minister für Volkswohlfahrt.

In Vertretung: Scheidt.

Kb.

Preuß. Ausführungsbestimmungen zum Reichsmietengesetz[2]).

Vom 4. August 1923 (PrGS. 382).
In Kraft seit 17. 8. 23.

Zur Ausführung des Reichsmietengesetzes[3]) bestimme ich unter Aufhebung meiner Ausführungsverordnung vom

---

[1]) Die die VO. enthaltende Nr. 38 der PrGS. ist am 14. 7. 23 ausgegeben.
[2]) Ersetzt durch Kc, vgl. aber § 21 das.
[3]) Oben zu A.

12. Juni 1922[1]), jedoch unter Aufrechterhaltung der Bestimmungen zu § 18 und § 24[2]), was folgt:

A. Allgemeine Bestimmungen.

I. Gemeindebehörde im Sinne dieses Gesetzes ist der Gemeindevorstand (Magistrat oder Bürgermeister, Gemeindevorsteher), für Gemeinden unter 2000 Einwohner der Kreisausschuß (siehe aber XXX).

II. Das Mieteinigungsamt kann Mietzinsvereinbarungen über Gebäude oder Gebäudeteile auch von Amts wegen nachprüfen und, wenn der vereinbarte Mietzins im Vergleich zu der gesetzlichen Miete für einen Vertragsteil eine schwere Unbilligkeit darstellt, an Stelle des vereinbarten Mietzinses die gesetzliche Miete festsetzen.

---

[1]) PrGS. S. 129.

[2]) Zu § 18. „In Gemeinden über 2000 Einwohner haben die Vermieter binnen sechs Wochen nach Inkrafttreten des Reichsmietengesetzes der Gemeindebehörde anzuzeigen, was ihnen über die Höhe der das Haus betreffenden Friedensmieten bekannt ist, soweit dies nicht bereits geschehen ist. Aus der Anzeige hat der Mietzins für jede Wohnung oder sonstigen Mietraum getrennt hervorzugehen. Die Anzeigen sind vor Absendung den Mietern oder der Mietervertretung zur Kenntnisnahme vorzulegen. Die Mieter oder die Mietervertretung haben die Kenntnisnahme zu bescheinigen. Die Gemeindebehörden haben die Anzeigen straßenweise geordnet aufzubewahren und sie den Mieteinigungsämtern auf Erfordern zur Ermittlung der ortsüblichen Miete zur Verfügung zu stellen."

Zu § 24. „Das Reichsmietengesetz tritt in Preußen am 1. Juli 1922 in Kraft, die Verordnung vom 9. Dezember 1919 — Preußische Gesetzsamml. S. 187 ff. — mit Ablauf des 30. Juni 1922 außer Kraft"*).

*) Sog. Höchstmietenverordnung; vgl. aber oben zu Ka und § 53 Mieterschutzgesetzes, oben zu E.

Die Gemeindebehörde kann anordnen, daß der Vermieter Vereinbarungen über die Höhe des Mietzinses, nach denen eine andere als die gesetzliche Miete zu zahlen ist, binnen zwei Wochen nach Abschluß der Vereinbarung der Gemeindebehörde anzuzeigen hat.

III. (Aufgehoben seit 1. 12. 23 durch die VO. v. 7. 11. 23, unten zu Kc.)[1])

B. Besondere Bestimmungen.

Berechnung der gesetzlichen Miete.

IV. Von der Friedensmiete sind in Häusern ohne Sammelheizung und Warmwasserversorgung bei jedem Mietraum, auf den die gesetzliche Miete Anwendung findet, abzurechnen:

1. für Instandsetzungskosten und die in der Friedensmiete enthalten gewesenen Betriebskosten 20 vom Hundert;
2. Vergütungen, die in der Friedensmiete enthalten sind:
   a) für Nebenleistungen des Vermieters, welche nicht die Raumbenutzung betreffen, aber neben der Raumbenutzung auf Grund des Mietvertrags gewährt werden (Bereitstellung von Wasserkraft, Elektrizität, Dampf, Preßluft und dgl.);

---

[1]) Nr. III lautete: „Von den Bestimmungen des Reichsmietengesetzes werden nach Anhörung des Reichsarbeitsministers ausgenommen Räume in Gebäuden, die, abgesehen von den Wohnungen des für die Verwaltung, Bewachung und Beheizung des Gebäudes notwendigen hierfür angestellten Personals (Hausverwalter, Hauswart, Heizer, Nachtwächter), ausschließlich gewerblichen, geschäftlichen oder industriellen Zwecken dienen. Für die Verwaltung, Bewachung und Beheizung eines Hauses notwendig sollen im allgemeinen nicht mehr als zwei Angestellte angesehen werden.

Ob die Voraussetzungen vorliegen, entscheidet auf Anrufen eines Vertragsteils das Mieteinigungsamt."

b) für Nebenleistungen des Vermieters, welche zwar die Raumnutzung betreffen, aber nur einzelnen Mietern zugute kommen (z. B. Spiegelglasversicherung);

c) für sonstige von der Gemeindebehörde mit Zustimmung der kommunalen Aufsichtsbehörde zu bestimmende Nebenleistungen (z. B. Fahrstuhlbenutzung).

Das gleiche gilt für Häuser mit Sammelheizung und Warmwasserversorgung mit der Maßgabe, daß bei jedem Mietraum, auf den die gesetzliche Miete Anwendung findet, zunächst für die Heizstoffe für Sammelheizung 9 vom Hundert, für die Heizstoffe für Warmwasserversorgung 3 vom Hundert abzuziehen sind.

V. Die Hundertsätze unter IV 2 sind von der Gemeindebehörde festzusetzen.

VI. Die Festsetzung des ortsüblichen Mietzinses vom 1. Juli 1914 lediglich auf Grund des abgeschätzten „Bauwerts vom 1. Juli 1914" oder auf Grund einer Abschätzung ohne Rücksicht auf die für Räume gleicher Art und Lage vereinbarten Mieten oder die Aufstellung von Durchschnittsmietpreisen für das Quadratmeter benutzter Fläche ist unzulässig. Der ortsübliche Mietzins ist im Einzelfalle durch Vergleich mit dem Mietzins zu ermitteln, „der für die mit dem 1. Juli 1914 beginnende Zeit in der Gemeinde für Räume gleicher Art und Lage regelmäßig vereinbart war".

VII. Der Vermieter sowie jeder Mieter können die Feststellung, Festsetzung oder den Ausgleich der Friedensmiete beim Mieteinigungsamt auch hinsichtlich solcher Räume beantragen, für welche nicht die gesetzliche Miete gezahlt wird.

VIII. Bei der Festsetzung oder Feststellung der Friedensmiete ist auch der Wert aller geldwerten Nebenleistungen, die der Mieter vertraglich vor dem 1. Juli 1914 übernommen hatte (z. B. Instandsetzungsarbeiten, Entrichtung des Mietzinses durch Naturalleistung), der Friedensmiete hinzuzurechnen.

Der Zuschlag für die Steigerung der Zinsen nach § 3 Abs. 1 Nr. 1.

IX. Der Zuschlag für die Steigerung der Zinsen und für die Steigerung der Kosten für die Erneuerung der Grundstücksbelastung (§ 3 Nr. 1) ist in einem Hundertsatz festzusetzen.

Bei der Festsetzung des Zuschlags in einem Hundertsatze kann die Gemeindebehörde in der Weise verfahren, daß von ihr unter Zuziehung von Vermietern und Mietern bzw. Vertretern von Vermieter- oder Mieterorganisationen (vgl. § 11) eine Anzahl Miethäuser ausgesucht werden, die seit dem 1. Juli 1914 den Eigentümer nicht gewechselt haben, deren Belastung in der Vorkriegszeit im Verhältnis zum gemeinen Grundstückswerte vom 1. Juli 1914 in dem Bezirke, für den der Zuschlag festgesetzt wird, als allgemein üblich anzusehen war, und die seit der Vorkriegszeit nicht höher geworden ist. Häuser, die mit Hypotheken belastet sind, die die sogenannte Goldklausel (rückzahlbar oder verzinslich in Gold) enthalten, dürfen als Typenhäuser nicht ausgewählt werden; ebenso nicht von Interessenten bezeichnete Häuser. Insoweit bei derartigen Häusern auf Grund der vorgelegten Belege eine Steigerung der Hypothekenzinsen und eine Steigerung der Kosten für die Erneuerung der Grundstücksbelastung festgestellt wird, ist die Steigerung bei jedem Typenhaus in einen Hundertsatz der Gesamtgrundmiete umzurechnen und sodann bei den ausgesuchten Häusern ein mittlerer Durchschnitt zu ziehen. Der Durchschnittshundertsatz ist als Zuschlag zur Grundmiete festzusetzen.

Die Berechnungen an den ausgesuchten Häusern sind den Vertretern der Vermieter- und Mieterorganisationen auf Verlangen zur Kenntnisnahme vorzulegen.

Die Zinssteigerung und die Steigerung der Kosten für die Erneuerung der Grundstücksbelastung kann auf Antrag der Gemeindebehörde mit Zustimmung der Kommunalaufsichtsbehörde auf die Mieter umgelegt werden.

Der Zuschlag für die Betriebskosten nach § 3 Abs. 1 Nr. 2.

X. Als Betriebskosten gelten:

1. die für das Haus zu entrichtenden Grund- und Gebäudesteuern;
2. Entwässerungs- (Kanalisations-) Gebühren und Entgelt für Fäkalienabfuhr;
3. Straßenreinigungsgebühren;
4. Wassergeld;
5. Schornsteinfegergeld;
6. die Kosten für Müll- und Schlackenabfuhr;
7. die Kosten für die Treppen- und Flurbeleuchtung sowie für die Beleuchtung derjenigen Räume, die für die gemeinsame Benutzung der Mieter bestimmt sind (z. B. gemeinsamer Trockenboden, Waschküche, Keller);
8. die Kosten für Versicherung gegen Feuer-, Glas-, Wasserleitungs-, Sturm- und Aufruhrschäden sowie auch Haftpflichtversicherung in ortsüblicher Höhe;
9. die Kosten für Bürgersteig- und Straßenunterhaltung;
10. die Kosten für die von einer Behörde zur Beseitigung einer Ansteckungsgefahr getroffenen Maßnahmen (z. B. Rattenvertilgung);

11. die Verwaltungskosten einschließlich eines billigen Entgelts für die für das Haus aufgewandte Tätigkeit;
12. die Kosten, die dem Vermieter durch die Beschaffung des Reinigungsmaterials entstehen.

XI. Für die Betriebskosten ist ein allgemeiner Hundertsatz festzusetzen.

Die in IV 2 a, b und c genannten Nebenleistungen und die Kosten der Heizstoffe für Sammelheizung und Warmwasserversorgung, wozu auch die Kosten der Anfuhr gehören, sind in der Bekanntmachung betreffend die Festsetzung eines allgemeinen Hundertsatzes ausdrücklich auszunehmen. Sie sind nach § 12 getrennt von der gesetzlichen Miete zu berechnen. Soweit derartige Nebenleistungen (z. B. Glasversicherung) nur bei einzelnen Mietern entstehen, haben nur diese sie zu tragen. Die Kosten des Fahrstuhlbetriebs gehen mangels anderweitiger Vereinbarungen zu Lasten derjenigen Mieter, deren Mieträume an den Fahrstuhl angeschlossen sind, sofern nicht alle diese Mieter auf die Benutzung des Fahrstuhls verzichten.

Die Festsetzung eines Zuschlags für Abschreibung und Risikoprämie ist unzulässig.

XII. Hat die Gemeindebehörde bei der Festsetzung des Zuschlags für Zinssteigerung nach IX Abs. 2 verfahren, so ist der allgemeine Zuschlag für Betriebskosten an den ausgesuchten Häusern in der gleichen Weise zu berechnen, d. h. die Gesamtsumme der Betriebskosten ist bei jedem einzelnen Hause in einen Hundertsatz der Gesamtgrundmiete umzurechnen, worauf bei den ausgesuchten Häusern der Durchschnittshundertsatz als Zuschlag zur Grundmiete festzusetzen ist. Die gesamten Berechnungen an den ausgesuchten Häusern, auch die zu IX, sind den Vertretern der Vermieter bzw. Mieterorganisationen auf Verlangen zur Kenntnisnahme vorzulegen.

XIII. Betriebskosten mit Ausnahme der unter X 11 und 12 aufgeführten Kosten können auf Anordnung der Gemeindebehörde auf die selbständigen Wohnungen oder die selbständigen Mieträume anderer Art umgelegt werden. Hierbei sind auch Räume, für die nicht die gesetzliche Miete zu zahlen ist oder die nicht vermietet sind, zu berücksichtigen.

XIV. Wird ein Grundstück veräußert, so ist die Umlegung der Betriebskosten insoweit unzulässig, als sie durch die Veräußerung entstanden sind.

Wird ein Grundstück veräußert und neu zur Grund- und Gebäudesteuer veranlagt, so ist die Umlage der hierdurch erhöhten Grund- und Gebäudesteuern zulässig.

XV. Wird die Umlegung der Betriebskosten angeordnet, so sind die Feuerversicherungsbeiträge in angemessener Höhe auf die selbständigen Wohnungen oder die selbständigen Mieträume anderer Art in Höhe von 95 vom Hundert umzulegen. Hierbei sind auch Räume, für die nicht die gesetzliche Miete zu zahlen ist oder die nicht vermietet sind, zu berücksichtigen.

Steht das Haus in einer besonderen Gefahrenklasse, so gehen die durch die Versicherung des Gebäudes in der höheren Gefahrenklasse entstehenden Mehrkosten zu Lasten desjenigen Mieters (oder Vermieters), der sie verursacht hat.

Bei Streit über die Angemessenheit der Versicherungsbeiträge entscheidet auf Anrufen eines Vertragsteils das Mieteinigungsamt.

XVI. Soweit die Höhe der Betriebskosten nicht durch Staat oder Gemeindebehörde oder durch einen anderen öffentlich-rechtlichen Verband bestimmt ist, hat die Gemeindebehörde die Höhe durch einen Hundertsatz zur Grundmiete zu begrenzen. Die Kommunalaufsichtsbehörde kann die Begrenzung ändern. Sie kann auch die Umlegung von Amts wegen anordnen.

XVII. Der Vermieter kann unbeschadet der Bestimmung des nächsten Absatzes die Zahlung der Betriebskosten erst verlangen, nachdem er die Belege den Mietern oder, wenn eine Mietervertretung vorhanden ist, dieser vorgelegt und gemeinschaftlich mit ihnen die Gesamtsumme der umzulegenden Betriebskosten in einen Hundertsatz der Gesamtgrundmiete umgerechnet hat. Dieser Hundertsatz ist als Zuschlag zu jeder einzelnen Grundmiete des Hauses hinzuzurechnen.

XVIII. Die Gemeindebehörde kann einen angemessenen Hundertsatz der Grundmiete, höchstens jedoch in Höhe von $^{4}/_{5}$ der im letzten Monat oder im letzten Vierteljahr entstandenen Betriebskosten, bestimmen, den der Vermieter als monatlichen oder vierteljährlichen Vorschuß auf die umzulegenden Betriebskosten von den Mietern außer der Grundmiete und den nach festen Zuschlagsätzen zu erhebenden Beträgen bei der Mietzahlung verlangen darf.

Die Abrechnung der von den Mietern geleisteten Vorschußzahlung erfolgt bei der Umlage.

Zu weiterer Vorschußzahlung ist der Mieter erst verpflichtet, wenn über die im letzten Monat oder Kalendervierteljahr geleistete Vorschußzahlung abgerechnet worden ist.

Der Zuschlag für die Kosten für laufende Instandsetzungsarbeiten nach § 3 Abs. 1 Nr. 3.

XIX. Für die Kosten für laufende Instandsetzungsarbeiten ist ein allgemeiner Hundertsatz festzusetzen.

Das Tapezieren und Anstreichen oder Kalken der Wände und Decken, das Streichen der Fußböden und der Fenster, das Anstreichen der Türen, die Instandhaltung der Badeeinrichtungen, der Wasserhähne (Neuauflegung von Scheiben), der Kochherde, der Öfen innerhalb der Wohnungen oder sonstiger Mieträume sowie das Instandhalten der Jalousien kann von dem allgemeinen Hundertsatz ausgenommen werden. Auf Antrag einer Gemeindebehörde kann die Kommunalaufsichtsbehörde die Herausnahme dieser Instandsetzungsarbeiten anordnen.

Soweit Kosten für laufende Instandsetzungsarbeiten aus dem allgemeinen Hundertsatz ausgenommen sind, hat jeder Mieter nur die Kosten der in seinen Mieträumen tatsächlich gemachten Reparaturen gegen Vorzeigen der Belege zu tragen. Der Mieter ist vor der Vornahme der Reparaturen zur Bestimmung der Handwerker berechtigt, die die Arbeiten ausführen sollen. Er kann die Arbeiten selber ausführen, sofern er die erforderliche berufliche Ausbildung hierfür besitzt.

Bei Streit über die Notwendigkeit einer solchen Instandsetzungsarbeit und über die Eignung des Mieters zur Ausführung derselben entscheidet die im § 6 genannte Stelle, ob die Arbeit auszuführen ist.

Der Anspruch des Mieters (auch Zwangsmieters) gegen den Vermieter auf Überlassung und Erhaltung der vermieteten Sachen in einem zu dem vertragsmäßigen Gebrauch geeigneten Zustande gemäß §§ 536 ff. BGB. bleibt unberührt.

XIXa[1]). Die Gemeindebehörden sind — unbeschadet der Befugnis, die Mietzuschläge nach § 3 Abs. 2 des

---

[1]) Zusatz der VO. v. 7. 11. 24, unten zu Kc.

Reichsmietengesetzes nach Gruppen und Klassen von Mieträumen abzustufen — berechtigt und auf Verlangen der Kommunalaufsichtsbehörde verpflichtet, anzuordnen, daß der Vermieter gemäß § 10 Abs. 2 des Reichsmietengesetzes für Räume, die zu gewerblichen Zwecken im Sinne der Reichsgewerbeordnung hergestellt sind oder mit Zustimmung der Gemeindebehörde für gewerbliche Zwecke verwendet werden, einen weiteren Zuschlag bis zur Höhe von 50 vom Hundert des Zuschlags für laufende Instandsetzungsarbeiten erheben darf.

XX. Der Vermieter hat in der Zeit vom 1. bis 10. Februar und vom 1. bis 10. August eines jeden Jahres den Mietern (oder der Mietervertretung) auf Antrag die Verwendung der Gelder für laufende Instandsetzungsarbeiten nachzuweisen. Weigert sich der Vermieter, diesen Nachweis zu erbringen, so kann er auf Antrag der Mieter oder der Mietervertretung durch die Gemeindebehörde nach Maßgabe des § 132 des Gesetzes über die allgemeine Landesverwaltung vom 30. Juli 1883 hierzu angehalten werden.

XXI. Als „Stelle" im Sinne des § 6 Abs. 2 wird die Gemeindebehörde bestimmt. Diese ist befugt und auf Anordnung der Kommunalaufsichtsbehörde verpflichtet, eine paritätisch aus Vermietern und Mietern zusammengesetzte Schlichtungsstelle einzusetzen.

Die Vorsitzenden und die Beisitzer dieser Stelle werden von der Gemeindebehörde ernannt.

Das Nähere über die Einrichtung der Schlichtungsstelle und über das Verfahren bestimmt die Gemeindebehörde.

Sie ist berechtigt, für die durch das Verfahren entstehenden Kosten Gebühren zu erheben.

XXII. Die „Stelle" hat auf Antrag der Mieter oder

der Mietervertretung die sachgemäße Ausführung aller notwendigen, zur Erhaltung des Hausbestandes, der Gebrauchsfähigkeit der Wohnungen und der Gesundheit der Mieter erforderlichen laufenden Instandsetzungsarbeiten zu sichern. Sie kann Instandsetzungsarbeiten dieser Art auch von Amts wegen anordnen. Zu diesem Zwecke kann sie insbesondere die Anordnung treffen, daß der Instandsetzungszuschlag von allen Mietern bis zur Höhe des erforderlichen Gesamtbetrages an eine von ihr zu bestimmende Stelle zu zahlen ist; sie kann die Mieter oder die Mietervertretung ermächtigen, die Arbeiten innerhalb einer bestimmten Frist ausführen zu lassen oder auf andere Weise die Ausführung der Arbeiten anordnen.

XXIII. Soweit von der Stelle eine Anordnung nach XXII getroffen ist, können die Beträge von den Mietern wie Gemeindeabgaben beigetrieben werden.

Der Zuschlag für große Instandsetzungsarbeiten nach § 7.

XXIV. Als große Instandsetzungsarbeiten gelten nur die im § 5[1]) aufgeführten Arbeiten.

a) Hauskonten.

XXV. Mit Zustimmung des Reichsarbeitsministers bestimme ich:

1. Hauskonten sind in allen Gemeinden einzurichten, in denen die Gemeindebehörde die Einrichtung solcher Konten beschließt und die Kommunalaufsichtsbehörde zu dieser Einrichtung die Genehmigung gibt. In denjenigen Gemeinden, in denen Hauskonten einstweilen nicht eingerichtet werden, ist es auf Grund des § 22 den Mieteinigungsämtern überlassen, im Einzelfalle einen Sonderzuschlag für große Instandsetzungsarbeiten nach Abs. 4 festzusetzen.

---

[1]) des Reichsmietengesetzes, oben zu A.

2. Die Anlage der Hauskonten hat nach näherer Anordnung der Gemeindebehörde so zu geschehen, daß eine Verfügung über sie ohne Zustimmung der Mieter oder der Mietervertretung nicht erfolgen kann.

3. Für die Einrichtung kommen nach Ermessen der Gemeindebehörde gesperrte Sparkassenbücher, gesperrte Konten bei Banken und sonstigen Kreditinstituten — auch Konten auf den Namen des Vermieters und der Mieter oder der Mietervertretung lautend — in Betracht.

4. Bei Bemessung der Höhe des Zuschlags ist davon auszugehen, daß er nach § 7 Abs. 1 Zeile 1 nur zur Schaffung von Mitteln — nicht der Mittel — für große Instandsetzungsarbeiten dienen soll und nur für die Verzinsung und Tilgung des für große Instandsetzungsarbeiten aufgewandten Kapitals zu verwenden ist.

5. Die Mieter haben den Zuschlag unmittelbar auf das gesperrte Hauskonto einzuzahlen.

6. Auch der Vermieter hat für nicht vermietete Räume (z. B. eigene Wohnung des Hausbesitzers, leerstehende Räume und Räume, über die nicht ein Mietvertrag, sondern ein Vertrag anderer Art abgeschlossen ist) sowie für Räume, für welche nicht die gesetzliche Miete zu zahlen ist, den entsprechenden Betrag auf das Hauskonto einzuzahlen (vgl. § 7 Abs. 2).

7. Das Hauskonto ist lediglich für große Instandsetzungsarbeiten in Anspruch zu nehmen.

8. Die Zustimmung der Mieter zur Verwendung des Hauskontos hat schriftlich zu erfolgen. Sie kann durch die Mietervertretung erfolgen und hat die großen In-

standsetzungsarbeiten, für die das Hauskonto in Anspruch genommen werden soll, sowie den Geldbetrag, bis zu dessen Höhe die Zustimmung erteilt wird, genau zu bezeichnen. Die Zustimmung ist unwirksam, sofern sie sich auf Instandsetzungsarbeiten bezieht, die nicht „große" im Sinne des § 5 sind.

9. Die Gemeindebehörde kann anordnen, daß eine Auszahlung aus dem Hauskonto nur dann erfolgen darf, wenn eine Bescheinigung der Baupolizeibehörde vorgelegt wird, die die Notwendigkeit und die Angemessenheit der beantragten Mittel bestätigt.

10. Als „Stelle", welche darüber zu entscheiden hat, ob die Zustimmung der Mieter zur Verwendung über das Hauskonto zu ersetzen ist, wird das Mieteinigungsamt bestimmt.

11. Reichen die Mittel des Hauskontos nicht für Verzinsung und Tilgung sämtlicher großen Instandsetzungsarbeiten aus, so hat das Mieteinigungsamt nach Anhörung der Baupolizeibehörde zu bestimmen, welche großen Instandsetzungsarbeiten zunächst vorzunehmen sind.

XXVI. Vorbehaltlich von Zuschlägen im Einzelfalle gemäß XXVII haben einen allgemeinen Zuschlag nach § 7 Abs. 1 für große Instandsetzungsarbeiten die Mieter in denjenigen Gebäuden nicht zu entrichten, welche

1. mit Ausnahme der Hauswartwohnung nicht mehr als drei selbständige Wohnungen oder Mieträume anderer Art enthalten,

2. nach dem 1. Januar 1920 von dem Vermieter erworben sind, sofern nicht der Erwerb infolge unmittelbaren Erbanfalles eingetreten ist. Als der nach § 9 maßgebliche Zeitpunkt ist die Eintragung des

Rechtes des Vermieters am Gebäude im Grundbuch anzusehen. Die Zahlungspflicht erlischt bei monatlicher Mietzinszahlung zum nächsten Monatsersten, bei vierteljährlicher Mietzinszahlung zum nächsten Vierteljahrsersten nach dem Erwerb.

Der Erwerber des Rechtes am Grundstück tritt mit dem Zeitpunkt der Eintragung des Rechtes im Grundbuch in die Rechte und Pflichten an dem bis zum Erwerb aufgesammelten Hauskonto ein. Wird das Gebäude zerstört, ist das Hauskonto für den Wiederaufbau mitzuverwenden. Das Nähere bestimmt erforderlichenfalls das Mieteinigungsamt, falls es die Zustimmung der Mieter ersetzt. Nach § 9 Abs. 1 ist in jedem einzelnen Falle vom Mieteinigungsamte zu prüfen, ob Mängel vorliegen, die beim Erwerbe des Gebäudes bereits vorhanden waren und die der Erwerber gekannt hat oder kennen mußte.

b) Zuschläge im Einzelfall.

XXVII.

1. Soweit Hauskonten nicht eingerichtet sind, ist auf Antrag eines Vertragsteils vom Mieteinigungsamt ein Zuschlag für die Verzinsung und Tilgung von Mitteln — nicht der Mittel — für die Kosten einer im Einzelfalle seit Oktober 1920 — nicht vorher — ausgeführten und notwendigen oder in den nächsten zwölf Monaten nach Stellung des Antrags auszuführenden notwendigen großen Instandsetzungsarbeit[1]) unter Berücksichtigung der Bedürfnisse des Grundstücks, d. h. der Erhaltung seiner Bewohnbarkeit, für einen genau bestimmten Zeitraum festzusetzen.
2. In Zweifelsfällen hat das Mieteinigungsamt ein Gut-

---

[1]) In der VO. steht fälschlich „Arbeiten“.

achten der Handwerkskammer über die Angemessenheit der angesetzten Preise einzuholen.

3. Ist von der Gemeindebehörde ein Ausgleichsfonds nach § 7 Abs. 3 eingerichtet, so darf die Festsetzung des Sonderzuschlags nicht eher erfolgen, als bis feststeht, ob Mittel aus dem Ausgleichsfonds für die betreffenden großen Instandsetzungsarbeiten bewilligt sind. Insoweit Mittel aus dem Ausgleichsfonds für die in Betracht kommenden Instandsetzungsarbeiten gewährt sind, sind Sonderzuschläge nicht zu bewilligen.

4. Die Gemeindebehörde hat einen Hundertsatz der Grundmiete festzusetzen, den das Mieteinigungsamt bei Festsetzung von Zuschlägen für große Instandsetzungsarbeiten nicht überschreiten darf.

Auf die persönlichen Verhältnisse der Parteien kann bei Festsetzung des Zuschlags in angemessener Weise Rücksicht genommen werden. Inwieweit der Vermieter an den Kosten der großen Instandsetzungsarbeiten zu beteiligen ist, bleibt dem Ermessen des Mieteinigungsamtes überlassen. Bei Vernachlässigung der Unterhaltung des Grundstücks, insbesondere bei Eingriff der Gemeindebehörde auf Grund des § 8, hat die Heranziehung des Vermieters zu den Kosten in einer der Vernachlässigung entsprechenden Weise zu geschehen.

5. Bei nach dem 1. Januar 1920 durch Veräußerung erworbenen Gebäuden sind Zuschläge für solche Mängel nicht zu bewilligen, die beim Erwerbe des Gebäudes bereits vorhanden waren und die der Vermieter gekannt hat oder kennen mußte.

6. Der im Einzelfall auf die Mieter entfallende Betrag ist auf die Mieträume nach dem Verhältnis der

Grundmieten umzulegen. Hierbei sind auch Räume, für die nicht die gesetzliche Miete zu zahlen ist oder die nicht vermietet sind, zu berücksichtigen. Bei Herabsetzung des auf einen Mieter entfallenden Zuschlags ist die Ermäßigung auf die anderen Beteiligten entsprechend zu verteilen.

7. Das Mieteinigungsamt hat die Ausführung der großen Instandsetzungsarbeiten, für die ein Zuschlag bewilligt ist, durch geeignete Anordnungen zu sichern (z. B. erforderlichenfalls die Anordnung zu treffen, daß die Zuschläge direkt an die Stelle abzuführen sind, die das Kapital für die Instandsetzungsarbeiten zur Verfügung gestellt hat).

c) Ausgleichsfonds.

XXVIII.

1. Die Gemeindebehörde ist befugt und auf Anordnung der Kommunalaufsichtsbehörde verpflichtet, einen besonderen Zuschlag zu der Abgabe zur Förderung des Wohnungsbaues[1]) zu erheben und einem von ihr einzurichtenden Ausgleichsfonds zuzuführen.

   Der Zuschlag ist sowohl bei Festsetzung eines allgemeinen Zuschlags nach § 7 Abs. 1 als auch bei Verweisung der Vermieter auf den Sonderzuschlag nach § 7 Abs. 4 zulässig.

   Aus dem Ausgleichsfonds können die Gemeindebehörden an wirtschaftlich Schwache Beihilfen nach billigem Ermessen gewähren.

2. Über die Verwaltung und Verwendung des Ausgleichsfonds hat die Gemeindebehörde eine Satzung

---

1) Beseitigt: oben zu B § 61.

zu erlassen, die der Kommunalaufsichtsbehörde zur Genehmigung vorzulegen ist.

3. Über einen Antrag auf Gewährung von Mitteln aus dem Ausgleichsfonds ist unter Hinzuziehung von Vermieter- und Mietervertretern zu entscheiden. Sind örtliche Vermieter- und Mietervereinigungen vorhanden, so sind die von diesen benannten Vertreter zu hören.

4. Der Antrag kann sowohl vom Vermieter wie von der Mietervertretung gestellt werden.

5. Die Anträge auf Gewährung von Mitteln aus dem Ausgleichsfonds sind von Amts wegen darauf zu prüfen, ob der Tatbestand des § 9 Abs. 1 vorliegt. Für Mängel, die der Käufer beim Erwerbe des Gebäudes gekannt hat oder kennen mußte, dürfen Mittel aus dem Ausgleichsfonds nicht bewilligt werden.

XXIX. Bei der Entscheidung über die Ergänzung der Zustimmung der Mieter zur Verwendung über das Hauskonto, über Bewilligung von Zuschlägen für große Instandsetzungsarbeiten im Einzelfall und bei der Entscheidung über Anträge auf Bewilligung von Mitteln aus dem Ausgleichsfonds ist von Amts wegen zu prüfen, ob der Tatbestand des § 9 Abs. 2 vorliegt. Soweit die Voraussetzungen des § 9 vorliegen, ist die Gemeindebehörde auf Antrag der Mieter oder Mietervertretung verpflichtet, die Beseitigung der Mängel auf dem im § 8 bezeichneten Wege herbeizuführen.

Das Verfahren bei der Festsetzung der Hundertsätze.

XXX. Die Festsetzung der unter IV 2, IX, XI, XIX, XXV, XXVIII bezeichneten Hundertsätze wird für Gemeinden bis zu 2000 Einwohnern den Kreisausschüssen, für Gemeinden über 2000 Einwohner der Gemeindebehörde übertragen. Mit Genehmigung der Kommunalaufsichtsbehörde kann auch für Gemeinden bis zu 2000 Einwohnern diese Befugnis von anderen Verwaltungsstellen (Amtmann, Landbürgermeister) ausgeübt werden.

Die Gemeindebehörden haben die Beschlüsse über die Festsetzung der Hundertsätze gegebenenfalls unter Beifügung der an den ausgesuchten Häusern aufgestellten Berechnungen sowie der mit den Interessentenvertretern gepflogenen Verhandlungen der Kommunalaufsichtsbehörde einzureichen. Dieser steht binnen zwei Wochen nach Eingang der Anzeige ein Einspruchsrecht zu. Wird innerhalb der genannten Frist der Einspruch nicht eingelegt oder verzichtet die Behörde schon vor Ablauf der Frist auf Einlegung des Einspruchs, so gelten die Beschlüsse als genehmigt. Eine Abänderung der Hundertsätze durch die Kommunalaufsichtsbehörde ist zulässig. Die genehmigten Beschlüsse sind in ortsüblicher Weise zu veröffentlichen.

Sammelheizung, Warmwasserversorgung und Nebenleistungen[1]).

XXXI. Die Umlegung der Kosten der Heizstoffe für Sammelheizung und Warmwasserversorgung oder eines von beiden soll nach Quadratmetern der Heizfläche erfolgen. Die Wahl anderer Maßstäbe durch die Gemeindebehörde ist zulässig. Die Kosten der Beheizung der gemeinsam benutzten Räume sind auf die Rauminhaber zu verteilen. Soweit Nebenleistungen nach § 12 Abs. 1 Satz 2 nur einzelne Mieter zu tragen haben, kann die Zahlung erst verlangt werden, nachdem die Rechnungen

---

1) Diese Überschrift fehlt in der VO.

und sonstigen Belege vom Vermieter den betreffenden Mietern vorgelegt sind.

Die Berechnung der Untermiete.

XXXII. Die Untermiete ist in der Weise zu berechnen, daß zunächst der Gesamtbetrag der gesetzlichen Miete festzustellen ist, die der Untervermieter selbst für den leeren Raum zahlt. Zu diesem von dem Untervermieter für den leeren Raum zu entrichtenden Mietzins sind Zuschläge für die Überlassung von Einrichtungsgegenständen, Beleuchtung, Heizung, Bedienung und Hergabe der Wäsche nach näherer Anordnung der Gemeindebehörde zu zahlen. Die Festsetzung von Zuschlägen zur Hauptmiete wegen Untervermietung ist unzulässig.

Gemeinnützige Baugesellschaften[1]).

XXXIII. Ob die Voraussetzungen des Schlußsatzes des § 16 Abs. 1 zutreffen, entscheidet die zuständige Kommunalaufsichtsbehörde.

Die Mietervertretung.

XXXIV. Jeder Mieter ist berechtigt, die Wahl einer Mietervertretung zu betreiben. Von der vorzunehmenden Wahl sind sämtliche anderen Mieter in Kenntnis zu setzen. Die Wahl erfolgt formlos. Jede Mietpartei hat eine Stimme. Wahlberechtigt sind sämtliche Mieter. Wohnt der Hauptmieter nicht in der Wohnung, ist auch der Untermieter stimmberechtigt. Die Mietervertretung gilt als ordnungsmäßig gewählt, wenn sie die Mehrzahl der Stimmen der Mieter auf sich vereinigt. Das Wahlergebnis ist dem Vermieter mitzuteilen.

---

[1]) Diese Überschrift fehlt in der VO.

XXXV. Die Mieter von Mieträumen mit Sammelheizung beziehungsweise Warmwasserversorgung haben eine Mietervertretung von 1 bis 3 Personen zu wählen.

Bei Beschaffung, Lagerung und Verwendung der Heizstoffe hat die Mietervertretung ein Mitwirkungs- und Aufsichtsrecht. Im Streitfall entscheidet das Mieteinigungsamt.

XXXVI. Der Vermieter ist verpflichtet, über den Ankauf und über nach näherer Anordnung der Gemeindebehörde zu zahlende Vorschüsse und ihre Verrechnung genau Buch zu führen, die Berechnungsbelege geordnet aufzubewahren und der Mietervertretung jederzeit Einsicht zu gewähren.

Beschafft ein Vermieter die notwendigen Heizstoffe nicht rechtzeitig, so ist die Mietervertretung nach Ablauf einer von ihr dem Vermieter gestellten Frist befugt, die Heizstoffe allein einzukaufen.

Der Vermieter kann einen nach näherer Anordnung der Gemeindebehörde zu zahlenden Vorschuß für die Heizstoffe nur dann erheben, wenn die Mietervertretung das für die Heizstoffe erforderliche Einkaufsgeld nicht selbst aufbringt. Wohnt der Vermieter selber in dem Hause, hat er die Kosten der Heizung anteilig zu tragen.

Schlußbestimmungen [1]).

XXXVII. Streitigkeiten über die Anwendung und Auslegung der bisherigen Bestimmungen zur Ausführung des Reichsmietengesetzes beziehungsweise über die auf Grund der bisherigen Ausführungsbestimmungen durch die Gemeindebehörde erlassenen Bekanntmachungen sind nach den bisherigen Vorschriften zu erledigen.

---

1) Diese Überschrift fehlt in der VO.

XXXVIII. Diese Ausführungsbestimmungen treten mit dem Tage der Verkündung[1]) in Kraft.

Berlin, den 4. August 1923.

Der Preußische Minister für Volkswohlfahrt.
Hirtsiefer.

Kc.

Preuß. Ausführungsanweisung zum Reichsmietengesetze.

Vom 7. November 1923 (PrGS. 509).
In Kraft seit 1. 10. 23.

Auf Grund des § 22 des Reichsmietengesetzes bestimme ich nach Anhörung des Reichsarbeitsministers unter Aufhebung von A III meiner Ausführungsbestimmung zum Reichsmietengesetze vom 4. August 1923 (Gesetzsamml. S. 382)[2]), was folgt.

Hinter Ziffer XIX meiner Ausführungsbestimmung zum Reichsmietengesetze vom 4. August 1923 wird folgende Ziffer XIX a eingeschoben:

(Oben zu Kb in den Text eingefügt.)

Diese Verordnung tritt mit dem 1. Dezember 1923 in Kraft.

Berlin, den 7. November 1923.

Der Preußische Minister für Volkswohlfahrt.
Hirtsiefer.

---

[1]) Die die VO. enthaltende Nr. 47 der PrGS. ist am 17. 8. 23 ausgegeben.

[2]) Oben zu Kb.

Kd.

Erlaß des Preußischen Volkswohlfahrtsministers über die Umlegung der Hauszinssteuer.

Vom 15. April 1924 — II 6 Nr. 1583 (Volkswohlfahrt 183, PrFinMinBl. 100)[1]).

Im Nachgang zu meinem Runderlaß über die Berechnung der gesetzlichen Miete vom 28. März 1924 — II 6 Nr. 1457 — ordne ich hiermit an, daß der Vermieter berechtigt ist, die von ihm auf Grund der Preußischen Steuernotverordnung vom 1. April 1924 — Gesetzsamml. S. 191 —[2]) zu zahlende „Hauszinssteuer" neben der gesetzlichen Miete nach dem Verhältnis der Friedensmieten auf die selbständigen Wohnungen oder die selbständigen Räume anderer Art umzulegen. Hierbei sind auch Räume zu berücksichtigen, für die nicht die gesetzliche Miete gezahlt wird oder die nicht vermietet sind.

In Häusern mit Sammelheizung und Warmwasserversorgung sind für die Berechnung der der Umlage zugrunde zu legenden Friedensmieten von der am 1. Juli 1914 vereinbart gewesenen Miete zunächst die Kosten für Sammelheizung mit 9 und für Warmwasserversorgung mit 3 vom Hundert abzuziehen. Das gleiche gilt für sonstige in der Friedensmiete enthaltene Vergütungen gemäß IV 2 a—c meiner Ausführungsbestimmungen zum Reichsmietengesetz vom 4. August 1923[3]).

Die „Hauszinssteuer" beträgt gemäß § 2 der Preußischen Steuernotverordnung[2]) 400 vom Hundert der nach den Vorschriften des Gesetzes vom 14. Februar 1923 —

---

[1]) Aufgehoben durch Kg.
[2]) Unten zu La.
[3]) Oben zu Kb.

Gesetzsamml. S. 29 — und seiner Abänderungen veranlagten vorläufigen Steuer vom Grundvermögen[1]).

Auch im Falle der Steuerminderung nach § 2 Abs. 3 oder nach den §§ 3 und 4 der Preußischen Steuernotverordnung[2]) bleibt der Vermieter gemäß § 28 Ziffer 6 der 3. Reichssteuernotverordnung[3]) berechtigt, einen der vollen Steuer entsprechenden Betrag umzulegen.

In Vertretung: Scheidt.

Ke.

Verordnung über die Mietzinsbildung in Preußen.

Vom 17. April 1924 (PrGS. 474), mit Zusätzen vom 11. Juni 1924 (PrGS. 553).

In Kraft seit 1. 5. 24.

Auf Grund der §§ 21 und 22 des Reichsmietengesetzes[4]) sowie der §§ 27 und 31 der 3. Steuernotverordnung vom 14. Februar 1925[3]) bestimme ich für das Gebiet des Preußischen Staates, was folgt:

§ 1. Gemeindebehörde im Sinne des Reichsmietengesetzes und dieser Verordnung ist der Gemeindevorstand (Magistrat, Bürgermeister, Gemeindevorsteher), für Gemeinden unter 2000 Einwohner der Kreisausschuß.

§ 2. (1) Bei der Berechnung der gesetzlichen Miete ist von dem Mietzins auszugehen, der für die mit dem 1. Juli 1914 beginnende Zeit vereinbart war (Friedensmiete).

(2) Hatte der Vermieter oder Mieter ihm nach dem

---

1) Unten zu Ld.
2) Unten zu La.
3) Oben zu B.
4) Oben zu A.

Bürgerlichen Gesetzbuch nicht obliegende Nebenleistungen und Verpflichtungen vor dem 1. Juli 1914 vertraglich oder ortsüblich übernommen, und war dieses auf die Festsetzung der Höhe des Mietzinses offenbar von Einfluß, so sind diese Nebenleistungen und Verpflichtungen in Geld zu veranschlagen und bei der Bemessung der Friedensmiete zu berücksichtigen.

(3) Im Streitfall entscheidet das Mieteinigungsamt.

(4) Die Gemeindebehörde kann für Nebenleistungen und Verpflichtungen dieser Art einen Hundertsatz der Friedensmiete allgemein bestimmen. Mit Genehmigung der Kommunalaufsichtsbehörde kann auch für Gemeinden von nicht über 2000 Einwohnern (§ 1) diese Befugnis von anderen Verwaltungsstellen (Amtmann, Landbürgermeister) ausgeübt werden[1]).

§ 3. (1) Von der Friedensmiete sind abzurechnen:

1. für die Heizstoffe für Sammelheizung 7 vom Hundert;
2. für die Heizstoffe für Warmwasserversorgung 3 vom Hundert;
3. Vergütungen für Nebenleistungen des Vermieters, die
   a) nicht die Raumnutzung betreffen, aber neben der Raumnutzung auf Grund des Mietvertrages gewährt werden (Bereitstellung von Wasserkraft, Elektrizität, Dampf, Preßluft und dergleichen),
   b) zwar die Raumnutzung betreffen, aber nur einzelnen Mietern zugute kommen (Spiegelglasversicherung und dergleichen);

---

[1]) Der letzte Satz ist zugefügt durch VO. v. 11. 6. 24 (GS. 553, ausgegeben 18. 6. 24).

4. Vergütungen für sonstige von der Gemeindebehörde zu bestimmende Nebenleistungen (z. B. Fahrstuhlbenutzung).

(2) In den Fällen der Ziffer 3 und 4 hat die Gemeindebehörde den abzurechnenden Betrag in einem Hundertsatz der Friedensmiete festzusetzen.

§ 4. Wird auf Grund des § 2 Abs. 4 des Reichsmietengesetzes der ortsübliche Mietzins festgesetzt, so ist er durch Vergleich mit dem Mietzins zu ermitteln, der für die mit dem 1. Juli 1914 beginnende Zeit in der Gemeinde für Räume gleicher Art und Lage regelmäßig vereinbart war. Die Festsetzung lediglich auf Grund des abgeschätzten Bauwertes vom 1. Juli 1914 oder auf Grund einer Abschätzung ohne Rücksicht auf die für die Räume gleicher Art und Lage vereinbarten Mieten oder für[1]) die Aufstellung von Durchschnittspreisen für das Quadratmeter benutzter Fläche ist unzulässig.

§ 5. Der Vermieter sowie jeder Mieter können die Feststellung, Festsetzung oder den Ausgleich der Friedensmiete beim Mieteinigungsamt auch hinsichtlich solcher Räume beantragen, für welche nicht die gesetzliche Miete gezahlt wird.

§ 6. Die gesetzliche Miete besteht, soweit nicht für einzelne Teile derselben eine besondere Regelung getroffen wird, aus Hundertsätzen der Friedensmiete, die sich nach Abrechnung der im § 3 dieser Verordnung unter Ziffer 1 bis 4 aufgeführten Nebenleistungen ergibt. Das Nähere hierüber wird von mir durch besondere Erlasse bestimmt.

---

[1]) Das Wort „für" dürfte Druckfehler sein; vgl. oben zu Kb Nr. VI.

§ 7. (1) Hat ein Mieter auf Grund ausdrücklicher oder stillschweigender Vereinbarung oder nach Ortsgebrauch die sogenannten Schönheitsreparaturen in seinen Mieträumen (das Tapezieren und Anstreichen oder Kalken der Wände und Decken, das Streichen der Fußböden und der Fenster und das Streichen der Türen) übernommen, so ist er berechtigt, den für laufende Instandsetzungsarbeiten bestimmten Teil der Miete um einen von mir zu bestimmenden Hundersatz der Friedensmiete zu kürzen. In diesem Falle ist er verpflichtet, die Schönheitsreparaturen auf seine Kosten ausführen zu lassen.

(2) Genügt er dieser Pflicht nicht, so kann der Vermieter die Schönheitsreparaturen wieder selbst ausführen lassen und verlangen, daß der Mieter vom nächsten Zahlungstermin ab den vollen, für laufende Instandsetzungsarbeiten bestimmten Teil der Miete zahlt. Bei Streit hierüber entscheidet das Mieteinigungsamt. Weitergehende Ansprüche des Vermieters (z. B. auf Nachzahlung des Betrags von 4 vom Hundert, um den der Mieter seit dem 1. Februar 1924 wegen der übernommenen, aber nicht ausgeführten Schönheitsreparaturen den allgemeinen Hundertsatz für laufende Instandsetzungsarbeiten gekürzt hat) bleiben unberührt.

§ 8. (1) Die im § 3 dieser Verordnung genannten Nebenleistungen, wozu auch die Anfuhrkosten der Heizstoffe gehören, sind getrennt von der gesetzlichen Miete zu berechnen.

(2) Soweit Nebenleistungen nur bei einzelnen Mietern entstehen, haben nur diese sie zu tragen. Der Vermieter ist verpflichtet, dem Mieter auf Verlangen Auskunft über die Höhe der Kosten der Heizstoffe und der Nebenleistungen zu geben und die erforderlichen Belege vorzulegen.

§ 9. (1) Die Kosten des Fahrstuhlbetriebs sind mangels anderweitiger Vereinbarung nach dem Verhältnisse der Friedensmiete umzulegen, sofern nicht alle Mieter, die an den Fahrstuhl angeschlossen sind, auf die Benutzung des Fahrstuhls verzichten.

(2) Zu den Kosten des Fahrstuhlbetriebs gehören alle Aufwendungen, die erforderlich sind, um den Betrieb des Fahrstuhls ordnungs- und vorschriftsmäßig aufrechtzuerhalten, also auch die Kosten für Instandhaltung (z. B. Seilerneuerung, Motorreparatur und dergleichen).

(3) Der Vermieter ist berechtigt, die Kosten, die durch Wiederinbetriebsetzung eines auf Grund freier Vereinbarung, einer polizeilichen Anordnung oder aus sonstigen Gründen längere Zeit hindurch außer Betrieb gesetzten Fahrstuhls entstehen, zur Hälfte auf die an den Fahrstuhl angeschlossenen Mieter nach dem Verhältnisse der Friedensmiete umzulegen.

(4) Als an den Fahrstuhl angeschlossen gelten diejenigen Mieter, deren Mieträume einen unmittelbaren Zugang zum Fahrstuhl haben.

(5) Die Bewohner des Erdgeschosses können zu den Kosten für den Fahrstuhlbetrieb nicht herangezogen werden, wenn sie dem Vermieter gegenüber erklärt haben, daß sie auf die Benutzung des Fahrstuhls verzichten.

§ 10. Der Vermieter hat in der Zeit vom 1. bis 10. Februar und vom 1. bis 10. August eines jeden Jahres der Mietervertretung oder, wenn eine solche nicht besteht, den Mietern auf Verlangen die Verwendung der Gelder für laufende Instandsetzungsarbeiten nachzuweisen.

§ 11. (1) Erfüllt der Vermieter die ihm nach § 10 obliegende Verpflichtung nicht oder befindet er sich mit der

Ausführung notwendiger laufender Instandsetzungsarbeiten im Verzuge, so hat auf Antrag der Mietervertretung oder eines Mieters die Gemeindebehörde festzustellen, ob laufende Instandsetzungsarbeiten notwendig sind, und hat bejahendenfalls das zur Sicherung der Ausführung solcher Arbeiten Erforderliche zu veranlassen.

(2) Die Gemeindebehörde kann insbesondere:

1. unbeschadet der Bestimmung des § 536 des Bürgerlichen Gesetzbuchs dem Vermieter unter Androhung einer der Gemeindekasse zufallenden Strafe bis zu eintausend Goldmark eine Frist bestimmen, innerhalb deren er diese Arbeiten im Rahmen der ihm in den Mieten für laufende Instandsetzungsarbeiten zugeflossenen Mittel auszuführen hat;
2. anordnen, daß nach erfolglosem Ablauf einer dem Vermieter gesetzten Frist die Mietervertretung oder ein Mieter zur Vornahme notwendiger, bestimmt bezeichneter Arbeiten berechtigt ist. Mieter, die auf Grund solcher Anordnung Instandsetzungskosten bezahlen, sind in Höhe ihrer Zahlungen insoweit von der Mietzahlung befreit, als der für laufende Instandsetzungsarbeiten bestimmte Teil der gesetzlichen Miete beträgt. Diese Befreiung gilt auch gegenüber einem Rechtsnachfolger des Vermieters und bei Beschlagnahme des Grundstücks auf Grund der Vorschriften des Reichsgesetzes über die Zwangsversteigerung und Zwangsverwaltung;
3. anordnen, daß die Mieter den für laufende Instandsetzungsarbeiten bestimmten Teil der gesetzlichen Miete an eine von ihr zu bezeichnende Stelle abzuführen haben. Diese Beträge können wie Gemeindeabgaben beigetrieben werden. Die Gemeindebehörde

hat dann die notwendigen laufenden Instandsetzungsarbeiten ausführen zu lassen. Sobald die Kosten für die ausgeführten Arbeiten aus den abgeführten Mietbeträgen gedeckt sind, hat die Gemeindebehörde ihre Anordnung wieder aufzuheben. Die Bestimmung zu Ziffer 2 Satz 3 gilt entsprechend.

(3) Im übrigen regelt die Gemeindebehörde das Verfahren.

(4) In der Stadtgemeinde Berlin kann die Gemeindebehörde (Magistrat) die ihr nach dieser Vorschrift obliegenden Aufgaben auf die Bezirksämter übertragen[1]).

§ 12. (Aufgehoben seit 1. 7. 24 durch die VO. v. 25. 6. 24, unten zu Kg)[2]).

---

[1]) Zugefügt durch VO. v. 11. 6. 24 (GS. 553, ausgegeben 18. 6. 24). Dazu Berliner Bek. v. 11. 7. 24, unten zu Q.

[2]) Der § 12 lautete: „(1) Auf Antrag eines Vermieters kann das Mieteinigungsamt einen Hundertsatz der Friedensmiete für die Verzinsung und Tilgung von Mitteln für die Kosten einer im Einzelfalle seit Oktober 1920 ausgeführten und notwendigen oder in den nächsten 12 Monaten nach Stellung des Antrags auszuführenden notwendigen großen Instandsetzungsarbeit für einen genau bestimmten Zeitraum festsetzen.

(2) Bei nach dem 1. Januar 1920 durch Veräußerung erworbenen Gebäuden ist ein Hundertsatz der Friedensmiete für solche Mängel nicht zu bewilligen, die beim Erwerbe des Gebäudes bereits vorhanden waren und die der Vermieter gekannt hat oder kennen mußte.

(3) Der im Einzelfall auf die Mieter entfallende Betrag ist nach dem Verhältnisse der Friedensmieten auf die selbständigen Wohnungen oder die selbständigen Räume anderer Art umzulegen. Hierbei sind auch Räume zu berücksichtigen, für die nicht die gesetzliche Miete gezahlt wird oder die nicht vermietet werden.

(4) Das Mieteinigungsamt hat die Ausführung der

§ 13. Sonderzuschläge, die neben der gesetzlichen Miete auf Grund meiner Anordnung vom 29. Juni 1923 (Gesetzsamml. S. 304)[1]) für unverschuldete Zubußen bewilligt worden sind, sind weiterzuzahlen.

§ 14. (1) Etwaige Mittel für große Instandsetzungsarbeiten, die nach § 7 Abs. 1 und 2 des Reichsmietengesetzes auf ein Hauskonto eingezahlt sind, sind dem Vermieter auf sein Verlangen herauszugeben. Einer Zustimmung der Mieter oder Mietervertretung bedarf es nicht.

(2) Mittel, die nach § 7 Abs. 3 des Reichsmietengesetzes auf einen Ausgleichsfonds eingezahlt sind, sind von der Gemeindebehörde für die gedachten Zwecke zu verwenden.

§ 15. Die Berechnung der Kosten der Heizstoffe für Sammelheizung und Warmwasserversorgung oder eines von beiden soll nach Quadratmetern der beheizten Fläche erfolgen. Die Wahl anderer Maßstäbe durch die Gemeindebehörde ist zulässig. Die Kosten der Beheizung gemeinsam benutzter Räume sind auf die Rauminhaber zu verteilen.

§ 16. In den Fällen, in denen durch Beschluß des Mieteinigungsamtes die Sammelheizung oder Warmwasserversorgung oder beide ganz oder teilweise eingestellt sind, kann das Mieteinigungsamt auf Anruf des Vermieters oder eines Mieters die Wiederinbetriebsetzung ganz oder teilweise anordnen und über die Kosten der Wiederinbetriebsetzung entscheiden.

---

großen Instandsetzungsarbeiten, für die ein Hundertsatz der Friedensmiete bewilligt ist, durch geeignete Anordnungen zu sichern".

[1]) Oben zu Ka.

§ 17. Die Untermiete ist in der Weise zu berechnen, daß zunächst der Gesamtbetrag der gesetzlichen Miete festzustellen ist, die der Untervermieter selbst für den leeren Raum zahlt. Zu diesem von dem Untervermieter für den leeren Raum zu entrichtenden Mietzins sind Zuschläge für die Überlassung von Einrichtungsgegenständen, Beleuchtung, Heizung, Bedienung, Hergabe der Wäsche usw. nach näherer Anordnung der Gemeindebehörde zu zahlen. Die Festsetzung von Zuschlägen zur Hauptmiete wegen Untervermietung ist unzulässig.

§ 18. Ob die Voraussetzungen des Schlußsatzes des § 16 Abs. 1 des Reichsmietengesetzes zutreffen, entscheidet die zuständige Kommunalaufsichtsbehörde.

§ 19. (1) Jeder Mieter ist berechtigt, die Wahl einer Mietervertretung zu betreiben. Von der vorzunehmenden Wahl sind sämtliche Mieter in Kenntnis zu setzen. Die Wahl erfolgt formlos. Jede Mietpartei hat eine Stimme. Wahlberechtigt sind sämtliche Mieter. Wohnt der Hauptmieter nicht in der Wohnung, ist auch der Untermieter stimmberechtigt. Die Mietervertretung gilt als ordnungsmäßig gewählt, wenn sie die Mehrzahl der Stimmen der Mieter auf sich vereinigt. Das Wahlergebnis ist dem Vermieter mitzuteilen.

(2) Die Mieter von Mieträumen mit Sammelheizung beziehungsweise Warmwasserversorgung haben eine Mietervertretung von ein bis drei Personen zu wählen.

(3) Bei Beschaffung, Lagerung und Verwendung der Heizstoffe hat die Mietervertretung ein Mitwirkungs- und Aufsichtsrecht. Im Streitfalle entscheidet das Mieteinigungsamt.

(4) Der Vermieter ist verpflichtet, über den Ankauf und über nach näherer Anordnung der Gemeindebehörde zu zahlende Vorschüsse und ihre Verrechnung genau Buch

zu führen, die Berechnungsbelege geordnet aufzubewahren und der Mietervertretung jederzeit Einsicht zu gewähren.

(5) Beschafft ein Vermieter die notwendigen Heizstoffe nicht rechtzeitig, so ist die Mietervertretung nach Ablauf einer von ihr dem Vermieter gestellten Frist befugt, die Heizstoffe einzukaufen und an dazu bestimmten Stellen des Hausgrundstücks zu lagern.

(6) Der Vermieter kann einen nach näherer Anordnung der Gemeindebehörde zu zahlenden Vorschuß für die Heizstoffe nur dann erheben, wenn die Mietervertretung das für die Heizstoffe erforderliche Einkaufsgeld nicht selbst aufbringt. Wohnt der Vermieter in dem Hause, hat er die Kosten der Heizung anteilig zu tragen.

§ 20. Streitigkeiten, die sich auf Grund meiner bisherigen Bestimmungen zur Ausführung des Reichsmietengesetzes oder auf Grund der bisherigen Ausführungsbestimmungen der Gemeindebehörden ergeben haben oder noch ergeben, sind nach den bisherigen Vorschriften zu erledigen.

§ 21. Diese Verordnung, bei der die Vorschrift des § 27 Abs. 2 der dritten Steuernotverordnung vom 14. Februar 1924[1]) beachtet worden ist, tritt am 1. Mai 1924 in Kraft. Mit demselben Tage treten meine Ausführungsbestimmungen zum Reichsmietengesetze vom 4. August 1923 mit Ausnahme der Bestimmungen zu B X 1 bis 10[2]) außer Kraft.

Berlin, den 17. April 1924.

Der Preußische Minister für Volkswohlfahrt.
Hirtsiefer.

---

[1]) Oben zu B.
[2]) Oben zu Kb.

Kf.

Erlaß des Preußischen Volkswohlfahrtsministers über die Mietzinsbildung.

Vom 24. April 1924 — II 6 Nr. 1697 (nicht amtlich veröffentlicht).

Auf Grund des § 22 des Reichsmietengesetzes[1]) in Verbindung mit § 27 der 3. Steuernotverordnung vom 14. 2. 24[2]) und meiner Verordnung, betr. die Mietzinsbildung in Preußen, vom 17. 4. 24[3]) ordne ich nach Anhörung der im ständigen Ausschuß für Mietzinsbildung vertretenen Vermieter und Mieter für alle Gemeinden, für die von mir keine andere Regelung getroffen wird, über die Berechnung der gesetzlichen Miete mit Wirkung vom 1. Mai 1924[4]) folgendes an:

Die gesetzliche Miete beträgt 35 v. H. der reinen Friedensmiete (§ 2, 3 meiner VO. vom 17. 4. 24)[3]). Sie ist in Goldmark zu berechnen. Bei Zahlung in Papiermark ist der Umrechnung der am Tage vor der Zahlung amtlich festgestellte Berliner Goldmark-Mittelkurs zugrunde zu legen.

Von diesen 35 v. H. der Friedensmiete sind für die Kosten für laufende Instandsetzungsarbeiten 15 v. H. der Friedensmiete in Ansatz gebracht. Diese 15 v. H. kann der Mieter im Falle des § 7 Abs. 1 der erwähnten VO. vom 17. 4. 24[3]) um 4 v. H. auf 11 v. H. kürzen.

Bei Festsetzung eines besonderen Hundertsatzes für große Instandsetzungsarbeiten gemäß § 12 meiner Ver-

---

[1]) Oben zu A.
[2]) Oben zu B.
[3]) Oben zu Ke.
[4]) Unverändert für Juni 1924: Erl. v. 14. 5. 24 — II 6 Nr. 1947.

ordnung vom 17. 4. 24[1]) darf das Mieteinigungsamt 3 v. H. der Jahresfriedensmiete im Einzelfalle nicht überschreiten.

In dem Hundertsatz von 35 v. H. der Friedensmiete ist ferner enthalten für Verwaltungskosten einschließlich eines billigen Entgelts für die für das Haus aufgewandte Tätigkeit und für die Kosten, die dem Vermieter durch die Bezahlung des Reinigungsmaterials entstehen, ein Hundertsatz von 5 v. H. der Friedensmiete. In denjenigen Gemeinden, die bisher eine Umlage der Löhne für die Hausangestellten (Hausreiniger, Hauswart, Heizer, Fahrstuhlführer u. dgl.) in Geschäfts- und Industriehäusern angeordnet hatten, verbleibt es bei dieser Regelung. Dafür wird bei solchen Häusern der Hundertsatz für Verwaltungskosten um 2 v. H. gekürzt.

Zur Bestreitung der übrigen Betriebskosten (vgl. § 21 der VO. vom 17. 4. 24)[1]) sind 15 v. H. der Friedensmiete angesetzt, die in dem allgemeinen Hundersatz vom 35 v. H. der Friedensmiete enthalten sind. Hierbei wird unterstellt, daß in diesem Hundersatz 3 v. H. der Friedensmiete für Wassergeld enthalten sind.

Reichen die 15 v. H. der Friedensmiete zur Deckung der Betriebskosten nicht aus, so kann der ungedeckte Mehrbetrag bis zur Höhe von weiteren 3 v. H. der Friedensmiete umgelegt werden. Weist ferner der Vermieter den Mietern oder der Mietervertretung nach, daß im letzten Zahlungsabschnitt mehr als 3 v. H. der Friedensmiete an Wassergeld verbraucht worden sind, und ist er im übrigen mit einem Betriebskostenzuschlag von 18 v. H. nicht ausgekommen, so kann er die Mehrkosten für Wassergeld umlegen.

---

[1]) Oben zu Ke.

Die Gemeindebehörden können das Wassergeld aus dem allgemeinen Hundertsatz herausnehmen und anordnen, daß der Vermieter berechtigt ist, das Wassergeld in voller Höhe umzulegen. In diesem Falle ermäßigt sich der zur Bestreitung der Betriebskosten angesetzte Hundertsatz von 15 v. H. um 3 v. H.

In denjenigen Gemeinden, in denen der Zuschlag zur Grundvermögenssteuer (Grund- und Gebäudesteuer) mehr als 100% beträgt, sind die Vermieter berechtigt, den 100% übersteigenden Betrag umzulegen. Gemeinden, in denen an Stelle eines Zuschlags zur staatlichen Grundvermögenssteuer eine selbständige Grundsteuer erhoben wird, haben den Satz dieser Grundsteuer bekanntzugeben, der einen Zuschlag von 100% zur staatlichen Grundvermögenssteuer entspricht. Soweit die selbständige Grundsteuer diesen Satz übersteigt, ist ihre Umlage gestattet.

Die Umlagen haben nach dem Verhältnis der Friedensmieten auf die selbständigen Wohnungen oder die selbständigen Räume anderer Art zu erfolgen. Hierbei sind auch Räume zu berücksichtigen, für die nicht die gesetzliche Miete gezahlt wird, oder die nicht vermietet sind.

Kommen in einem Zahlungsabschnitt Betriebskosten (vgl. § 21 meiner VO. vom 17. 4. 24[1]) in Verbindung mit BX 1—10 der Ausführungsbestimmungen vom 4. 8. 23)[2]) nicht zur Erhebung, so sind die hierdurch gesparten Beträge bei der nächsten Mietzahlung auf eine vom Vermieter etwa vorzunehmende Umlage der Betriebskosten in Anrechnung zu bringen. Hat der Vermieter Betriebskosten für einen längeren Zeitraum im

[1]) Oben zu Ke.
[2]) Oben zu Kb.

Voraus zu entrichten, so muß er diese gleichmäßig für den Zeitraum, für die die Zahlung erfolgte, auf die einzelnen Mietzahlungstermine verteilen.

Bezüglich der Hauszinssteuer behält es bei meiner Anordnung vom 15. 4. 24/II 6 Nr. 1583[1]) sein Bewenden mit der Maßgabe, daß in Häusern mit Sammelheizung und Warmwasserversorgung zunächst die Kosten für Sammelheizung mit 7 v. H. und für Warmwasserversorgung mit 3 v. H. von der am 1. Juli 1914 vereinbarten Miete abzuziehen sind.

Hirtsiefer.

Kg.

Verordnung über die Regelung der gesetzlichen Miete in Preußen für die Zeit vom 1. Juli 1924 ab.

Vom 25. Juni 1924 — II 6 Nr. 2140 (PrGS. 570).

Auf Grund des § 22 des Reichsmietengesetzes[2]) in Verbindung mit § 27 der Dritten Steuernotverordnung vom 14. Februar 1924[3]) und meiner Verordnung über die Mietzinsbildung in Preußen vom 17. April 1924[4]) ordne ich unter Aufhebung des § 12 der letztgenannten Verordnung und unter Aufhebung meines Erlasses vom vom 15. April 1924 — II 6 Nr. 1583[5]) — nach An-

[1]) Oben zu Kd.
[2]) Oben zu A.
[3]) Oben zu B.
[4]) Oben zu Ke.
[5]) Oben zu Kd.

hörung der im ständigen Ausschusse für Mietzinsbildung vertretenen Mieter und Vermieter für alle Gemeinden, für die von mir keine andere Regelung getroffen wird, über die Berechnung der gesetzlichen Miete mit Wirkung vom 1. Juli 1924[1]) folgendes an:

Die gesetzliche Miete beträgt 62 vom Hundert der reinen Friedensmiete (§ 2 und § 3 meiner Verordnung über die Mietzinsbildung in Preußen vom 17. April 1924)[2]). Sie ist in Goldmark zu berechnen. Bei Zahlung in Papiermark ist der Umrechnung der am Tage vor der Zahlung amtlich festgestellte Berliner Goldmark-Mittelkurs zugrunde zu legen.

Bei der Festsetzung der gesetzlichen Miete auf 62 vom Hundert sind die großen Instandsetzungsarbeiten berücksichtigt worden. In denjenigen Fällen, in denen das Mieteinigungsamt auf Grund der bisherigen Vorschriften einen besonderen Zuschlag für große Instandsetzungsarbeiten festgesetzt hat, vermindert sich die gesetzliche Miete um den zugebilligten Betrag, soweit dieser am 1. Juli 1924 oder später fällig wird.

Von den 62 vom Hundert der reinen Friedensmiete sind ferner für die Kosten für laufende Instandsetzungsarbeiten 15 vom Hundert in Ansatz gebracht. Diese 15 vom Hundert kann der Mieter im Falle des § 7 Abs. 1 der Verordnung vom 17. April 1924[2]) um 4 vom Hundert auf 11 vom Hundert kürzen.

In denjenigen Gemeinden, die bisher, eine Umlage der Löhne für die Hausangestellten (Hausreiniger, Hauswart,

---

[1]) Unverändert für:
August 1924: Erl. v. 11. 7. 24 — II 6 Nr. 2263,
September 1924: Erl. v. 16. 8. 24 — II 6 Nr. 2538.

[2]) Oben zu Ke.

Heizer, Fahrstuhlführer und dergleichen) in Geschäfts- und Industriehäusern angeordnet hatten, verbleibt es bei dieser Regelung. Dafür wird bei solchen Häusern die gesetzliche Miete um 2 vom Hundert gekürzt.

Aus der gesetzlichen Miete sind nunmehr neben den Betriebskosten (siehe § 21 letzter Satz meiner Verordnung vom 17. April 1924)[1]) sämtliche auf dem Grundstücke ruhenden öffentlichen Lasten zu entrichten.

In Gemeinden, in denen der Zuschlag zur Grundvermögensteuer mehr als 100 vom Hundert beträgt, ist der Vermieter berechtigt, den 100 vom Hundert übersteigenden Betrag umzulegen. Gemeinden, in denen an Stelle eines Zuschlags zur staatlichen Grundvermögensteuer eine selbständige Grundsteuer erhoben wird, haben den Satz dieser Grundsteuer bekannt zu geben, der einem Zuschlag von 100 vom Hundert zur staatlichen Grundvermögensteuer entspricht. Soweit die selbständige Grundsteuer diesen Satz übersteigt, ist ihre Umlage gestattet. Der Vermieter ist ferner berechtigt, denjenigen Betrag umzulegen, den die Gemeinde auf Grund des § 8a Abs. 1 des Artikels II der Zweiten Preußischen Steuernotverordnung in der Fassung vom 19. Juni 1924[2]) erhebt.

Für das Wassergeld sind 3 vom Hundert der Friedensmiete in der gesetzlichen Miete in Ansatz gebracht. Der Vermieter ist berechtigt, das Wassergeld umzulegen. In diesem Fall vermindert sich die gesetzliche Miete um 3 vom Hundert.

Die Umlagen haben nach dem Verhältnisse der reinen Friedensmiete auf die selbständigen Wohnungen oder die

---

[1]) Oben zu Ke.

[2]) Unten zu La, b.

selbständigen Räume anderer Art zu erfolgen. Hierbei sind auch Räume zu berücksichtigen, für die nicht die gesetzliche Miete gezahlt wird oder die nicht vermietet sind.

Mit dem Inkrafttreten dieser Verordnung treten meine Erlasse vom 24. April beziehungsweise vom 14. Mai 1924 — II 6 Nr. 1697, 1847 — außer Kraft[1]).

Berlin, den 25. Juni 1924.

Der Preußische Minister für Volkswohlfahrt.
Hirtsiefer.

Kh.

Erlaß des Preußischen Volkswohlfahrtsministers über die Mietzinsbildung.

Vom 17. September 1924 — II 6 Nr. 2670 (nicht amtlich veröffentlicht).

In Abänderung meiner Verordnung vom 25. Juni d. J. — II 6 Nr. 2140[2]) — wird folgendes bestimmt: Die gesetzliche Miete für den Monat Oktober d. J. beträgt 66 v. H. der reinen Friedensmiete (§ 2 und § 3 meiner Verordnung über die Mietzinsbildung in Preußen vom 17. April 1924)[3]). Im übrigen behält meine Verordnung vom 25. Juni 1924 auch für den Monat Oktober[4]) Gültigkeit.

J. V. Scheidt.

---

[1]) Oben zu Kf und Anm. 4 das.
[2]) Oben zu Kg.
[3]) Oben zu Ke.
[4]) Unverändert für:
November 1924: Erl. v. 23. 10. 24 — II 6 Nr. 2839,
Dezember 1924: Erl. v. 21. 11. 24 (Volkswohlf. 457),
Januar 1925: Erl. v. 18. 12. 24 (" 18),
Februar 1925: Erl. v. 27. 1. 25 (" 53),
März 1925: Erl. v. 25. 2. 25 (" 78).

Ki.

Erlaß des Preußischen Volkswohlfahrtsministers betr. die Aprilmiete.

Vom 30. März 1925 — II 6 Nr. 434 (Volkswohlf.130).

In Abänderung meiner Verordnung vom 17. September 1924 — II 6 Nr. 2670[1]) — wird, auch in Gemäßheit des § 4 der Verordnung zur Ausführung der III. Steuernotverordnung des Reichs vom 14. Februar 1924[2]) (III. Preußische Steuernotverordnung vom 28. März 1925)[3]), folgendes bestimmt:

Die gesetzliche Miete für den Monat April 1925 beträgt 76 v. H. der reinen Friedensmiete (§ 2 und § 3 meiner Verordnung über die Mietzinsbildung in Preußen vom 17. April 1924)[4]). Im übrigen behält meine Verordnung vom 25. Juni 1924 — II 6 Nr. 2140[5]) — auch für den Monat April Gültigkeit[6]).

Hirtsiefer.

---

[1]) Oben zu Kh.
[2]) Oben zu B.
[3]) Unten zu Lc.
[4]) Oben zu Ke.
[5]) Oben zu Kg.
[6]) Unverändert für Mai 1925: Erl. v. 25. 4. 25 — II 6 Nr. 552.

3. Hauszinssteuer.

La.

Verordnung zur Ausführung der Dritten Steuernotverordnung des Reichs (Preußische Steuernotverordnung).

Vom 1. April 1924 (PrGS. 191, ausgegeben am 2. 4. 24).

Das Staatsministerium erläßt gemäß Artikel 55 der Verfassung in Übereinstimmung mit dem Ständigen Ausschusse des Landtags die folgende Verordnung mit Gesetzeskraft:

I. Abschnitt.

Hauszinssteuer.

§ 1. Zur Durchführung des Geldentwertungsausgleichs wird im Zusammenhange mit der Regelung des Mietwesens von den in Preußen belegenen bebauten Grundstücken, die nicht dauernd land- oder forstwirtschaftlichen oder gärtnerischen Zwecken zu dienen bestimmt sind, vom 1. April 1924 ab eine besondere Steuer (Hauszinssteuer) erhoben, die zur Förderung der Neubautätigkeit und zur Deckung der durch die Dritte Steuernotverordnung des Reichs[1]) notwendig gewordenen Ausgaben, insbesondere für Aufgaben der Wohlfahrtspflege (§ 42 der Dritten Steuernotverordnung), verwendet werden soll.

§ 2. (1) Die Steuer beträgt 700 vom Hundert[2]) der nach den Vorschriften des Gesetzes vom 14. Februar

---

[1]) Oben zu B.

[2]) Zunächst 400 v. H. (Fass. v. 1. 4. 24), ab 1. 7. 24 500 v. H., ab 1. 10. 24 600 v. H. (Fass. v. 19. 6. 24, unten zu Lb), ab 1. 4. 25 700 v. H. (Fass. v. 28. 3. 25, unten zu Lc).

1923 (Gesetzsamml. S. 29) und seiner Abänderungen veranlagten vorläufigen Steuer vom Grundvermögen[1]).

(2) Von dem Aufkommen aus der Hauszinssteuer sind $^7/_{14}$ nach näherer Vorschrift des § 11 zur Förderung der Neubautätigkeit zu verwenden; $^2/_{14}$ fließen den Gemeinden (Gemeindeverbänden) nach näherer Vorschrift des § 12 zur Deckung der übrigen im § 1 genannten Ausgaben (Gemeindeanteil an der Hauszinssteuer), $^5/_{14}$ dem Lande zu[2]).

(2a) Beträgt die Friedensmiete (der Friedensmietwert) des Grundstücks weniger als 6 vom Hundert des der Veranlagung zur vorläufigen Steuer vom Grundvermögen zugrunde liegenden Steuerwerts, so ist die Hauszinssteuer auf Antrag in der Weise herabzusetzen, daß sie von einer angenommenen Grundvermögenssteuer von 4 vom Hundert der Friedensmiete (des Friedensmietwerts) berechnet wird[3]).

(3) Steuereingänge aus zurückliegender Zeit werden nach dem zur Zeit des Eingangs geltenden Verteilungsmaßstabe verteilt[4]).

---

[1]) Unten zu Ld.

[2]) Abs. 2 ist mehrfach geändert worden. Früher wurde so geteilt:
Fass. v. 1. 4. 24: $^1/_2$ für Neubau, $^1/_4$ für Gemeinden, $^1/_4$ für das Land; Fass. v. 19. 6. 24: $^2/_5$ für Neubau, $^1/_5$ für Gemeinden, $^2/_5$ für das Land; Fass. v. 21. 10. 24: $^5/_{12}$ für Neubau, $^2/_{12}$ für Gemeinden, $^5/_{12}$ für das Land.

[3]) Abs. 2a ist Zusatz der 2. pr. SteuernotVO. v. 19. 6. 24, unten zu Lb.

[4]) Jetzige Fassung des Abs. 3 v. 28. 3. 25, unten zu Lc. In der alten Fassung lautete Abs. 3:
„Bei Grundstücken, die am 1. Juli 1914 mit dinglichen privatrechtlichen Lasten nicht oder mit nicht mehr als 20 vom Hundert des Wertes belastet waren, ist die Steuer auf Antrag um ein Viertel herabzusetzen. Ist das Gebäude erst nach dem 1. Juli 1914 fertiggestellt worden, so tritt an Stelle dieses Tages der Zeitpunkt der Fertigstellung."

§ 3. (1) Die Steuer vermindert sich auf Antrag um die laufende Geldverpflichtung, die sich ergibt aus einer am 13. Februar 1924 auf dem Grundstücke ruhenden privatrechtlichen wertbeständigen Last gemäß der Reichsverordnung über die Eintragung von Hypotheken in ausländischer Währung vom 13. Februar 1920 (Reichsgesetzbl. S. 231) oder dem Reichsgesetz über wertbeständige Hypotheken vom 23. Juni 1923 (Reichsgesetzbl. I S. 407) oder aus einer zum gleichen Zeitpunkt auf dem Grundstücke ruhenden Reallast, bei der die in Geld zu entrichtende Leistung nach einem wertbeständigen Maßstabe im Sinne des genannten Reichsgesetzes bestimmt ist.

(2) Entsprechendes gilt für laufende Geldverpflichtungen aus einer auf Grund des Reichsgesetzes über das Zusatzabkommen vom 6. Dezember 1920 zwischen dem Deutschen Reiche und der Schweizerischen Eidgenossenschaft, betreffend schweizerische Goldhypotheken in Deutschland und gewisse Arten von Frankenforderungen an deutsche Schuldner, vom 23. Juni 1923 (Reichsgesetzbl. II S. 284) aus der Umwandlung einer schweizerischen Goldhypothek entstandenen Frankengrundschuld. Zu den laufenden Geldverpflichtungen gehören auch Rücklagen, die zur Abtragung der Frankengrundschuld angesammelt werden. Der Finanzminister bestimmt, bis zu welcher Höhe Rücklagen als angemessen anzusehen sind[1]).

(3) Bei Grundstücken, die am 1. Juli 1914 mit dinglichen privatrechtlichen Lasten nicht oder mit nicht mehr als 20 vom Hundert des Wertes belastet waren, ist die Steuer auf Antrag auf 500 vom Hundert und, wenn Wohngrundstücke dieser Art ausschließlich vom Eigentümer bewohnt

[1]) 2. VO. des pr. FinMin. zur Durchf. der pr. SteuernotVO. v. 30. 5. 24 (GS. 545).

werden, auf 400 vom Hundert der Grundvermögenssteuer herabzusetzen. Ist das auf dem Grundstück errichtete Gebäude erst nach dem 1. Juli 1914 fertiggestellt worden, so tritt an die Stelle dieses Tages der Zeitpunkt der Fertigstellung[1]).

§ 4[2]). Den Steuerpflichtigen ist durch eine Erhöhung der gesetzlichen Miete ein Betrag zu gewähren, mit dem eine nach den Grundsätzen des Artikels I der Dritten Steuernotverordnung des Reichs[3]) aufgewertete Papiermarkhypothek zu verzinsen wäre, deren Nennbetrag dem Steuerwerte des Grundstücks entspricht. Für die Höhe der Verzinsung gilt der im § 5 der Dritten Steuernotverordnung des Reichs[3]) vorgesehene Satz. Hierdurch sind die Steuerminderungsansprüche gemäß § 28 Abs. 3 letzter Satz der Dritten Steuernotverordnung des Reichs[3]) mit abgegolten.

§ 5. (1) Der Jahresbetrag der nach § 3 Abs. 1 und 2[4]) dieser Verordnung zu berücksichtigenden laufenden Geldverpflichtungen wird nach näherer Bestimmung des Fi-

---

[1]) Abs. 3 ist Zusatz der 3. pr. SteuernotVO. v. 28. 3. 25, unten zu Lc.

[2]) Fassung der 3. pr. SteuernotVO. v. 28. 3. 25, unten zu Lc. In der alten Fassung lautete § 4:

„Die Steuer vermindert sich auf Antrag um die laufende Geldverpflichtung, die sich daraus ergibt, daß eine auf dem Grundstücke ruhende nicht wertbeständige Last nach den Vorschriften des Artikels I der Dritten Steuernotverordnung des Reichs aufgewertet wird. Dabei bleibt eine über 15 vom Hundert des Goldmarkbetrags hinausgehende Aufwertung außer Betracht. Die laufenden Geldverpflichtung wird nur insoweit berücksichtigt, als ihre Erfüllung nach § 5 der Dritten Steuernotverordnung des Reichs verlangt werden kann."

[3]) Oben zu B.

[4]) Fassung der 3. pr. SteuernotVO. v. 28. 3. 25, unten zu Lc. Früher hieß es: „nach den §§ 3 und 4".

nanzministers[1]) auf die monatlich zu entrichtenden Steuerbeträge verteilt[2]).

(2) Bei Gesamthypotheken (§ 1132 des Bürgerlichen Gesetzbuchs) sind die Minderungen gemäß § 3 Abs. 1 und 2[3]) auf die einzelnen Grundstücke nach dem Verhältnisse des ungeminderten Steuerbetrags zu verteilen.

§ 6. (1) Neubauten und durch Um- oder Einbauten neu geschaffene Gebäudeteile sind von der Steuer befreit, wenn der Bau nach dem 1. Juli 1918 bezugsfertig geworden ist.

(2) Die näheren Vorschriften über die Besteuerung der mit Beihilfen aus öffentlichen Mitteln ausgeführten Neu-, Um- und Einbauten und die Belastung der mit derartigen Neubauten besetzten Grundstücke mit einer Grundschuld gemäß § 29 der Dritten Steuernotverordnung des Reichs werden von den zuständigen Ministern getroffen[4]). Diese Vorschriften sind dem Landtage vorzulegen und auf sein Verlangen abzuändern oder außer Kraft zu setzen.

§ 7. (1) Die Vorschriften des § 2 Abs. 3, der §§ 3 bis 14, des § 15 Abs. 1 und der §§ 16, 17 und 20 des Gesetzes über die Erhebung einer vorläufigen Steuer

---

[1]) § 1 der 1. VO. des pr. FinMin. zur Durchf. der pr. SteuernotVO. v. 26. 4. 24 (GS. 484) und 2. VO. v. 30. 5. 24 (GS. 545).

[2]) Der Satz endete zunächst mit den Worten „gleichmäßig verteilt". Das Wort „gleichmäßig" ist gestrichen worden durch die 2. pr. SteuernotVO. v. 19. 6. 24, unten zu Lb.

[3]) Fassung der 3. pr. SteuernotVO. v. 28. 3. 25, unten zu Lc. Früher hieß es: „gemäß §§ 3 und 4".

[4]) 3. und 4. VO. z. Durchf. der pr. SteuernotVO. v. 12. 7./20. 9. 24 (GS. 578, 605).

vom Grundvermögen vom 14. Februar 1923 (Gesetzsamml. S. 29) in der Fassung der Verordnung vom 22. Oktober 1923 (Gesetzsamml. S. 478) und des Gesetzes vom 28. Februar 1924 (Gesetzsamml. S. 119)[1]) finden auf die Hauszinssteuer sinngemäß Anwendung.

(2) Die Steuerausschüsse und die Berufungsausschüsse für die Steuer vom Grundvermögen sind auch im Veranlagungs- und Rechtsmittelverfahren für die Hauszinssteuer zuständig.

(3) Eines besonderen Veranlagungsbeschlusses für die Hauszinssteuer bedarf es nicht. Der 15. April 1924 gilt als Tag der Zustellung des Veranlagungsbescheids im Sinne des § 231 der Reichsabgabenordnung. Wird dem Steuerpflichtigen ein Veranlagungsbescheid mitgeteilt, so beginnt die Frist zur Einlegung des Einspruchs erst mit Ablauf des Tages der Mitteilung.

(4) Rechtsmittel gegen die Veranlagung zur Hauszinssteuer dürfen nicht damit begründet werden, daß die zugrunde gelegte vorläufige Steuer vom Grundvermögen unrichtig veranlagt sei.

§ 8. (1) Anträge gemäß § 2 Abs. 2a und gemäß § 3[2]) dieser Verordnung sind beim Vorsitzenden des Steuerausschusses anzubringen. Gegen seine Entscheidung finden die gleichen Rechtsmittel wie gegen die Veranlagung statt.

---

[1]) Die Vorschriften über die Veranlagung der Steuer sind unten zu Ld nicht mit aufgenommen, weil sie nach obigem § 7 Abs. 4 hier ohne erhebliches Interesse sind.

[2]) Zuerst hieß es: „gemäß § 2 Abs. 3 und den §§ 3 und 4". Alsdann wurde § 2 Abs. 2a durch die 2. pr. SteuernotVO. v. 19. 6. 24, unten zu Lb, hinzugefügt. Die jetzige Fassung beruht auf der 3. pr. SteuernotVO. v. 28. 3. 25, unten zu Lc.

(2) Der Finanzminister kann für die Anbringung der Anträge Fristen vorschreiben[1]).

§ 8a[2]). (1) Die Gemeinden können die Erhebung von Zuschlägen zur Hauszinssteuer bis zur Höhe von 100 vom Hundert der vorläufigen Steuer vom Grundvermögen beschließen.

(2) (Weggefallen.)[3])

(3) Der Gemeindezuschlag vermindert sich auf Antrag um den Betrag, um den die gemäß § 3 Abs. 1 und 2[4]) dieser Verordnung zu berücksichtigenden laufenden Geldverpflichtungen die Steuer übersteigen.

(4) Übersteigt die gesetzliche Miete einschließlich des zur Überwälzung der Hauszinssteuer bestimmten Betrags 70 vom Hundert der Friedensmiete, so vermindert sich auf Antrag der Gemeindezuschlag insoweit, als die Hauszinssteuer einschließlich des Gemeindezuschlags über die im § 28 Abs. 4 der Dritten Steuernotverordnung des Reichs gezogene Grenze hinausgeht.

(5) Gegen die Ablehnung von Anträgen gemäß Abs. 3 und 4 finden die gegen die Heranziehung zu den Gemeindeabgaben gegebenen Rechtsmittel statt.

---

[1]) Siehe die bei § 5 genannten beiden VO.

[2]) § 8a ist Zusatz der 2. pr. SteuernotVO. v. 19. 6. 24, unten zu Lb.

[3]) Abs. 2 ist gestrichen durch die 3. pr. SteuernotVO. v. 28. 3. 25, unten zu Lc. Abs. 2 lautete:
„Ist die Hauszinssteuer gemäß § 2 Abs. 3 dieser Verordnung herabgesetzt, so ist der Steuerschuldner von der Entrichtung des Gemeindezuschlags befreit."

[4]) Fassung der 3. pr. SteuernotVO. v. 28. 3. 25, unten zu Lc. Früher hieß es: „gemäß den §§ 3 und 4".

(6) § 18 Abs. 2 und 3 des Gesetzes über die Erhebung einer vorläufigen Steuer vom Grundvermögen[1]) finden entsprechende Anwendung.

§ 9. Die Erhebung der Steuer gemäß den §§ 1 bis 8 dieser Verordnung endet mit dem im § 32 Abs. 1 der Dritten Steuernotverordnung des Reichs[2]) angegebenen Zeitpunkte.

II. Abschnitt.

Finanzausgleich.

§§ 10—13. (Hier ohne Interesse.)

III. Abschnitt.

Schlußbestimmungen.

§ 14. (1) Diese Verordnung tritt mit dem 1. April 1925 in Kraft[3]).

(2) Der Finanzminister wird ermächtigt, die Preußische Steuernotverordnung vom 1. April 1924 (Gesetzsamml. S. 191) in der durch die eingetretenen Abänderungen bedingten Fassung, soweit sie die Hauszinssteuer betreffen, unter der Bezeichnung „Hauszinssteuerverordnung" in fortlaufender Paragraphenfolge zu veröffentlichen[4]).

---

[1]) Unten zu Ld.

[2]) Oben zu B.

[3]) In der ältesten Fassung am 1. 4. 24.

[4]) Abs. 2 ist Zusatz der 3. pr. SteuernotVO. v. 28. 3. 25, unten zu Lc. Die Veröffentlichung ist bisher nicht erfolgt, da der Landtag vielleicht Änderungen an der NotVO. v. 28. 3. 25 vornehmen wird.

§ 15. Die Ausführung der Verordnung liegt den zuständigen Ministern ob[1]).

Berlin, den 1. April 1924.

Das Preußische Staatsministerium.
Braun. Severing. v. Richter.

Lb.

Zweite Preußische Steuernotverordnung.

Vom 19. Juni 1924 (PrGS. 555).
In Kraft seit 1. 7. 24.

Das Staatsministerium erläßt gemäß Artikel 55 der Verfassung in Übereinstimmung mit dem Ständigen Ausschusse des Landtags die folgende Verordnung mit Gesetzeskraft:

Art. I. (Hier ohne Interesse.)

Art. II. Die Preußische Steuernotverordnung vom 1. April 1924 (Gesetzsamml. S. 191)[2]) wird wie folgt geändert:

1. § 2 Abs. 1 erhält folgende Fassung:
(Bereits oben zu La im Text eingefügt.)

2. § 2 Abs. 2 erhält folgende Fassung:
(Geändert durch Art. I Nr. 1 Ges. zur Änderung der Preuß. Steuernotverordnungen v. 21. 10. 24, GS. 619, in Kraft mit Wirkung vom 1. 10. 24. Die jetzige Fass. ist bereits oben zu La im Text eingefügt.)

3. Im § 2 wird zwischen Abs. 2 und 3 folgender Abs. 2a neu eingefügt:
(Bereits oben zu La im Text eingefügt.)

---

[1]) Fassung der 3. pr. SteuernotVO. v. 28. 3. 25, unten zu Lc. In der bisherigen Fassung waren die Minister der Finanzen und des Innern genannt.

[2]) Oben zu La.

4. Im § 5 Abs. 1 wird das Wort „gleichmäßig" gestrichen.

5. § 8 Abs. 1 Satz 1 erhält folgende Fassung:
(Bereits oben zu La im Text eingefügt.)

6. Hinter § 8 wird folgender § 8a neu eingefügt:
(Bereits oben zu La im Text eingefügt.)

7. (Hier nicht interessierende Änderung des § 11.)

Art. III. (Enthaltend eine Hauszinssteuer vom 1. 10. 24 ab von den bebauten, dauernd land- oder forstwirtschaftlich oder gärtnerisch benutzten Grundstücken, ist wieder aufgehoben durch Art. I Nr. 2 Ges. zur Änderung der Preuß. Steuernotverordnungen v. 21. 10. 24, GS. 619, mit Wirkung vom 1. 10. 24, so daß die Steuer nie in Kraft getreten ist.)

Art. IV. (Hier ohne Interesse.)

Art. V. (1) Diese Verordnung tritt mit dem 1. Juli 1924 in Kraft.

(2) Ihre Ausführung liegt den zuständigen Ministern ob.

Berlin, den 19. Juni 1924.

Das Preußische Staatsministerium.

Für den Ministerpräsidenten: am Zehnhoff.
Für den Minister des Innern: Boelitz.
v. Richter.

Lc.

Verordnung zur Ausführung der Dritten Steuernotverordnung des Reichs (Dritte Preußische Steuernotverordnung).

Vom 28. März 1925 (PrGS. 42).

In Kraft seit 1. 4. 25.

Das Staatsministerium erläßt gemäß Artikel 55 der Verfassung in Übereinstimmung mit dem Ständigen Ausschusse des Landtags die folgende Verordnung mit Gesetzeskraft:

Die Preußische Steuernotverordnung vom 1. April 1924[1] .... wird wie folgt geändert:

1—13.....

(Bereits oben zu La im Text eingefügt.)

Berlin, den 28. März 1925.

Das Preußische Staatsministerium.
Marx. Höpker-Aschoff.

Ld.

Gesetz über die Erhebung einer vorläufigen Steuer vom Grundvermögen.

Vom 14. Februar 1923 (PrGS. 29).

§ 1. (1) Von dem gesamten in Preußen belegenen Grundvermögen wird nach den Bestimmungen dieses Gesetzes vom 1. April 1923 ab[2]) eine Steuer erhoben.

(2) Als steuerbares Grundvermögen im Sinne dieses Gesetzes gelten die Grundstücke einschließlich aller Bestandteile.... Maschinen und andere Einrichtungen, die zu einem der Gewerbesteuer unterliegenden Betriebe gehören (gemäß den Vorschriften des Gewerbesteuergesetzes und des Kommunalabgabengesetzes), bleiben unberücksichtigt, selbst wenn sie Bestandteile des Grundstücks sind.

(3) Als steuerbares Grundvermögen gelten auch Gebäude und Werke, die zu einem Erbbaurechte gehören oder auf Grund eines solchen Rechtes an einem fremden Grundstück oder nur zu einem vorübergehenden Zwecke mit dem Grund und Boden verbunden sind.

---

1) Oben zu La.

2) Bis 30. 6. 25: Ges. v. 28. 3. 25 (GS. 43).

§ 2. (1)[1]) Die Steuer beträgt monatlich:

a) bei bebauten Grundstücken, die nicht dauernd land- oder forstwirtschaftlichen oder gärtnerischen Zwecken zu dienen bestimmt sind . . . . 0,20 Mark,

b) . . . .

c) . . . .

für je 1000 Mark des Wertes.

(2)[2]) Als Wert (Abs. 1) gilt der Wert, der für die Veranlagung zur Ergänzungssteuer nach dem Gesetze vom 14. Juli 1893/19. Juni 1906/26. Mai 1909 für den Veranlagungsabschnitt 1917/19 festgesetzt worden ist.

(3) Als bebaut gilt ein Grundstück nicht, wenn die Zweckbestimmung des darauf errichteten Gebäudes gegenüber der Zweckbestimmung des Grund und Bodens von untergeordneter Bedeutung ist.

(4) Der Wert der Grundstücke, deren Bestand sich seit der Ergänzungssteuerveranlagung für den Veranlagungsabschnitt 1917/19 (Abs. 2) geändert hat oder deren Wert für die Ergänzungssteuer nicht festgesetzt worden ist, ist nach den Grundsätzen und Werten festzusetzen, die bei der Veranlagung zur Ergänzungssteuer für den Veranlagungsabschnitt 1917/19 maßgebend waren.

(5) Eine Neufestsetzung des für die Ergänzungssteuerveranlagung fortgesetzten Wertes findet nicht statt, wenn die Veränderungen im Bestande des Grundstücks zusammen diesen Wert um weniger als 5 vom Hundert erhöht oder vermindert haben.

(6) . . . . .

---

[1]) Fassung des Ges. v. 28. 2. 24 (PrGS. 119).

[2]) Fassung der VO. v. 22. 10. 23 (PrGS. 478).

§ 3[1]. (1) Die gemäß § 2 Abs. 1 berechnete Steuer ist die Steuer in Goldwert.

(2) Die Steuer ist in Banknoten, Reichskassenscheinen oder Darlehnskassenscheinen zu entrichten, die auf deutsche Währung lauten.

(3) Der Finanzminister bestimmt das Wertverhältnis, zu dem die Zahlungen der Steuer in deutsches Währungsgeld umzurechnen sind (Goldumrechnungssatz).

(4) Erstattungen sind in Goldwert zu bewirken; Geldstrafen sind in Goldwert zu zahlen. Abs. 2 und 3 gelten entsprechend.

§ 4. (1) Schuldner der Steuer ist:

a) für das Grundstück einschließlich der Bestandteile .... der Eigentümer,
b) im Falle, daß Gebäude oder Werke auf fremden Grund und Boden errichtet sind, für den auf die Gebäude oder Werke entfallenden Steueranteil ihr Eigentümer und
c) bei Ausnutzung eines Erbbaurechts der Erbbauberechtigte auch für das Erbbaugrundstück.

(2) Miteigentümer sind Gesamtschuldner.

(3) Der Nutznießer oder Nießbraucher haftet für die Steuer neben dem Eigentümer als Gesamtschuldner; ebenso haftet neben dem Eigentümer als Gesamtschuldner der Pächter, der Eigentümer des lebenden und toten Inventars ist, im Verhältnisse des Wertes des lebenden und toten Inventars zum Gesamtwerte. Wird die Verteilung der Steuer erforderlich, so ist sie auf Antrag durch den Steuerausschuß vorzunehmen. Seine Entscheidung ist endgültig.

---

[1] Fassung der VO. v. 22. 10. 23 (PrGS. 478).

§ 13. (1)[1]) Die Steuer ist am 15. eines jeden Monats fällig. Sie ist an den Vorstand der Gemeinde (Gutsbezirk), in der das Grundstück gelegen ist, unaufgefordert zu entrichten. Zahlungspflichtig für den vollen Kalendermonat ist derjenige, der zu Beginn des Monats Steuerschuldner war.

§ 14. (1) Der Finanzminister kann für einzelne Fälle die Steuern, deren Einziehung nach Lage der Sache unbillig wäre, ganz oder teilweise erlassen oder erstatten, insbesondere:

a) wenn der für die Ergänzungssteuerveranlagung festgesetzte Wert (§ 2 Abs. 2) des Grundvermögens infolge höherer Gewalt seit der Ergänzungssteuerveranlagung für 1917/19 um mehr als ein Viertel gemindert worden ist und wenn der entstandene Schaden nicht durch Versicherung oder durch eine andere Entschädigung gedeckt ist,

b) wenn der Wert des Grundvermögens infolge von Eigentumsbeschränkungen gesetzlicher Art seit der Ergänzungssteuerveranlagung für 1917/19 gemindert worden ist,

c) wenn Gebäude, die wirtschaftlichen Zwecken zu dienen bestimmt sind, infolge der Einstellung des Betriebs mindestens 1 Jahr lang nicht mehr benutzt worden sind.

§ 15. (1) Die Steuer wird nicht erhoben von allen denjenigen Grundstücken oder Grundstücksteilen, die nach § 24 Abs. 1b bis k und Abs. 3 des Kommunalabgaben-

---

[1]) Fassung der VO. v. 22. 10. 23 (PrGS. 478).

gesetzes vom 14. Juli 1893 (Gesetzsamml. S. 152) den Steuern vom Grundbesitze nicht unterliegen.

§ 16. In den Fällen des § 14a bis c und des § 15 kann der Finanzminister seine Befugnis auf die ihm unterstellten Behörden übertragen.

§ 18. (2) Die staatliche Steuer vom Grundvermögen ist, wenn dieses sich über mehrere Gemeinde- oder Gutsbezirke erstreckt und für die Staatssteuerzwecke als Ganzes veranlagt ist, auf die einzelnen Gemeinde- oder Gutsbezirke nach dem Verhältnisse des Wertes der in ihnen belegenen Grundstücksteile zu zerlegen. Die Zerlegung bildet einen Teil der Veranlagung und kann ebenso wie diese angefochten werden. Zur Einlegung der Rechtsmittel sind auch die Gemeinden befugt, in denen das Grundvermögen belegen ist. Dabei beginnt die Frist zur Einlegung des Rechtsmittels mit dem Ablauf des Tages, an dem den Gemeinden die Veranlagung bekannt gegeben worden ist.

(3) Die nach §§ 14 und 15 bewilligten Erlasse und Erstattungen gelten auch bei der Heranziehung der staatlichen Steuer vom Grundvermögen für die Zwecke der Besteuerung in kommunalen oder sonstigen öffentlich-rechtlichen Verbänden.

§ 20. (1) Dieses Gesetz gilt auch für den vormals zum Lande Waldeck-Pyrmont gehörigen Gebietsteil Pyrmont.

(2) Dieses Gesetz gilt nicht für die Insel Helgoland.

4. Wohnungsmangel.

Ma.

Preuß. Ausführungsbestimmungen zum Wohnungsmangelgesetze.

Vom 11. September 1923 (PrGS. 432, Volkswohlfahrt 450).

In Kraft seit 14. 9. 23.

Auf Grund der §§ 9, 14 und 16 des Wohnungsmangelgesetzes vom 26. Juli 1923 (Reichsgesetzbl. I S. 751)[1]) bestimme ich, was folgt:

§ 1. Zur Ausstellung der amtlichen Bescheinigung, durch welche die Eigenschaft als Vertriebener festgestellt wird, ist die Gemeinde- bzw. Polizeibehörde des bisherigen Wohnorts oder des ersten Aufenthaltsorts des Vertriebenen im Reichsgebiete tunlichst nach Benehmen mit dem Roten Kreuz und den von ihm bezeichneten Hilfsstellen berechtigt.

§ 2. Über die dem unmittelbar Betroffenen zustehende Beschwerde gegen eine auf Grund des Wohnungsmangelgesetzes getroffene Verfügung entscheidet das Mieteinigungsamt.

Im übrigen behalten meine Ausführungsbestimmungen vom 3. Juli 1920 (GesSamml. S. 361)[2]) entsprechende Gültigkeit.

---

[1]) Oben zu C.

[2]) Die VO. ist unten zu Mb vollständig abgedruckt, um die Prüfung, was bei der „entsprechenden" Anwendung noch gilt, zu ermöglichen.

§ 3. Diese Verordnung tritt am Tage ihrer Veröffentlichung in Kraft[1]).

Berlin, den 11. September 1923.

Der Preußische Minister für Volkswohlfahrt.
Hirtsiefer.

Mb.

Preuß. Ausführungsvorschriften über das Verfahren vor den Einigungsämtern bei Einlegung von Beschwerden gegen Verfügungen der Gemeindebehörden gemäß Artikel 4b des Reichsgesetzes vom 11. Mai 1920 (Reichs-Gesetzbl. S. 949 ff.).

Vom 3. Juli 1920 (PrGS. 361).

Auf Grund des Artikel 4b des Reichsgesetzes vom 11. Mai 1920 (Reichs-Gesetzbl. S. 949 ff.) bestimme ich über das Verfahren vor dem Einigungsamte bei Einlegung von Beschwerden gegen Verfügungen der Gemeindebehörden, was folgt:

1. Die Beschwerde ist gemäß Artikel 4b des Reichsgesetzes vom 11. Mai 1920[2]) nur gegen diejenigen von den Gemeindebehörden getroffenen Verfügungen zulässig, welche auf Grund des § 9 der Wohnungsmangelver-

---

[1]) Die die VO. enthaltende Nr. 54 der PrGS. ist am 14. 9. 23 ausgegeben.

[2]) Jetzt § 16 WohnMangG., oben zu C.

ordnung vom 23. September 1918 (RGBl. S. 1143ff.)[1]) ergangen sind.

2. Die Beschwerde steht nur dem durch die Verfügung (den Eingriff) unmittelbar Betroffenen zu, also dem Inhaber der Räume, gegen den sich die Beschlagnahme richtet. Deswegen steht dem Zwangsmieter, der dem Wohnungsinhaber zugewiesen ist, oder dem nicht berücksichtigten Wohnungsuchenden die Beschwerde nicht zu.

3. Gegenstand der Beschwerde ist die Beschlagnahme benutzter Räume, die auf Grund des § 9 der Wohnungsmangelverordnung[1]) den unbenutzten Räumen der in §§ 4 und 5 der Wohnungsmangelverordnung[2]) bezeichneten Art gleichgestellt sind. Deswegen hat das Mieteinigungsamt ebenso wie in dem Falle des § 4 der Wohnungsmangelverordnung[3]) bei Entscheidung der Frage, ob die Beschwerde abzuweisen und demgemäß ein Zwangsmietvertrag festzusetzen ist, zu prüfen, ob für den Verfügungsberechtigten ein unverhältnismäßiger Nachteil zu besorgen ist.

4. Nicht zu prüfen ist von dem Einigungsamte die Notwendigkeit und Zweckmäßigkeit derjenigen allgemeinen Anordnungen, auf Grund deren im Einzelfalle die mit der Beschwerde angegriffene Verfügung ergangen ist. Das Einigungsamt kann also die im Einzelfall ergangene Verfügung nicht mit der Begründung aufheben, daß die staatliche Ermächtigung oder die allgemeine Anordnung unnötig, unzweckmäßig oder wegen

[1]) Jetzt § 6 WohnMangG.
[2]) Jetzt §§ 4, 5 WohnMangG.
[3]) Jetzt § 4 WohnMangG.

der damit verbundenen Härten ungerechtfertigt erscheine.

5. Die Beschwerde ist binnen einer Woche bei derjenigen Stelle, die die Verfügung erlassen hat (Magistrat, Wohnungsamt, Gemeindevorsteher, Gemeindevorstand, Landbürgermeister, Amtmann, Kreisausschuß usw.), einzulegen. Die Behörde hat das Recht, die angegriffene Verfügung vor ihrer Weitergabe an das Einigungsamt zurückzuziehen oder abzuändern.

6. Wenn die angegriffene Verfügung nach dem Ermessen der Behörde, die sie erlassen hat, ohne Nachteil für das Gemeinwesen nicht ausgesetzt werden kann, hat die Einlegung der Beschwerde keine aufschiebende Wirkung. Gegen die Art der Durchführung der Verfügung, die im Wege des Artikel 4 des Reichsgesetzes vom 11. Mai 1920 [1]) erfolgen kann, ist die Beschwerde an das Einigungsamt nicht gegeben.

Gegen die polizeilichen Zwangsmaßnahmen bleiben vielmehr die bisherigen Rechtsmittel gegeben.

7. Durch das Beschwerdeverfahren nach Artikel 4 b des Reichsgesetzes vom 11. Mai 1920 [2]) sind die Befugnisse der Kommunalaufsichtsbehörde, wie sie in §§ 7 und 24 des Zuständigkeitsgesetzes vom 1. August 1883 (GesSamml. S. 237) abgegrenzt sind, nicht beseitigt worden. Die Kommunalaufsichtsbehörden sind daher innerhalb des Rahmens der ihnen gesetzlich zustehenden Befugnisse jederzeit einzugreifen berechtigt; in das Verfahren bei Festsetzung eines Zwangsmiet-

---

[1]) Jetzt § 11 WohnMangG.
[2]) Jetzt § 16 WohnMangG.

vertrags jedoch nur so lange, als das Einigungsamt den Zwangsmietvertrag noch nicht festgesetzt hat[1]).

8. Auf das Verfahren findet die Anordnung des Reichskanzlers für das Verfahren vor den Einigungsämtern vom 23. September 1918 (RGBl. S. 1146)[2]) Anwendung.

Berlin, den 3. Juli 1920.

Der Minister für Volkswohlfahrt.
Stegerwald.

---

[1]) Nachdem das Oberverwaltungsgericht mit Urteil v. 18. 12. 23 (II B 27/22, PrVerwaltBl. 1924 S. 164) die gesamte Wohnungszwangswirtschaft als Landesangelegenheit, nicht als Gemeindeangelegenheit bezeichnet hatte, entfällt die obige Einschränkung des Eingriffsrechts der Kommunalaufsichtsbehörde; denn dieses Recht ist bei staatlichen Auftragsangelegenheiten unbeschränkt. Durch Erlaß v. 4. 3. 24 (Volkswohlfahrt S. 139) an die Regierungspräsidenten usw. hat deshalb der pr. Volkswohlfahrtsminister angeordnet:

„Ich ersuche deshalb, nunmehr in Zukunft bei Beschwerden gegen Anordnungen und Maßnahmen der Gemeindebehörden und deren Wohnungsämter davon auszugehen, daß diese nicht nur auf etwaige Rechtsverletzungen hin, sondern auch in sachlicher Beziehung, insbesondere also nach der Seite der Zweckmäßigkeit und Billigkeit einer Nachprüfung unterliegen, und daß erforderlichenfalls der Beschwerde in diesem erweiterten Umfange durch Anweisung abgeholfen werden kann."

[2]) Inzwischen ersetzt durch die Anordnung der Reichsregierung v. 19. 9. 23 (RGBl. I 889), oben zu H.

Mc.

Anordnung des preuß. Ministers für Volkswohlfahrt, betreffend Verlängerung von auf Grund des Wohnungsmangelgesetzes erlassenen Anordnungen.

Vom 19. September 1923 (PrGS. 446).

Auf Grund des § 6 des Wohnungsmangelgesetzes vom 26. Juli 1923[1]) in Verbindung mit § 50 des Gesetzes über Mieterschutz und Mieteinigungsämter vom 1. Juni 1923[2]) und dem Reichsgesetz über Verlängerung der Geltungsdauer des Wohnungsmangelgesetzes vom 26. Juni 1923 ordne ich mit Zustimmung des Reichsarbeitsministers für den Umfang des Preußischen Staates an, daß, vorbehaltlich von Änderungen, sämtliche auf Grund der Wohnungsmangelverordnung vom 23. September 1918 in der Fassung der Reichsgesetze vom 11. Mai 1920 (RGBl. S. 949), vom 11. Juli 1921 (RGBl. S. 933) und vom 28. Juni 1922 (RGBl. I S. 529) erlassenen Anordnungen, insbesondere auch die auf einen Endtermin befristeten, soweit sie nicht den Vorschriften des Wohnungsmangelgesetzes vom 26. Juli 1923 und des Mieterschutzgesetzes vom 1. Juni 1923 entgegenstehen, bis zum 31. Dezember 1923 in Kraft bleiben.

Berlin, den 19. September 1923.

Der Minister für Volkswohlfahrt.
Hirtsiefer.

---

1) Oben zu C.
2) Oben zu E.

Md.

Preuß. Anordnung über Verlängerung von auf Grund des Wohnungsmangelgesetzes erlassenen Anordnungen.

Vom 11. Januar 1924 (PrGS. 27).

Um alle Zweifel über die Geltungsdauer der von den Gemeindebehörden erlassenen Anordnungen, betreffend den Mieterschutz und die Bekämpfung des Wohnungsmangels, zu beheben, ordne ich auf Grund der §§ 1 und 6 des Wohnungsmangelgesetzes vom 26. Juli 1923[1]) in Verbindung mit § 50 des Gesetzes über Mieterschutz und Mieteinigungsämter vom 1. Juni 1923[2]) mit Zustimmung des Reichsarbeitsministers für den Umfang des Preußischen Staates an, daß, vorbehaltlich von Änderungen, sämtliche auf Grund der Wohnungsmangelverordnung vom 23. September 1918 in der Fassung der Reichsgesetze vom 11. Mai 1920 (Reichsgesetzbl. S. 949), vom 11. Juli 1921 (Reichsgesetzbl. S. 933) und vom 28. Juni 1922 (Reichsgesetzbl. I S. 529) erlassenen Anordnungen, insbesondere auch die auf einen Endtermin befristeten, soweit sie nicht den Vorschriften des Wohnungsmangelgesetzes vom 26. Juli 1923[1]) und des Mieterschutzgesetzes vom 1. Juni 1923[2]) entgegenstehen, bis auf weiteres in Kraft bleiben[3]).

Berlin, den 11. Januar 1924.

Der Preußische Minister für Volkswohlfahrt.
Hirtsiefer.

---

[1]) Oben zu C.
[2]) Oben zu E.
[3]) Die die VO. enthaltende Nr. 5 der PrGS. ist am 17. 1. 24 ausgegeben.

Me.

Preuß. Anordnung über Verlängerung von auf Grund der alten Mieterschutz- und Wohnungsmangelverordnungen erlassenen Anordnungen.

Vom 7. Januar 1924 (PrGS. 27).

Auf Grund von Artikel III der Verordnung zur Änderung des Mieterschutzgesetzes und des Wohnungsmangelgesetzes vom 24. Dezember 1923 (Reichsgesetzbl. I S. 1247)[1]) ordne ich mit Zustimmung des Reichsarbeitsministers an, daß in den Teilen des Preußischen Staates, in denen die Durchführung des Gesetzes über Mieterschutz und Mieteinigungsämter vom 1. Juni 1923[2]) und des Wohnungsmangelgesetzes vom 26. Juli 1923[3]) nicht möglich oder besonders erschwert ist, die bis zum Inkrafttreten dieser Gesetze auf dem Gebiete des Wohnungsmangels und des Mieterschutzes bestehenden Vorschriften bis auf weiteres Geltung haben[4]).

Berlin, den 7. Januar 1924.

Der Preußische Minister für Volkswohlfahrt.
In Vertretung:
Scheidt.

---

1) Oben zu F.
2) Oben zu E.
3) Oben zu C.
4) Die die VO. enthaltende Nr. 5 der PrGS. ist am 17. 1. 24 ausgegeben.

Mf.

Preuß. Anordnung, betreffend Unterbringung versetzter Beamter und Reichswehrangehöriger.

Vom 16. Juni 1923 (PrGS. 288, ausgegeben 29. 6. 23).

Auf Grund des § 9 des Gesetzes über Maßnahmen gegen Wohnungsmangel in der Fassung vom 11. Mai 1920 (Reichsgesetzbl. S. 949)[1]) ordne ich mit Zustimmung des Reichsarbeitsministers unter Aufhebung meiner Verordnung vom 23. Juli 1921 (Preuß. Gesetzsamml. S. 484) für den Umfang des Preußischen Staates folgendes an:

1. Die Wohnung eines versetzten Beamten[2]) wird nur frei, sofern dem versetzten Beamten eine andere Wohnung am Orte seiner neuen Dienststelle zur Verfügung gestellt wird. Ist das nicht der Fall, so hat der Beamte[2]) das Recht, seine bisherige Wohnung als Tauschobjekt zu benutzen[3]). Ein derartiger Tausch ist auf Verlangen der dem Beamten vorgesetzten Behörde zu genehmigen.

2. Über die durch Versetzung eines Beamten frei werdende Wohnung kann die zuständige Behörde entweder zugunsten des Amtsnachfolgers oder eines oder mehrerer Beamten ihres Amtsbereichs verfügen[4]). Einer Versetzung gleichzustellen ist die Einberufung eines Beamten zur

---

[1]) Jetzt § 6 WohnMangG., oben zu C.

[2]) Verheirateter und unverheirateter: Erl. v. 26. 8. 24 — II 7 Nr. 819 (nicht veröffentlicht).

[3]) Zeitlich unbegrenzt, bis der Beamte wirklich eine neue Wohnung erhalten hat: Erl. v. 10. 9. 24 — II 7 Nr. 1056 (nicht veröffentlicht).

[4]) Mit derselben zeitlichen Begrenzung wie in Ziff. 3: Erl. v. 17. 7. 23 — II 6 Nr. 2820 (nicht veröffentlicht).

Dienstleistung in einen anderen Zweig der Reichs- oder Staatsverwaltung.

3. Die durch Todesfall oder beim Ausscheiden eines Beamten aus dem Reichs- oder Staatsdienste frei werdende Wohnung unterliegt nicht dem Zugriffe des Wohnungsamts, sofern die für den Beamten zuständige Behörde diese Wohnung innerhalb einer dreiwöchigen Frist für einen Beamten ihres Amtsbereichs in Anspruch nimmt. Die Gemeindebehörde (das Wohnungsamt) ist verpflichtet, der dem verstorbenen bzw. ausscheidenden Beamten vorgesetzten Behörde von dem Freiwerden der Wohnung Mitteilung zu machen. Die Frist von 3 Wochen beginnt mit dem Tage des Einganges dieser Mitteilung bei der vorgesetzten Behörde.

4. Weigert sich der Vermieter, die Zustimmung zu einem Tausche zu erteilen oder mit dem von der vorgesetzten Behörde bezeichneten Beamten einen Mietvertrag abzuschließen, so hat das Wohnungsamt die Festsetzung eines Zwangsmietvertrags beim Mieteinigungsamte zu beantragen.

5. Beamte sind den im § 9c des Gesetzes über Maßnahmen gegen Wohnungsmangel in der Fassung vom 11. Mai 1920[1]) aufgeführten Personen gleichzustellen und deshalb bezüglich der Zuteilung einer Wohnung von den Gemeinden vorzugsweise zu berücksichtigen. Waren diese Beamten vor ihrer Versetzung an dem Orte ihrer früheren Dienststellung in der Wohnungsliste als Wohnungsuchende eingetragen, so ist ihnen die Wartezeit bei der Eintragung in die Wohnungsliste ihres neuen Dienstorts anzurechnen.

6. Die Bestimmungen dieser Anordnung gelten in glei-

[1]) Oben Anm. 1 S. 38.

cher Weise für planmäßige wie für außerplanmäßige unmittelbare Reichs- und Staatsbeamte sowie Reichswehrangehörige.

7. Die Vorschriften dieser Anordnung finden auch Anwendung auf bereits versetzte Beamte, denen die Wohnung eines Amtsvorgängers nicht zugewiesen werden konnte oder denen ein Recht zum Tausche ihrer Wohnung nach den bisherigen Bestimmungen nicht zustand.

Berlin, den 16. Juni 1923.

Der Preußische Minister für Volkswohlfahrt.
Hirtsiefer.

Mg.

Verfügung des preußischen Ministers für Volkswohlfahrt betreffend Anwendung polizeilichen Zwanges bei Durchführung von Wohnungsbeschlagnahmen.

Vom 30. November 1922 (PrGS. 444).

Auf Grund des § 9 der Bekanntmachung über Maßnahmen gegen Wohnungsmangel vom 23. September 1918 (RGBl. S. 1143)[1] . . . ordne ich mit Zustimmung des Reichsarbeitsministers für den Umfang des Preußischen Staates an, daß zur Räumung beschlagnahmter Wohnungen und sonstiger beschlagnahmter Räume sowie zur Durchführung eines Zwangsmietvertrages erforderlichenfalls unmittelbarer polizeilicher Zwang angewandt werden kann.

Berlin, den 30. November 1922.

Der Preußische Minister für Volkswohlfahrt.
Im Auftrage:
Conze.

---

[1]) Jetzt § 6 WohnMangG., oben zu C.

5. Notgesetz.

Na.

Ausführungsanweisung zu Artikel V des Notgesetzes vom 24. Februar 1923, betreffend Unterbringung der Vertriebenen aus den besetzten rheinischen Gebieten und dem Einbruchsgebiete.

Vom 28. März 1923 (PrGS. 81).

Auf Grund des Artikel V des Notgesetzes vom 24. Februar 1923 (Reichsgesetzbl. S. 147)[1]) wird hiermit in Ergänzung bzw. Abänderung des Erlasses Ia II 44 vom 31. Januar 1923 angeordnet:

Die Gemeindebehörden des unbesetzten Gebiets haben jeden Reichsangehörigen, der nachweist, daß er aus den besetzten rheinischen Gebieten oder dem Einbruchsgebiet ausgewiesen ist, vor allen anderen Wohnungsuchenden unterzubringen.

Den Ausgewiesenen stehen gleich die durch unmittelbaren Zwang entfernten Personen.

Als ausreichender Nachweis für eine behauptete Ausweisung oder Entfernung durch unmittelbaren Zwang ist die amtliche Bescheinigung der Gemeinde- bzw. Polizeibehörde des bisherigen Wohnorts oder der Zentralhilfsstelle in Cassel oder einer der Hilfsstellen in Limburg, Frankfurt a. M., Münster, Minden und Arnsberg oder ein Ausweisbuch des Roten Kreuzes anzusehen.

Vor allen anderen Wohnungsuchenden unterzubringen ist auch die Familie des Ausgewiesenen, wenn sie ihm in das unbesetzte Gebiet folgt. Als „Familie“ im Sinne

[1]) Oben zu D.

dieser Bestimmung gelten alle Personen, die mit dem Ausgewiesenen bis zu seiner Ausweisung einen gemeinsamen Hausstand geführt haben und an dem bisherigen Wohnorte des Ausgewiesenen polizeilich gemeldet waren.

Neben den Gemeindebehörden ist erforderlichenfalls in kreisfreien Gemeinden der Regierungspräsident, für Berlin der Oberpräsident der Provinz Brandenburg, in kreisangehörigen Gemeinden der Landrat auf Anrufen eines Ausgewiesenen berechtigt, die den Gemeindebehörden (Wohnungsämtern) durch diese Anordnung übertragenen Befugnisse auszuüben. Nebenher haben die Regierungspräsidenten auch in Zukunft verfügbare Wohnungen gemäß Erlaß vom 31. Januar 1923 — Ia II 44 — der Zentralhilfsstelle in Cassel auf deren Verlangen anzuzeigen, so daß diese Stelle in der Lage ist, den Ausgewiesenen und Vertriebenen bei der Auswahl eines Zufluchtsorts als Beratungs- und Auskunftsstelle behilflich zu sein. Die auf Grund des bezeichneten Erlasses der Haupthilfsstelle in Cassel übertragenen weitergehenden Befugnisse werden jedoch hiermit aufgehoben. Die Pflicht zur endgültigen Unterbringung der Ausgewiesenen liegt künftig lediglich bei den im Abs. 2 bzw. Abs. 6 dieser Anordnung genannten Stellen. Soweit jedoch bis zum Bekanntwerden dieser Anordnung nach den Übergangsbestimmungen des Erlasses vom 31. Januar 1923 von der Haupthilfsstelle in Cassel zugunsten von Angehörigen des darin näher bezeichneten Personenkreises über Wohnungen verfügt worden ist, behält es hierbei sein Bewenden. Bestehen bleiben auch die den Hilfsstellen durch Erlaß vom 31. Januar 1923 unter IIb dd übertragenen Befugnisse zur Beschaffung von vorläufiger Unterkunft.

Bezüglich der Zuständigkeit[1]) des Verfahrens und der Vor-

[1]) Hier dürfte ein Komma ausgefallen sein.

aussetzungen für die Beschlagnahme von Räumen bleibt es bei den bisherigen Bestimmungen.

Aus der Tatsache, daß Wohnräume freiwillig zur Unterbringung von Ausgewiesenen zur Verfügung gestellt werden, dürfen allein nicht irgendwelche Schlüsse auf die Entbehrlichkeit dieser Räume für den Verfügungsberechtigten gezogen werden.

Berlin, den 28. März 1923.

Der Preußische Minister für Volkswohlfahrt.
Hirtsiefer.

Nb.

Preuß. Ausführungsanweisung zu Artikel V des Notgesetzes vom 24. Februar 1923, betreffend die Beschlagnahme von Räumen, die zu gesetzwidrigen Zwecken verwendet werden.

Vom 18. Mai 1923 (PrGS. 165).

Auf Grund des Artikel V Abs. 3 in Verbindung mit Artikel I § 3 Abs. 1 bis 3 des Notgesetzes vom 24. Februar 1923 (Reichsgesetzbl. S. 147)[1]) ordnen wir hiermit, was folgt, an:

1. Außer den im Artikel V Abs. 3 Satz 1 ausdrücklich genannten Räumen sind insbesondere zu beschlagnahmen Räume, in denen entgegen bestehenden Vorschriften oder ohne die erforderliche Genehmigung Getränke ausgeschänkt, Speisen verabfolgt, Glücksspiele geduldet, Tanzvorführungen veranstaltet werden oder das Tanzen gestattet wird usw.
2. Die Beschlagnahme kann auch auf Räume erstreckt werden, die nur mittelbar zu gesetzwidrigen Zwecken

---

[1]) Oben zu D.

oder für eine Gast- und Schankwirtschaft oder für den Kleinhandel mit Branntwein oder Spiritus verwendet worden sind oder die mit Räumen der im Artikel V Abs. 3 Satz 1 genannten Art im Zusammenhang stehen oder als ihre Nebenräume anzusehen sind.

3. Hat die Polizeibehörde die Schließung von Räumen der genannten Art angeordnet und die Räume dem zuständigen Wohnungsamte zur Verfügung gestellt, so hat das Amt sie je nach Eignung für einen Wohnungsuchenden oder Gewerbetreibenden unverzüglich in Anspruch zu nehmen. Suchen in der Gemeinde deutsche Reichsangehörige, die aus den rheinischen besetzten Gebieten oder dem Einbruchsgebiete ausgewiesen oder durch unmittelbaren Zwang entfernt worden sind, ein Unterkommen, so sind die Räume ihnen zuzuweisen, sofern ihnen nicht andere Wohnungen zur Verfügung gestellt werden können.

4. Die Räumung ist möglichst binnen 48 Stunden durchzuführen.

5. Die Gemeinde- und Polizeibehörden sind nicht verpflichtet, den Inhabern der beschlagnahmten Räume Ersatzraum zu verschaffen; sie dürfen diese Personen nicht erneut in den beschlagnahmten Räumen unterbringen.

6. Von dem durchgeführten Verfahren ist in geeigneter Weise der Öffentlichkeit Kenntnis zu geben.

Berlin, den 18. Mai 1923.

Zugleich im Namen des Preußischen Ministers des Innern.
Der Preußische Minister für Volkswohlfahrt.
Hirtsiefer.

6. Mieterschutz.

Oa.

Erste Ausführungsverordnung des preuß. Justizministers zum Gesetz über Mieterschutz und Mieteinigungsämter vom 1. Juni 1923 (Reichsgesetzbl. I S. 353).

Vom 15. August 1923 (PrGS. 405).

Auf Grund der §§ 7 Abs. 7, 42 Abs. 3 des Mieterschutzgesetzes[1]) wird folgendes bestimmt:

§ 1. Die Entscheidung über die durch das Gesetz über Mieterschutz und Mieteinigungsämter vom 1. Juni 1923 geregelten bürgerlichen Streitigkeiten (§§ 7, 27 des Gesetzes) erfolgt durch das Amtsgericht unter Zuziehung von zwei Beisitzern, von denen der eine Vermieter aus dem Kreise der Hausbesitzer, der andere Mieter oder Untermieter ist.

Die Bildung besonderer Abteilungen für bestimmte Arten von Streitigkeiten (z. B. für gewerbliche oder Untermiet- oder Werkwohnungs-Streitigkeiten) ist zulässig.

§ 2. Die für jedes Amtsgericht erforderliche Zahl der Beisitzer und Stellvertreter wird durch den Präsidenten des Landgerichts bestimmt und bis zum 1. Mai jeden Jahres dem Amtsgerichte mitgeteilt. Für das Amtsgericht Berlin-Mitte tritt an Stelle des Präsidenten des Landgerichts der Amtsgerichtspräsident. Die Bestimmung der Zahl der Beisitzer erfolgt in der Art, daß voraussichtlich jeder höchstens zu 12 ordentlichen Sitzungstagen im Geschäftsjahr herangezogen wird.

---

[1]) Oben zu E.

§ 3. Der Amtsrichter fordert im Mai jeden Jahres durch öffentliche Bekanntmachung die örtlichen Hausbesitzer- und Mietervereine seines Bezirkes auf, Vorschlagslisten bis zum 31. August einzureichen. Hierbei ist die Zahl der Beisitzer und Stellvertreter, deren Bestellung für den Amtsgerichtsbezirk für das nächste Geschäftsjahr in Aussicht genommen ist, mitzuteilen. Gleichzeitig ist darauf hinzuweisen, daß

1. Personen, die nach § 32 des Gerichtsverfassungsgesetzes zum Schöffenamt unfähig sind, und Personen, die nach den §§ 33, 34 des Gerichtsverfassungsgesetzes, § 33 des Preußischen Ausführungsgesetzes zum Gerichtsverfassungsgesetze zum Schöffenamte nicht berufen werden sollen, ferner Personen, die nach § 7 Abs. 3 Satz 2 und 4 des Mieterschutzgesetzes zu Beisitzern nicht bestellt werden sollen oder dürfen, nicht vorzuschlagen sind, und daß auch die Benennung solcher Personen, die nach § 35 des Gerichtsverfassungsgesetzes in Verbindung mit § 4 dieser Verordnung die Berufung ablehnen dürfen, sich nicht empfiehlt;
2. wenn in die Listen auch Personen aufgenommen werden, die als Beisitzer bei einem Mieteinigungsamte tätig sind, dies bei den einzelnen Namen zu vermerken und gleichzeitig anzugeben ist, ob die Personen sich zur Übernahme des Amtes als Beisitzer beim Amtsgerichte neben ihrer Tätigkeit im Mieteinigungsamte bereit erklärt haben;
3. zugleich mit den Vorschlagslisten schriftliche Erklärungen der in die Liste eingetragenen Personen einzureichen sind, in denen sich diese verpflichten, für den Fall ihrer Wahl für Dritte keine berufliche oder

ehrenamtliche Tätigkeit auszuüben, die sich auf Mietverhältnisse über Gebäude oder Gebäudeteile bezieht, und daß im Falle einer Geschäftsvereinigung der in die Liste eingetragenen Personen mit anderen auch die Verpflichtungserklärung dieser Personen, keine solche Tätigkeit im Bezirke des Gerichts gegen Vergütung auszuüben, einzureichen ist.

§ 4. Für die Beisitzer und Stellvertreter gilt der Ablehnungsgrund des § 35 Ziffer 2 des Gerichtsverfassungsgesetzes mit der Maßgabe, daß die Berufung zum Amte eines Beisitzers auch Personen ablehnen dürfen, welche im letzten Geschäftsjahre die Verpflichtung eines Beisitzers oder Stellvertreters an wenigstens 12 Sitzungstagen erfüllt haben.

§ 5. Aus den eingereichten Listen wählt der bei dem Amtsgerichte zur Wahl der Schöffen für die Schöffengerichte zusammentretende Ausschuß für das nächste Geschäftsjahr

1. die erforderliche Zahl von Beisitzern,
2. die erforderliche Zahl von Stellvertretern, welche in der von dem Ausschusse festzusetzenden Reihenfolge an die Stelle wegfallender Beisitzer treten; ihre Wahl ist auf Personen zu richten, welche am Sitze des Amtsgerichts oder in dessen nächster Umgebung wohnen.

Die eine Hälfte der Beisitzer und Stellvertreter ist dem Kreise der Vermieter, welche Hausbesitzer sind, die andere Hälfte dem Kreise der Mieter oder Untermieter zu entnehmen.

Jeder Stellvertreter gilt als zur Vertretung sämtlicher Beisitzer seiner Gruppe bestellt.

Personen, die schon für das gleiche Geschäftsjahr zu

Schöffen ausgewählt oder zu Geschworenen vorgeschlagen sind, sollen nicht gewählt werden.

§ 6. Sind örtliche Hausbesitzer- oder Mietervereine nicht vorhanden oder reichen sie Vorschlagslisten nicht ein oder sind die eingegangenen Vorschlagslisten zur Auswahl der erforderlichen Zahl von geeigneten Beisitzern und Stellvertretern nicht ausreichend, so sind die Beisitzer und Stellvertreter oder die noch fehlende Anzahl aus den in die berichtigte Urliste (§§ 42 und 36 des Gerichtsverfassungsgesetzes in der Fassung des Gesetzes vom 11. Juli 1923 — Reichsgesetzbl. I S. 947 —)[1]) aufgenommenen Personen zu wählen.

§ 7. Die Namen der gewählten Beisitzer und Stellvertreter aus dem Kreise der Vermieter und der Mieter werden bei jedem Amtsgericht in vier gesonderte Verzeichnisse (Jahreslisten) aufgenommen.

§ 8. Der Amtsrichter hat die gemäß § 6 gewählten Beisitzer, von denen eine Verpflichtungserklärung im Sinne des § 3 Ziffer 3 der Verordnung nicht vorliegt, nach der Wahl alsbald aufzufordern, binnen einer bestimmten Frist die im § 3 Ziffer 3 bezeichnete Verpflichtungserklärung, für die ein Vordruck beizufügen ist, unterschrieben zurückzusenden. Geht die Erklärung innerhalb der gestellten Frist nicht ein, so ist der Beisitzer in der Jahresliste wieder zu streichen.

§ 9. Die Reihenfolge, in welcher die Beisitzer an den einzelnen ordentlichen Sitzungen des Amtsgerichts teilnehmen, wird durch Auslosung in öffentlicher Sitzung des Amtsgerichts bestimmt. Das Los zieht der Amtsrichter. Über die Auslosung wird von dem Gerichtsschreiber ein Protokoll aufgenommen.

---

[1]) Jetzt in der Fassung v. 22. 3. 24 (RGBl. I 299).

Ist die Feststellung der Kalendertage der ordentlichen Sitzungen für das neue Geschäftsjahr im voraus nicht tunlich, so kann die Auslosung in der Weise erfolgen, daß die Beisitzer für die erste, zweite, dritte Sitzung und so fort ausgelost werden, bis die Zahl der in Aussicht genommenen ordentlichen Sitzungstage erreicht ist.

Die Auslosung wird für die beiden Gruppen von Beisitzern (§ 5 Abs. 2) gesondert vorgenommen.

§ 10. Die §§ 46 bis 50 des Gerichtsverfassungsgesetzes[1]) finden entsprechende Anwendung.

Der Eintritt der Stellvertreter an Stelle der zunächst berufenen Beisitzer (§ 49 des Gerichtsverfassungsgesetzes) erfolgt je nach ihrer Zugehörigkeit zu einer der beiden Gruppen von Beisitzern (§ 5 Abs. 2).

§ 11. Die Beisitzer und Stellvertreter erhalten eine angemessene Entschädigung für den ihnen durch ihre Dienstleistung entstehenden Verdienstausfall und für den mit der Dienstleistung verbundenen Aufwand sowie Ersatz der Fahrkosten nach den für Schöffen und Geschworene auf Grund des § 55 des Gerichtsverfassungsgesetzes in der Fassung des Gesetzes über die Entschädigung der Schöffen, Geschworenen und Vertrauenspersonen vom 4. Juli 1922 (Reichsgesetzbl. I S. 561)[1]) jeweils bestimmten Sätzen.

§ 12. Die Amtszeit der erstmalig gewählten Beisitzer erstreckt sich auf die Zeit vom 1. Oktober 1923 bis 31. Dezember 1924. Ihre Wahl soll durch den Ausschuß spätestens bis zum 15. September 1923, die Auslosung der Beisitzer durch den Amtsrichter binnen einer weiteren Woche vorgenommen werden.

---

[1]) Jetzt in der Fassung v. 22. 3. 24 (RGBl. I 299).

§ 13. Die Rechtsbeschwerde gegen die Entscheidungen der Mieteinigungsämter (§§ 41ff. des Gesetzes vom 1. Juni 1923) geht an das Landgericht, in dessen Bezirk das Mieteinigungsamt seinen Sitz hat.

Die Landgerichte entscheiden über die Rechtsbeschwerde durch eine Zivilkammer.

Berlin, den 15. August 1923.

Der Justizminister.
am Zehnhoff.

Ob.

Zweite Ausführungsverordnung des preuß. Justizministers zum Gesetz über Mieterschutz und Mieteinigungsämter vom 1. Juni 1923 (Reichsgesetzbl. S. 353).

Vom 22. Oktober 1923 (PrGS. 485).

Auf Grund des § 42 Abs. 3, § 45 Abs. 2, § 46 des Mieterschutzgesetzes[1]) in Verbindung mit § 24 der Anordnung für das Verfahren vor dem Mieteinigungsamt und der Beschwerdestelle vom 19. September 1923 (RGBl. I S. 889)[2]) wird folgendes bestimmt:

§ 1. Will das Beschwerdegericht bei der Entscheidung einer Rechtsfrage von der ihm bekannten Entscheidung eines anderen Landgerichts oder, falls über die Rechtsfrage bereits eine Entscheidung des Kammergerichts er-

---

[1]) Oben zu E.
[2]) Oben zu H.

gangen ist, von dieser abweichen, so hat es die Sache dem Kammergericht unter begründeter Darstellung der eigenen Rechtsansicht zur Vorabentscheidung über die Rechtsfrage (Rechtsentscheid) vorzulegen. Das gleiche kann geschehen, wenn es sich um eine vom Kammergericht noch nicht entschiedene Rechtsfrage von grundsätzlicher Bedeutung handelt. Der Rechtsentscheid des Kammergerichts ist in der Sache verbindlich.

§ 2. (1) Für das Verfahren vor der Beschwerdestelle werden Gebühren erhoben. Auf die Gebühren sind die für die Berufungsinstanz geltenden Vorschriften des Deutschen Gerichtskostengesetzes[1]) in seiner jeweiligen Fassung entsprechend anzuwenden mit der Maßgabe, daß der Berechnung der Gebühren kein höherer Wert zugrunde gelegt werden darf, als der Jahresbetrag der gesetzlichen Miete (§ 1 des Reichsmietengesetzes). Der Jahresbetrag ist auf Grund des Monatsbetrages der gesetzlichen Miete zu ermitteln, der für den der Entscheidung der Beschwerdestelle vorhergehenden Monat Geltung hatte. Der Gesamtgebührenbetrag darf das Fünffache der vollen Gebühr des § 8 des Deutschen Gerichtskostengesetzes[2]) nicht übersteigen.

(2) Neben den Gebühren werden die in dem Verfahren entstandenen baren Auslagen erhoben. Auch für ihre Erhebung gelten die Vorschriften des Deutschen Gerichtskostengesetzes[2]) in seiner jeweiligen Fassung sinngemäß.

(3) Der Ansatz und die Einziehung der Kosten richtet sich nach den für das Verfahren in bürgerlichen Rechts-

---

1) Unten zu Sa, insbes. §§ 8, 28.
2) Unten zu Sa, b.

streitigkeiten geltenden Vorschriften, soweit nicht der § 46 Abs. 3 bis 5 des Gesetzes[1]) ein anderes bestimmt.

§ 3. Soweit die Aufgaben des Mieteinigungsamts einem Amtsgericht übertragen sind, gelten außer der Vorschrift im § 29 der Anordnung für das Verfahren vor dem Mieteinigungsamt und der Beschwerdestelle vom 19. September 1923 (RGBl. I S. 889)[2]) folgende weitere Vorschriften:

1. Die Feststellung der Sicherung eines Ersatzraums kann schon in dem Prozeßverfahren über die Aufhebung des Mietverhältnisses getroffen werden.
2. Das Gericht kann den Gerichtsschreiber mit der Abhaltung von Vorverhandlungen, insbesondere der Einnahme eines Augenscheins, beauftragen. Außerhalb der Sitzungen kann diese Anordnung der Vorsitzende treffen.
3. Aus Vergleichen, die in einem vor dem Gerichtsschreiber stattfindenden Verfahren geschlossen sind, findet die gerichtliche Zwangsvollstreckung statt.

Berlin, den 22. Oktober 1923.

Der Justizminister.
am Zehnhoff.

---

[1]) Gemeint ist § 46 des Mieterschutzgesetzes, oben zu E.
[2]) Oben zu H.

Oc.

Ausführungsverordnung des preuß. Wohlfahrtsministers zum Gesetz über Mieterschutz und Mieteinigungsämter vom 1. Juni 1923 (Reichsgesetzbl. I S. 353).

Vom 25. September 1923 (PrGS. 449).

Auf Grund der §§ 30 Abs. 2, 37 Abs. 2, 38 Abs. 5, 39 Abs. 1 und 2 und 46 Abs. 1 des Mieterschutzgesetzes[1]) bestimme ich, wie folgt:

§ 1. In den Fällen, in denen die gesetzliche Miete gilt, ist der Vermieter wie der Mieter berechtigt zu verlangen, daß der Mietzins in Monatsabschnitten gezahlt wird.

§ 2. Die Mieteinigungsämter sind von den Gemeinden zu errichten. Die Einrichtung gemeinschaftlicher Mieteinigungsämter für mehrere Gemeinden, einen Amtsbezirk oder sonstige Kreisteile oder für den ganzen Kreis, gegebenenfalls mit Ausschluß von Gemeinden, ist zulässig.

§ 3. Das Mieteinigungsamt besteht aus dem Vorsitzenden und je einem Beisitzer aus dem Kreise der Vermieter und der Mieter.

§ 4. Die Beisitzer der Mieteinigungsämter sind von den Gemeindevertretungen oder Stadtverordnetenversammlungen (Bürgervorsteherkollegien), im Falle des § 2 Satz 2 vom Kreisausschusse zu wählen. Die §§ 2 bis 5 und §§ 7 bis 10 der Ausführungsverordnung des Preußischen Justizministers vom 15. August 1923 (Ge-

---

1) Oben zu E.

setzsammI. S. 405)[1]) finden entsprechende Anwendung mit der Maßgabe, daß an Stelle des Landgerichtspräsidenten und des Amtsrichters beziehungsweise Amtsgerichts der Vorstand des Kommunalverbandes tritt.

Sind örtliche Hausbesitzer- oder Mietervereine nicht vorhanden, oder reichen sie Vorschlagslisten nicht ein, oder sind die eingegangenen Vorschlagslisten zur Auswahl der erforderlichen Zahl von geeigneten Beisitzern oder Stellvertretern nicht ausreichend, so sind die Beisitzer und Stellvertreter oder die noch fehlende Anzahl von der Gemeindevertretung oder Stadtverordnetenversammlung oder dem Kreisausschuß auf Vorschlag des Vorstandes des Kommunalverbandes unmittelbar zu wählen.

§ 5. Die Entschädigung der Beisitzer der Mieteinigungsämter wird von den Gemeinden geregelt.

§ 6. Die Amtszeit der erstmalig gewählten Beisitzer erstreckt sich auf die Zeit vom 1. Oktober 1923 bis zum 31. Dezember 1924. Ihre Wahl soll durch die Gemeindevertretung oder Stadtverordnetenversammlung spätestens bis zum 20. September 1923, ihre Auslosung durch den Vorstand des Kommunalverbandes binnen einer weiteren Woche vorgenommen werden.

§ 7. Der Vorsitzende des Mieteinigungsamts kann Vorverhandlungen abhalten, insbesondere einen Augenschein einnehmen, und, falls nicht ein Vergleich zustande kommt, eine Entscheidung treffen, wenn sie sofort erfolgen kann und die Beteiligten es beantragen.

§ 8. Die Höhe der Gebühren setzt das Mieteinigungs-

---

[1]) Oben zu Oa.

amt nach freiem Ermessen unter Berücksichtigung der Bestimmung § 46 Abs. 1 des Mieterschutzgesetzes fest.

Bei der Festsetzung der Gebühren ist der Jahresbetrag der gesetzlichen Miete auf Grund des Monatsbetrags der gesetzlichen Miete zu ermitteln, der für den der Entscheidung des Mieteinigungsamts vorhergehenden Monat Geltung hatte.

Alle vor dem Erlasse dieses Gesetzes ergangenen Gebührenordnungen bleiben in Kraft, sofern sie den gesetzlichen Bestimmungen nicht entgegenstehen.

§ 9. Die Bestimmungen dieser Verordnung treten, soweit es die Vorbereitung der Durchführung des Gesetzes erfordert, sofort, im übrigen am 1. Oktober 1923 in Kraft.

Berlin, den 25. September 1923.

Der Minister für Volkswohlfahrt.
Hirtsiefer.

Od.

Zweite Ausführungsverordnung des preuß. Wohlfahrtsministers zum Gesetz über Mieterschutz und Mieteinigungsämter vom 1. Juni 1923 (Reichsgesetzbl. I S. 353).

Vom 7. April 1924 (PrGS. 220).

In Kraft seit 23. 4. 24.

Auf Grund des Artikels I Ziff. 2 der VO. der Reichsregierung zur Änderung des Mieterschutzgesetzes vom 24. Dezember 1923 (Reichsgesetzbl. S. 1247)[1]) ordne ich mit sofortiger Wirkung[2]) an, daß die Vorschriften der

---

[1]) Oben zu F.

[2]) Die die VO. enthaltende Nr. 29 der PrGS. ist am 23. 4. 24 ausgegeben.

§§ 1 bis 31 des Gesetzes über Mieterschutz und Mieteinigungsämter vom 1. Juni 1923 auch auf Neubauten oder durch Um- oder Einbauten neu geschaffene Räume Anwendung finden, die nach dem 1. Juli 1918 bezugsfertig geworden sind, oder künftig bezugsfertig werden, und für die Zuschüsse aus öffentlichen Mitteln gegeben sind.

Berlin, den 7. April 1924.

Der Preußische Minister für Volkswohlfahrt.
Hirtsiefer.

Oe.

Preuß. Anordnung, betreffend Übertragung der Geschäfte der Mieteinigungsämter auf die Amtsgerichte.

Vom 25. September 1923 (PrGS. 450).

Auf Grund des § 37 Abs. 2 des Gesetzes über Mieterschutz und Mieteinigungsämter vom 1. Juni 1923 (Reichsgesetzbl. I S. 353)[1]) wird bestimmt, daß diejenigen Amtsgerichte, denen auf Grund der am 1. Oktober 1923 außer Kraft tretenden Bekanntmachung zum Schutze der Mieter vom $\frac{\text{23. September 1918}}{\text{22. Juni 1919}}$ die Geschäfte der Mieteinigungsämter übertragen worden sind, diese Geschäfte auch über den 1. Oktober 1923 hinaus wahrnehmen mit der Maßgabe, daß sie, soweit für die Mieteinigungs-

---

[1]) Oben zu E.

ämter die Zuziehung von Beisitzern vorgeschrieben ist, unter Zuziehung der nach den Vorschriften der ersten Ausführungsverordnung vom 15. August 1923 (Preuß. Gesetzsamml. S. 405)[1]) bestellten Beisitzer zu entscheiden haben.

Berlin, den 25. September 1923.

Zugleich im Namen des Justizministers
Der Minister für Volkswohlfahrt.
J. V.: Scheidt.

Of.

Allgemeine Verfügung des preuß. Justizministers über den Kostenansatz im Verfahren vor dem Mieteinigungsamt.

Vom 28. Januar 1924 (PrJMBl. 51).

Zur Behebung von Zweifeln wird darauf hingewiesen, daß die Vorschriften über die Erhebung von Gebühren im § 8 Abs. 1, 2 der Ausführungsverordnung des Ministers für Volkswohlfahrt zum Gesetz über Mieterschutz und Mieteinigungsämter vom 25. September 1923 (GS. S. 449)[2]) auch in dem Verfahren vor den Amtsgerichten, soweit ihnen die Aufgaben des Mieteinigungsamtes übertragen sind, Anwendung finden. Für die Erhebung von baren Auslagen sind die Vorschriften des Deutschen Gerichtskostengesetzes in seiner jeweiligen Fassung[3]) maßgebend.

Berlin, den 28. Januar 1924.

Der Justizminister.
am Zehnhoff.

---

[1]) Oben zu Oa.
[2]) Oben zu Oc.
[3]) Unten zu Sa, b.

III.

Berliner Recht.

Pa.

Bekanntmachung des Magistrats Berlin zum Reichsmietengesetz.

Vom 30. April 1923 (Gemeindebl. Sonderausgabe hinter S. 126).

Fassung der Bekanntmachung vom 29. Oktober 1923 (GemBl. Sonderausgabe v. 29. 10. 23).

In Kraft in dieser Fassung seit 1. 11. 23 (Nr. V Bek. v. 29. 10. 23).

Auf Grund des § 11 des Reichsmietengesetzes vom 24. März 1922 und der hierzu unter dem 12. Juni 1922 (4. August 1923) ergangenen Preußischen Ausführungsverordnung erhält die Bekanntmachung des Magistrats zum Reichsmietengesetz... mit Zustimmung des Herrn Oberpräsidenten folgende Fassung:

§ 1[1]). Zur Berechnung der Grundmiete sind in Häusern ohne Sammelheizung oder Warmwasserversorgung von der Friedensmiete die folgenden, in Hundertsätzen der Friedensmiete angegebenen Beträge abzuziehen:

1. für Instandsetzungskosten und die in der Friedensmiete enthalten gewesenen Betriebskosten . . . . 20 vom Hundert,
2. Vergütungen, die in der Friedensmiete enthalten sind:

---

[1]) Fassung vom 29. 8. 23, geltend seit 1. 9. 23.

a) für Nebenleistungen des Vermieters, welche nicht die Raumnutzung betreffen, aber neben der Raumnutzung auf Grund des Mietvertrages gewährt werden (Bereitstellung von Wasserkraft, Elektrizität, Dampf, Preßluft und dgl.)	2 vom Hundert,
b) für Nebenleistungen des Vermieters, welche zwar die Raumnutzung betreffen, aber nur einzelnen Mietern zugute kommen, z. B. Spiegelglasversicherung . . .	2 " "
c) für Fahrstuhlbenutzung . . .	2 " "
In Häusern mit Sammelheizung bzw. Warmwasserversorgung sind zunächst für die Heizstoffe für Sammelheizung .	9 " "
für die Heizstoffe für Warmwasserversorgung	3 " "

von der Friedensmiete abzuziehen. Der sich so ergebende Betrag ist alsdann um die im Absatz 1 unter Ziffer 1 und 2a bis c genannten Hundertsätze zu kürzen.

§ 2[1]). Zu der Grundmiete treten, in millionenfachen Beträgen der Grundmiete ausgedrückt, folgende Zuschläge:

1. für die Verwaltungskosten:

A. einschließlich der Kosten für Hausreiniger, Hauswart, Heizer, Fahrstuhlführer und dgl. und einschl. der Kosten für das Hausreinigungsmaterial:

---

[1]) Fassung vom 29. 10. 23, geltend seit 1. 11. 23.

a) in einfachen Häusern die . . . . 300 fache Grundmiete,

b) in Häusern mit Warmwasserversorgung oder Sammelheizung oder Fahrstuhl, wenn eine dieser Einrichtungen im Betrieb ist, die . . . 360 „ Grundmiete,

c) in geschlossenen Häusern sowie in Häusern mit Sammelheizung und Warmwasserversorgung und Fahrstuhl, wenn mindestens 2 dieser Einrichtungen im Betrieb sind, die . . . . 420 „ Grundmiete,

d) in Geschäfts- und Industriehäusern, die zwar überwiegend Geschäfts- oder Industriezwecken dienen, aber nicht unter Ziffer III der Preußischen Ausführungsbestimmungen zum Reichsmietengesetz vom 4. August 1923[1]) fallen, für nicht gewerblich, nicht zu Büro-, Geschäfts- oder ähnlichen Zwecken genutzte Räume die . . . 420 „ Grundmiete,

Eine nicht dauernde Außerbetriebsetzung bleibt zu b) und c) unberücksichtigt.

B. **ausschließlich** der Kosten für Hausreiniger, Hauswart, Heizer, Fahr-

---

[1]) Oben zu Kb.

stuhlführer und dgl., jedoch einschl. der Kosten für das Hausreinigungsmaterial in Geschäfts- und Industriehäusern, die zwar überwiegend Geschäfts- und Industriezwecken dienen, aber nicht unter Ziffer III der Preußischen Ausführungsbestimmungen zum Reichsmietengesetz vom 4. August 1923[1]) fallen, für gewerblich, zu Büro-, Geschäfts- oder ähnlichen Zwecken genutzte Räume die . . . . . 300 fache Grundmiete,

C. in Häusern, in denen die Mieter am 1. Juli 1914 die gesamte Hausreinigung selbst auszuführen hatten, desgleichen in denjenigen Häusern, in denen später von sämtlichen Mietern eine dahingehende Verpflichtung übernommen worden ist, die . . . . . 150 „ Grundmiete,

D. in Häusern, in denen die Mieter am 1. Juli 1914 die Treppenreinigung selbst auszuführen hatten, desgleichen in denjenigen Häusern, in denen später von sämtlichen Mietern eine dahingehende Verpflichtung übernommen worden ist, die . . . . . . 180 fache Grundmiete;

2. für die Kosten für laufende Instandsetzungsarbeiten die . . . . 900 „ Grundmiete.

---

[1]) Oben zu Kb.

Das Tapezieren bzw. Anstreichen oder Kalken der Wände und Decken, das Streichen der Fußböden und der Fenster und das Anstreichen der Türen in den Wohnungen oder sonstigen Mieträumen wird von dem Hundertsatz zu 2 ausgenommen.

Soweit Kosten für derartige Arbeiten entstehen, hat sie jeder Mieter gemäß den Preußischen Ausführungsbestimmungen, Ziffer XIX [1]), selbst zu tragen, sofern die Arbeiten nicht durch Naturereignisse, Rohrbrüche, Schwamm, Dachschäden oder durch Verschulden oder Verursachung des Vermieters oder dritter Personen notwendig geworden sind.

Der Vermieter hat in der Zeit vom 1. bis 10. Februar und vom 1. bis 10. August eines jeden Jahres den Mietern oder der Mietervertretung auf Antrag die Verwendung der Gelder für laufende Instandsetzungsarbeiten nachzuweisen.

§ 3[2]). In den nach § 2 zu berechnenden Zuschlägen sind die Nebenleistungen der unter § 1 Ziffer 2a, b und c gedachten Art, die Kosten für die Heizstoffe für Sammelheizung und Warmwasserversorgung, wozu auch die Kosten der Anfuhr gehören, nicht enthalten, desgleichen nicht die Abgabe zur Förderung des Wohnungsbaues.

§ 4[3]). Nach dem Verhältnis der Grundmieten sind folgende Betriebskosten oder Kosten für Nebenleistungen auf die selbständigen Wohnungen oder die selbständigen Mieträume anderer Art umzulegen:

---

[1]) Oben zu Kb.

[2]) Fassung vom 29. 8. 23, geltend seit 1. 9. 23.

[3]) Fassung vom 29. 10. 23, geltend seit 1. 11. 23.

A) in voller Höhe:

1. die für das Haus zu entrichtenden Grund- und Gebäudesteuern,
2. Entwässerungsgebühren, einschließlich etwaiger Abschlagszahlungen,
3. Straßenreinigungsgebühren,
4. Wassergeld, einschließlich etwaiger Abschlagszahlungen,
5. Schornsteinfegergeld,
6. die Brennstoff- bzw. Stromkosten für Treppen- und Flurbeleuchtung,
7. die Kosten für Müll- und Schlackenabfuhr in denjenigen Häusern, bei denen sie behördlich begrenzt sind,
8. die Zinssteigerung und die Steigerung der Kosten für die Erneuerung der Grundstücksbelastung,
9. die Kosten für die Versicherung gegen Feuer in Höhe von 95 vom Hundert in denjenigen Häusern, die bei der Städtischen Feuersozietät versichert sind.

Steht das Haus in einer besonderen Gefahrenklasse, so gehen die durch die Versicherung des Gebäudes in der höheren Gefahrenklasse entstehenden Mehrkosten zu Lasten desjenigen Mieters (oder Vermieters), der sie verursacht hat.

B) bis zu den nachstehend in millionenfachen Beträgen der Grundmiete angegebenen Höchstsätzen die Kosten für:

1. Müllabfuhr in denjenigen Häusern, bei denen sie behördlich nicht begrenzt sind, bis zum monatlichen Höchstbetrage der . . . . . . 82 fachen monatl. Grundmiete,

2. Schlackenabfuhr in denjenigen Häusern, bei denen sie behördlich nicht begrenzt sind, bis zum monatlichen Höchstbetrage der . . . . 20 fachen monatl. Grundmiete,

3. Kesselreinigung bis zum monatlichen Höchstbetrage der . 12 " " Grundmiete,

4. Fäkalienabfuhr bis zum monatlichen Höchstbetrage der . 175 " " Grundmiete,

5. Versicherung gegen Feuer in Höhe von 95 v. H. in denjenigen Häusern, die nicht bei der Städtischen Feuersozietät versichert sind, bis zum monatlichen Höchstbetrage der . . . . 80 " " Grundmiete.

Steht das Haus in einer besonderen Gefahrenklasse, so gehen die durch die Versicherung des Gebäudes in der höheren Gefahrenklasse entstehenden Mehrkosten zu Lasten desjenigen Mieters (oder Vermieters), der sie verursacht hat,

6. Versicherung gegen:

a) Glasschäden bis zum monatlichen Höchstbetrage der . 20 fachen monatl. Grundmiete,

b) Wasserleitungsschäden bis zum monatlichen Höchstbetrage der . . . . . . 20 „ „ Grundmiete,

c) Haftpflicht bis zum monatlichen Höchstbetrage der . . 20 „ „ Grundmiete,

7. die Löhne der Hausangestellten (Hausreiniger, Hauswart, Heizer, Fahrstuhlführer und dgl.) in Geschäfts- und Industriehäusern, die zwar überwiegend Geschäfts- oder Industriezwecken dienen, aber nicht unter Ziffer III der Preußischen Ausführungsbestimmungen zum Reichsmietengesetz vom 4. August 1923[1]) fallen, bis zu der Höhe, in der sie jeweils vom Demobilmachungskommissar für verbindlich erklärt werden, sowie die vom Vermieter zu zahlenden Beiträge für die sozialen Versicherungen.

Bei der Umlegung der Kosten zu A) 1—9 und B) 1—7 sind auch solche Räume zu berücksichtigen, für

---

[1]) Oben zu Kb.

die nicht die gesetzliche Miete zu zahlen ist, oder die nicht vermietet sind (z. B. eigene Wohnung des Hauswirts, Räume, über die nicht ein Mietvertrag, sondern ein Vertrag anderer Art abgeschlossen ist, und leerstehende Räume).

Bei der Umlegung der Kosten zu B) 7 sind solche Räume nicht zu berücksichtigen, die nicht zu gewerblichen, nicht zu Büro-, Geschäfts- oder ähnlichen Zwecken genutzt werden.

§ 5[1]). Die Umlage gemäß § 4 A 1—9 und B 1—6 erfolgt sofort nach der Vorlegung der Belege (Rechnungen, Quittungen und dgl.), die Umlage gemäß § 4 B Ziffer 7 sofort nach der Lohnzahlung. Die Mieter sind verpflichtet, spätestens am 2. Werktage nach der Vorlegung der Belege bzw. nach der Lohnzahlung die auf sie entfallenden Beträge zu bezahlen.

Die Summe der nach § 4 B umzulegenden Beträge darf im einzelnen die Höchstgrenze nicht überschreiten, die sich aus der Zusammenrechnung der monatlichen Höchstsätze des betreffenden Vierteljahres ergibt.

Hat der Vermieter Beträge zu § 4 B 4 und 5[2]) im voraus zu zahlen, so ist er berechtigt, bis zum Ablauf des Zeitraumes, für den die Vorauszahlung erfolgte, bei jeder Vierteljahrsabrechnung den Mietern die von ihm tatsächlich gezahlte Summe bis zu der Höhe in Rechnung zu stellen, die sich aus der Zusammenrechnung der mo-

---

[1]) Fassung des Abs. 1 vom 29. 10. 23, geltend seit 1. 11. 23; der Abs. 2—4 vom 28. 6. 23, geltend seit 1. 7. 23.

[2]) Muß heißen 5 und 6. Als man § 4 änderte, hat man übersehen, diese Verweisung richtig zu stellen.

natlichen Höchstgrenzen des betreffenden Vierteljahres ergibt.

Kommen in einem Vierteljahr nach B umlagefähige Beträge nicht zur Umlage, so darf die später erfolgende Umlage die Höchstgrenze nicht überschreiten, die sich aus der Zusammenrechnung der Höchstsätze ergibt, die während der Monate, für die die Umlage erfolgt, vom Magistrat festgesetzt waren.

§ 6[1]). Die Kosten der Heizstoffe für Sammelheizung und Warmwasserversorgung, wozu auch die Kosten der Anfuhr gehören, werden auf die beteiligten Rauminhaber umgelegt und zwar die Kosten für Sammelheizung oder Sammelheizung und Warmwasser, wenn beides geliefert wird, unter Zugrundelegung der Quadratmeterzahl der beheizten Fläche der Räume, die Kosten für Warmwasser, wenn dieses allein geliefert wird, unter Zugrundelegung der Quadratmeterzahl der Nutzungsfläche. Der auf die Wohnung des Hauswarts für die Sammelheizung entfallende Kostenanteil wird auf sämtliche Rauminhaber (außer dem Hauswart) nach dem Verhältnis der Grundmieten verteilt.

Der Vermieter ist berechtigt, an jedem Vierteljahresersten — wenn die Mietervertretung bis dahin das für die Heizstoffe erforderliche Einkaufsgeld nicht selbst aufbringt — für den Einkauf der Heizstoffe folgende Vorschüsse zu erheben:

a) bei Sammelheizung und Warmwasserversorgung ein Viertel des Zentnerkokspreises für jedes Quadratmeter der beheizten Fläche,

b) bei Sammelheizung allein ein Sechstel des Zent-

[1]) Fassung der Abs. 1, 2, 4 vom 30. 4. 23, geltend seit 1. 5. 23; des Abs. 3 vom 28. 6. 23, geltend seit 1. 7. 23.

nerkokspreises für jedes Quadratmeter der beheizten Fläche,

c) bei Warmwasserversorgung allein ein Dreizehntel des Zentnerkokspreises für jedes Quadratmeter Nutzungsfläche.

Maßgebend für die Berechnung des Vorschusses ist zunächst der zu Beginn des Vierteljahres geltende Kokspreis. Soweit der Vermieter nachweisbar infolge Erhöhung des Kokspreises einen höheren Preis zu zahlen hat, ist er berechtigt, den Unterschiedsbetrag zwischen dem tatsächlich gezahlten Vorschuß und dem Betrage, der sich unter Zugrundelegung des erhöhten Preises als Vorschuß ergeben haben würde, bei Vorlegung der Rechnungen als Nachzahlung auf den geleisteten Vorschuß von den Mietern einzufordern.

Die gezahlten Vorschüsse sind bei der zum 1. April jedes Jahres vorzunehmenden Abrechnung auf die tatsächlichen Kosten zu verrechnen.

§ 7[1]). Als große Instandsetzungsarbeiten gelten nur die im § 5 des Reichsmietengesetzes aufgeführten Arbeiten.

§ 8[2]). Als „Stellen" im Sinne des § 6 Absatz 2 RMG. werden bei jedem Bezirksamt Schlichtungskammern gebildet. Die Schlichtungskammern bestehen aus:

1. einem von dem Bezirksamt zu ernennenden Vorsitzenden der Mieteinigungsamtsabteilung als Vorsitzenden,
2. je einem Vermieter- und Mietervertreter als Beisitzer.

Der Schlichtungskammer wird ein vom Bezirksamt zu

---

[1]) Fassung vom 29. 8. 23, geltend seit 1. 9. 23.

[2]) Fassung vom 30. 4. 23, geltend seit 1. 5. 23.

ernennender technisch und sozial vorgebildeter Beamter oder Festangestellter des Wohnungsamtes mit beratender Stimme beigeordnet.

§ 9[1]). Die Bestimmungen des § 7 Abs. 1—3 RMG. kommen bis auf weiteres nicht zur Anwendung.

§ 10[2]). Die nach § 7 Abs. 4 des Reichsmietengesetzes gemäß den Preußischen Ausführungsbestimmungen vom Mieteinigungsamt festzusetzenden Zuschläge dürfen insgesamt die 40 Millionenfache Jahresgrundmiete nicht übersteigen.

§ 11[3]). Bei der Berechnung der gesetzlichen Untermiete ist zunächst die Miete festzustellen, die der Untervermieter unter Zugrundelegung der gesetzlichen Miete selbst für den leeren Raum zu zahlen hat. Die Höhe dieses Mietzinses muß, falls nur ein Teil des von dem Untervermieter gemieteten Raumes weitervermietet ist, im angemessenen Verhältnis zu dem Gesamtmietzins stehen.

Zu dem auf den leeren Raum entfallenden Mietzins tritt ein Zuschlag für die Überlassung und Abnutzung von Einrichtungsgegenständen, Wäsche, Gardinen, Geschirr usw.

Der Zuschlag darf folgende Hundertsätze der auf den leeren Raum entfallenden Miete nicht übersteigen:

a) bei einfach möblierten Zimmern und Wohnungen 150 vom Hundert,

b) bei bürgerlich möblierten Zimmern und Wohnungen 250 vom Hundert,

c) bei elegant möblierten Zimmern und Wohnungen 500 vom Hundert.

---

[1]) Fassung vom 30. 4. 23, geltend seit 1. 5. 23.

[2]) Fassung vom 29. 10. 23, geltend seit 1. 11. 23.

[3]) Fassung vom 30. 4. 23, geltend seit 1. 5. 23.

Für die Säuberung der Mieträume und Reinigung der Wäsche, Gardinen und dgl., für die Lieferung von Morgenkaffee, Heizung, Beleuchtung usw., für Bad-, Telefonbenutzung und dgl. sind die ortsüblichen Preise zu zahlen.

Bei Vorhandensein von Sammelheizung und Warmwasserversorgung hat der Untermieter die Kosten hierfür anteilig zu tragen, und zwar müssen die auf ihn entfallenden Kosten im angemessenen Verhältnis zu den auf den Hauptmieter entfallenden Kosten stehen.

Hat der Hauptmieter gemäß § 7 Abs. 4 RMG. einen Zuschlag für große Instandsetzungsarbeiten zu zahlen, so ist der Untermieter verpflichtet, diesen Zuschlag anteilmäßig mitzutragen. Die Erhebung eines besonderen Zuschlages hierzu gemäß Abs. 2 dieses Paragraphen ist unzulässig.

Falls eine Einigung zwischen den Beteiligten nicht zustande kommt, entscheidet auf Anruf eines Vertragsteiles das Mieteinigungsamt.

§ 12[1]). Diese Bekanntmachung tritt mit dem 1. Mai 1923 in Kraft.

Berlin, den 30. April 1923.

Der Magistrat.

---

[1]) Fassung vom 30. 4. 23, geltend seit 1. 5. 23.

Pb.

Bekanntmachung des Magistrats Berlin zum Reichsmietengesetz.

Vom 28. November 1923 (GemBl. Sonderausgabe v. 29. 11. 23).

I. § 2. In Ad und B fallen die Worte zwischen „Industriehäusern" und „für" fort.

Es ändern sich die Zahlen wie folgt:

1 Aa	25	milliardenfache
Ab	30	"
Ac	35	"
Ad	35	"
B	25	"
C	12,5	"
D	15	"
2	75	"

II. § 4. A 1 lautet jetzt:

„die für das Haus zu entrichtenden Grund- und Gebäudesteuern, wozu auch die Preußische Grundvermögenssteuer und der hierzu erhobene Gemeindezuschlag gehören."

In B am Anfang fallen die Worte zwischen „nachstehend" und „angegebenen" fort.

In B 7 fallen die Worte zwischen „Industriehäusern" und „bis" fort.

Es ändern sich die Zahlen wie folgt:

B 1	13,0	milliardenfache
B 2	3,5	"
B 3	5,5	"
B 4	19,5	"

B 5	8,0	milliardenfache
B 6a	2,3	„
B 6b	3,8	„
B 6c	2,3	„

III. **§ 5.** (Abs. 1 wie bisher. Die Abs. 2 und 3 lauten:)

(2) Hat der Vermieter Beträge zu § 4 B 5 und 6 im Voraus zu zahlen, so ist er berechtigt, bis zum Ablauf des Zeitraums, für den die Vorauszahlung erfolgte, bei jeder Abrechnung den Mietern die von ihm tatsächlich gezahlte Summe bis zu der Höhe in Rechnung zustellen, die sich aus der Zusammenrechnung der in Frage kommenden monatlichen Höchstgrenzen ergibt.

(3) Kommen in einem Monat nach § 4 B umlagefähige Beträge nicht zur Umlage, so darf die später erfolgende Umlage die Höchstgrenze nicht überschreiten, die sich aus der Zusammenrechnung der Höchstsätze ergibt, die während der Monate, für die die Umlage erfolgt, vom Magistrat festgesetzt waren.

IV. **§ 10.** Die Zahl ändert sich in „10 milliardenfache".

V. Inkrafttreten am 1. Dezember 1923.

Berlin, 28. November 1923.

Der Magistrat.

P c.

Bekanntmachung des Magistrats Berlin zum Reichsmietengesetz.

Vom 30. Januar 1924 (GemBl. Sonderausgabe v. 30. 1. 24).

Auf Grund der Anordnungen des Preußischen Ministers für Volkswohlfahrt vom 12., 17. und 28. Januar 1924, des Reichsmietengesetzes vom 24. März 1922 und der hierzu unter dem 4. August 1923 ergangenen Preußischen Ausführungsbestimmungen erhält die Bekanntmachung des Magistrats zum Reichsmietengesetz unter Abänderung der Bekanntmachungen vom 30. April 1923/18. Mai 1923/27. Juli 1923/29. August 1923/27. September 1923/29. Oktober 1923/29. November 1923 folgende Fassung:

§ 1. (Wie bisher, S. 189).

§ 2. Zu der Papiermarkgrundmiete treten folgende, in Hundertsätzen der Friedensmiete ausgedrückte und in Goldmark zu berechnende Zuschläge:

1. für Verwaltungskosten, Zinssteigerung, Steigerung der Kosten für Erneuerung der Grundstücksbelastung . . . . 5 v. H.,
2. für die Kosten der laufenden Instandsetzungsarbeiten . . . . 6 „ „,
3. für die Betriebskosten . . . . 15 v. H.

(Abs. 2 bis 4 wie bisher, S. 193).

§ 3. In Geschäfts- und Industriehäusern sind die Löhne der Hausangestellten (Hausreiniger, Hauswart, Heizer, Fahrstuhlführer und dgl.) auf die Inhaber der gewerblich, zu Büro-, Geschäfts- oder ähnlichen Zwecken genutzten Räume bis zu der Höhe, in der sie jeweils vom Demobilmachungskommissar für verbindlich erklärt werden, nach dem Verhältnis der Grundmieten umzulegen; das gleiche gilt für die vom Vermieter zu zahlenden Beiträge für die sozialen Versicherungen. Dafür wird der im § 2 für Verwaltungskosten, Zinssteigerung, Steigerung der Kosten für die Erneuerung der Grundstücksbelastung festgesetzte Zuschlag um 2 v. Hundert gekürzt, also auf 3 v. Hundert der Friedensmiete in Gold festgesetzt.

§ 4. Weist der Vermieter den Mietern oder der Mietervertretung nach, daß der für die Betriebskosten festgesetzte Satz von 15 v. Hundert zur Deckung der von ihm zu zahlenden Beträge nicht ausgereicht hat, so ist er berechtigt, unter Vorlegung der Belege den fehlenden Betrag, höchstens jedoch weitere 3 v. Hundert der Friedensmiete, nach dem Verhältnis der Grundmieten bei der nächsten Mietzahlung umzulegen.

Wird der für die Betriebskosten festgesetzte Zuschlag von 15 v. Hundert in einem Zahlungsabschnitt nicht vollständig verbraucht, so ist der hierdurch ersparte Betrag bei der nächsten Mietzahlung in Anrechnung zu bringen. Hat der Vermieter nach XIII der Preußischen Ausführungsbestimmungen zum Reichsmietengesetz vom 4. August 1923[1]) an sich „umlagefähige" Betriebskosten für einen längeren Zeitraum im voraus zu entrichten, so muß er diese gleichmäßig für den Zeitraum, für den die Zahlung erfolgte, auf die einzelnen Mietzahlungstermine verteilen.

§ 5. Die Kosten der Heizstoffe für Sammelheizung

---

[1]) Oben zu Kb.

und Warmwasserversorgung sowie die Nebenleistungen der in § 1 Abs. 1 unter 2a—c gedachten Art sind gemäß § 12 des Reichsmietengesetzes getrennt von der gesetzlichen Miete zu berechnen.

Die im § 2 unter 1 bis 3 genannten Hundertsätze sind daher nicht von der vollen Friedensmiete zu berechnen, sondern es sind in Häusern mit Sammelheizung und Warmwasserversorgung von der Friedensmiete zunächst die darin enthaltenen Kosten der Heizstoffe für Sammelheizung mit 9 v. Hundert und für Warmwasserversorgung mit 3 v. Hundert abzuziehen. Erst von dem dann verbleibenden Betrage sind die Hundertsätze in Goldmark zu berechnen und der Papiermarkgrundmiete hinzuzuzählen.

Das gleiche gilt für die im § 1 Abs. 1 unter 2a—c genannten Vergütungen.

§ 6. (Wie bisher, jedoch nur Abs. 1 und 2, S. 198.)

§ 7. (Wie bisher § 8, S. 199.)

§ 8. Die nach § 7 Abs. 4 des Reichsmietengesetzes gemäß den Preußischen Ausführungsbestimmungen vom Mieteinigungsamt festzusetzenden Zuschläge dürfen insgesamt 3 vom Hundert der Friedensmiete in Gold nicht übersteigen.

§ 9. Bei der Berechnung der gesetzlichen Untermiete ist zunächst die Miete festzustellen, die der Untervermieter unter Zugrundelegung der gesetzlichen Miete selbst für den leeren Raum zu zahlen hat. Die Höhe dieses Mietzinses muß, falls nur ein Teil des von dem Untervermieter gemieteten Raumes weitervermietet ist, im angemessenen Verhältnis zu dem Gesamtmietzins stehen.

Zu dem auf den leeren Raum entfallenden Mietzins tritt ein Zuschlag für die Überlassung und Abnutzung von Einrichtungsgegenständen, Wäsche, Gardinen, Geschirr usw. sowie für die Säuberung der Mieträume und Reinigung der Bettwäsche und Gardinen.

Der Zuschlag darf folgende, in Goldmark zu berechnende Hundertsätze der auf den leeren Raum entfallenden Friedensmiete nicht übersteigen:

a) bei einfach möblierten Zimmern und Wohnungen 60 vom Hundert,
b) bei bürgerlich möblierten Zimmern und Wohnungen 80 vom Hundert,
c) bei elegant möblierten Zimmern und Wohnungen 120 vom Hundert.

Für die Lieferung von Morgenkaffee, Heizung, Beleuchtung usw., für Bedienung, für Bad-, Telefonbenutzung und dgl. sind die ortsüblichen Preise zu zahlen.

(Abs. 5 bis 7 wie bisher § 11 Abs. 5 bis 7, S. 201).

§ 10. Erfolgt die Zahlung der in den §§ 2, 8 und 9 festgesetzten Zuschläge in Papiermark, so ist der Umrechnung der am Tage vor der Zahlung amtlich festgestellte Berliner Goldmarkmittelkurs zugrunde zu legen.

§ 11. Diese Bekanntmachung tritt mit dem 1. Februar 1924 in Kraft.

Berlin, den 30. Januar 1924.

Der Magistrat.

Pd.

Bekanntmachung des Magistrats Berlin zum Reichsmietengesetz.

Vom 22. Februar 1924 (GemBl. 37).

Auf Grund der Anordnung des Preuß. Ministers für Volkswohlfahrt vom 19. Februar 1924 wird die Bek. des Magistrats vom 30. Januar 1924 zum Reichsmietengesetz wie folgt geändert:

I. In § 2 Abs. 1 zu 2 beträgt der Zuschlag für laufende Instandsetzungsarbeiten jetzt 8 v. Hundert.

II. § 4 erhält folgende Fassung:

Als Betriebskosten gelten:

1. die für das Haus zu entrichtenden Grund- und Gebäudesteuern, wozu auch die Preußische Grundvermögenssteuer und der hierzu erhobene Gemeindezuschlag gehören,
2. Entwässerungs- (Kanalisations-)Gebühren und Entgelt für Fäkalienabfuhr,
3. Straßenreinigungsgebühren,
4. Wassergeld,
5. Schornsteinfegergeld,
6. die Kosten für Müll- und Schlackenabfuhr,
7. die Brennstoff- bzw. Stromkosten für die Treppen- und Flurbeleuchtung sowie für die Beleuchtung derjenigen Räume, die für die gemeinsame Benutzung der Mieter bestimmt sind, (z. B. gemeinsamer Trockenboden, Waschküche, Keller),
8. die Kosten für Versicherung gegen Feuer-, Glas-, Wasserleitungs-, Sturm- und Aufruhrschäden sowie auch Haftpflichtversicherung in ortsüblicher Höhe,

9. die Kosten für Bürgersteig- und Straßenunterhaltung,
10. die Kosten für die von der Behörde zur Beseitigung einer Ansteckungsgefahr getroffenen Maßnahmen (z. B. Rattenvertilgung).

Es wird unterstellt, daß in dem Betriebskostenzuschlag von 15% für Wassergeld 3% der Friedensmiete enthalten sind. Weist der Vermieter den Mietern oder der Mietervertretung nach, daß er mit diesem Hundertsatz nicht ausgekommen ist, so kann er den 3% der Friedensmiete übersteigenden Betrag für Wassergeld auf die Mieter umlegen. Wenn der Gemeindezuschlag zur Preußischen Grundvermögenssteuer auf mehr als 100% festgesetzt wird, sind die Vermieter berechtigt, auch den 100% übersteigenden Betrag auf die Mieter umzulegen.

Reichen im übrigen die 15% der Friedensmiete zur Deckung der von den Vermietern geforderten Betriebskosten nicht aus, so kann der ungedeckte Mehrbetrag bis zur Höhe von 3% der Friedensmiete umgelegt werden.

Hat ferner der Vermieter im Monat Februar nachweisbar für Wassergeld mehr als 3% der Friedensmiete gezahlt und ist er im übrigen mit einem Betriebskostenzuschlag von 18% nicht ausgekommen, so kann er die Mehrkosten für Wassergeld auf die Mieter umlegen.

Die Umlage hat nach dem Verhältnis der Grundmieten zu erfolgen.

Kommen in einem Zahlungsabschnitte umlagefähige Betriebskosten nicht zur Umlage, so sind die hierdurch gesparten Beträge bei der nächsten Mietzahlung in Anrechnung zu bringen. Hat der Vermieter umlagefähige

Betriebskosten für einen längeren Zeitraum im voraus zu entrichten, so muß er diese gleichmäßig für den Zeitraum, für den die Zahlung erfolgte, auf die einzelnen Mietszahlungstermine verteilen.

III. § 8 erhält folgende Fassung:

Die nach § 7 Abs. 4 des Reichsmietengesetzes gemäß den Preußischen Ausführungsbestimmungen vom Mieteinigungsamt für große Instandsetzungsarbeiten festzusetzenden Zuschläge dürfen im Einzelfall 3 v. Hundert der Jahresfriedensmiete in Gold nicht übersteigen.

IV. Diese Bekanntmachung tritt mit dem 1. März 1924 in Kraft.

Berlin, den 22. Februar 1914.

Magistrat.

Pe.

Bekanntmachung des Magistrats Berlin zum Reichsmietengesetz.

Vom 28. März 1924 (GemBl. Sonderausgabe v. 29. 3. 24).

Auf Grund der Anordnung des Preußischen Ministers für Volkswohlfahrt vom 28. März 1924 wird die Bek. des Magistrats vom 30. Januar/22. Februar 1924 wie folgt geändert:

I. In § 2 Abs. 1 beträgt der Zuschlag für laufende Instandsetzungsarbeiten jetzt 11 v. Hundert.

II. Der § 4 Abs. 5 lautet wie folgt:

Die Umlage hat nach dem Verhältnis der Grundmieten auf die selbständigen Wohnungen oder die selbständigen Mieträume anderer Art zu erfolgen, wobei auch Räume zu berücksichtigen sind, für die nicht die gesetzliche Miete zu zahlen ist oder die nicht vermietet sind.

III. Der § 6 Abs. 2 lautet wie folgt:

Der Vermieter ist berechtigt, an jedem Monatsersten, wenn die Mietervertretung bis dahin das für die Heizstoffe erforderliche Einkaufsgeld nicht selbst aufbringt, für den Einkauf der Heizstoffe folgende Vorschüsse zu erheben:

a) bei Sammelheizung und Warmwasserversorgung ein Zwölftel des Zentnerkokspreises für jedes Quadratmeter der beheizten Fläche,

b) bei Sammelheizung allein ein Achtzehntel des Zentnerkokspreises für jedes Quadratmeter der beheizten Fläche,

c) bei Warmwasserversorgung allein ein Neununddreißigstel des Zentnerkokspreises für jedes Quadratmeter Nutzungsfläche.

IV. Die in § 9 Abs. 3 unter a—c festgesetzten Zuschläge werden zu a) auf 40 vom Hundert,
zu b) „ 60 „ „
zu c) „ 100 „ „ ermäßigt.

V. Diese Bekanntmachung tritt mit dem 1. April 1924 in Kraft.

Berlin, den 29. März 1924.

Magistrat.

Pf.

Bekanntmachung des Magistrats Berlin über die Mietzinsbildung.

Vom 22. April 1924 (GemBl. Sonderausgabe v. 23. 4. 24).

I. Hinter § 6 wird als § 6a folgende Bestimmung eingefügt:

Der Vermieter ist berechtigt, die von ihm auf Grund der Preußischen Steuernotverordnung vom 1. April 1924 — GS. S. 191 —[1]) zu zahlende „Hauszinssteuer" neben der gesetzlichen Miete nach dem Verhältnis der Friedensmieten auf die selbständigen Wohnungen oder die selbständigen Räume anderer Art umzulegen. Hierbei sind auch Räume zu berücksichtigen, für die nicht die gesetzliche Miete bezahlt wird oder die nicht vermietet sind.

In Häusern mit Sammelheizung und Warmwasserversorgung sind für die Berechnung der der Umlage zugrunde zu legenden Friedensmieten von der am 1. Juli 1914 vereinbart gewesenen Miete zunächst die Kosten für Sammelheizung mit 9 und für Warmwasserversorgung mit 3 vom Hundert abzuziehen. Das gleiche gilt für sonstige in der Friedensmiete enthaltene Vergütungen (§ 1 Ziffer 2a—c der Bek. des Magistrats vom 30. Januar 1924)[2]).

Die „Hauszinssteuer" beträgt gemäß § 2 der Preußischen Steuernotverordnung 400 vom Hundert der nach den Vorschriften des Gesetzes vom 14. Februar 1923

---

[1]) Oben zu La.

[2]) Oben zu Pc.

— GS. S. 29 — und seinen Abänderungen veranlagten vorläufigen Steuer vom Grundvermögen[1]).

Auch im Falle der Steuerminderung nach § 2 Abs. 3 und nach den §§ 3 und 4 der Preußischen Steuernotverordnung bleibt der Vermieter gemäß § 28 Ziffer 6 der 3. Reichssteuernotverordnung[2]) berechtigt, einen der vollen Steuer entsprechenden Betrag umzulegen.

II. Dem § 9 wird folgender Absatz angefügt:

Neben der gesetzlichen Untermiete ist der gemäß § 6a auf den untervermieteten Raum entfallende Teil der Hauszinssteuer von dem Untermieter zu zahlen.

III. Die Bekanntmachung tritt mit dem Tage der Verkündung in Kraft.

Berlin, den 22. April 1924.

Magistrat.

Pg.

Bekanntmachung des Magistrats Berlin über die Mietzinsbildung.

Vom 30. April/28. Juni/24. September/24. Dezember 1924 (GemBl. Sonderausgaben v. 30. 4. u. 30. 6. 24 sowie S. 241 u. 346).

Auf Grund der vom Preußischen Minister für Volkswohlfahrt unter dem 17. 4. 24 erlassenen Verordnung, betreffend die Mietzinsbildung in Preußen und seiner unter dem 24. April 1924 ergangenen Anordnung er-

---

1) Oben zu Ld.
2) Oben zu B.

hält die Bekanntmachung des Magistrats vom 30. Januar/22. Februar/29. März und 22. April 1924 folgende Fassung:

§ 1. Bei der Berechnung der gesetzlichen Miete ist von dem Mietzins auszugehen, der für die mit dem 1. Juli 1914 beginnende Zeit vereinbart war (Friedensmiete).

Hatte der Vermieter oder Mieter ihm nach dem Bürgerlichen Gesetzbuch nicht obliegende Nebenleistungen und Verpflichtungen vor dem 1. Juli 1914 vertraglich oder ortsüblich übernommen, und war dieses auf die Festsetzung der Höhe des Mietzinses von Einfluß, so sind diese Nebenleistungen und Verpflichtungen in Geld zu veranschlagen und bei der Bemessung der Friedensmiete zu berücksichtigen.

Im Streitfalle entscheidet das Mieteinigungsamt.

§ 2. Von der Friedensmiete sind abzurechnen:

1. für die Heizstoffe für Sammelheizung . 7 v. H.
2. „ „ „ für Warmwasserversorgung 3 „ „
3. Vergütungen, die in der Friedensmiete enthalten sind:
   a) für Nebenleistungen des Vermieters, die nicht die Raumnutzung betreffen, aber neben der Raumnutzung auf Grund des Mietvertrages gewährt werden, (Bereitstellung von Wasserkraft, Elektrizität, Dampf, Preßluft und dgl.) . . . . 2 „ „
   b) für Nebenleistungen des Vermieters, welche zwar die Raumnutzung betreffen, aber nur einzelnen Mietern zugute kommen (z. B. Spiegelglasversicherung) 2 „ „
   c) für Fahrstuhlbenutzung . . . . . . 2 „ „

Der nach Abzug der unter 1—3 aufgeführten Nebenleistungen errechnete Betrag stellt die „reine Friedensmiete" dar.

Wenn nach den Bestimmungen dieses Paragraphen Abzüge von der Friedensmiete nicht zulässig sind, so gilt die am 1. Juli 1914 vereinbart gewesene Miete als „reine Friedensmiete".

§ 3[1]). Die gesetzliche Miete beträgt 66 vom Hundert der „reinen Friedensmiete". Sie ist in Goldmark zu berechnen.

Von den 62[2]) vom Hundert sind für die Kosten der laufenden Instandsetzungsarbeiten 15 vom Hundert der „reinen Friedensmiete" in Ansatz gebracht.

Bei der Festsetzung der gesetzlichen Miete auf 62[2]) vom Hundert sind die großen Instandsetzungsarbeiten berücksichtigt worden. In denjenigen Fällen, in denen das Mieteinigungsamt auf Grund der bisherigen Vorschriften einen besonderen Zuschlag für große Instandsetzungsarbeiten festgesetzt hat, vermindert sich die gesetzliche Miete um den zugebilligten Betrag, soweit er am 1. Juli 1924 oder später fällig wird.

---

[1]) Fassung v. 24. 9. 24, geltend seit 1. 10. 24. In der Fassung v. 30. 4. 24 lautete § 3:

„Die gesetzliche Miete beträgt 35 v. H. der „reinen Friedensmiete".

Von den 35 v. H. der „reinen Friedensmiete" sind in Ansatz gebracht:

a) für Verwaltungskosten . . . . 5 v. H.
b) für die Kosten der laufenden Instandsetzungsarbeiten . . . . 15 „ „
c) für die Betriebskosten . . . . 15 „ „."

In der Fassung v. 28. 6. 24, geltend seit 1. 7. 24 lautete § 3 wie oben im Text, nur 62 % statt 66 %.

[2]) Es ist übersehen worden, hier „62" durch „66" zu ersetzen.

Aus der gesetzlichen Miete sind nunmehr neben den Betriebskosten (§ 4) sämtliche auf dem Grundstück ruhenden öffentlichen Lasten zu entrichten.

§ 4. Als Betriebskosten gelten:

1. die für das Haus zu entrichtenden Grund- und Gebäudesteuern, wozu auch die Preußische Grundvermögenssteuer und der hierzu erhobene Gemeindezuschlag gehören,
2. Entwässerungs- (Kanalisations-) Gebühren und Entgelt für Fäkalienabfuhr,
3. Straßenreinigungsgebühren,
4. Wassergeld,
5. Schornsteinfegergeld,
6. die Kosten für Müll- und Schlackenabfuhr,
7. die Brennstoff- bzw. Stromkosten für die Treppen- und Flurbeleuchtung sowie für die Beleuchtung derjenigen Räume, die für die gemeinsame Benutzung der Mieter bestimmt sind, (z. B. gemeinsamer Trockenboden, Waschküche, Keller),
8. die Kosten für Versicherung gegen Feuer-, Glas-, Wasserleitungs-, Sturm- und Aufruhrschäden, sowie auch Haftpflichtversicherung in ortsüblicher Höhe,
9. die Kosten für Bürgersteig- und Straßenunterhaltung,
10. die Kosten für die von der Behörde zur Beseitigung einer Ansteckungsgefahr getroffenen Maßnahmen (z. B. Rattenvertilgung).

§ 5. In Geschäfts- und Industriehäusern sind die Löhne der Hausangestellten (Hausreiniger, Hauswart, Heizer, Fahrstuhlführer und dgl.), auf die Inhaber der gewerblichen, zu Büro-, Geschäfts- oder ähnlichen Zwecken genutzten Räume bis zu der Höhe, in der sie jeweils vom

Schlichter für Groß-Berlin für verbindlich erklärt werden, nach dem Verhältnis der „reinen Friedensmieten" umzulegen; das gleiche gilt für die vom Vermieter zu zahlenden Beiträge für die sozialen Versicherungen. Dafür wird bei solchen Häusern die gesetzliche Miete um 2 vom Hundert der „reinen Friedensmiete" gekürzt[1]).

§ 6. Hat ein Mieter auf Grund ausdrücklicher oder stillschweigender Vereinbarung die sogenannten Schönheitsreparaturen in seinen Mieträumen (das Tapezieren und Anstreichen oder Kalken der Wände und Decken, das Streichen der Fußböden und der Fenster und das Streichen der Türen) übernommen, so ist er berechtigt, den für laufende Instandsetzungsarbeiten bestimmten Teil der Miete um 4 v. H. der „reinen Friedensmiete" zu kürzen. In diesem Falle ist er verpflichtet, die Schönheitsreparaturen auf seine Kosten ausführen zu lassen.

Genügt er dieser Pflicht nicht, so kann der Vermieter die Schönheitsreparaturen wieder selbst ausführen lassen und verlangen, daß der Mieter vom nächsten Zahlungstermin ab den vollen, für laufende Instandsetzungsarbeiten bestimmten Teil der Miete zahlt. Bei Streit hierüber entscheidet das Mieteinigungsamt. Weitergehende Ansprüche des Vermieters (z. B. auf Nachzahlung des Betrags von 4 vom Hundert, um den der Mieter seit dem 1. Februar 1924 wegen der übernommenen, aber nicht ausgeführten Schönheitsreparaturen den allgemei-

---

[1]) Fassung des letzten Satzes v. 28. 6. 24, geltend seit 1. 7. 24. Der letzte Satz lautete in der Fassung vom 30. 4. 24:

„Dafür wird der im § 3 Abs. 2 unter a) festgesetzte Zuschlag für Verwaltungskosten von 5 vom Hundert auf 3 vom Hundert der „reinen Friedensmiete" herabgesetzt."

nen Hundertsatz für laufende Instandsetzungsarbeiten gekürzt hat) bleiben unberührt.

§ 7. Der Vermieter hat in der Zeit vom 1. bis 10. Februar und vom 1. bis 10. August eines jeden Jahres der Mietervertretung oder, wenn eine solche nicht besteht, den Mietern auf Verlangen die Verwendung der Gelder für laufende Instandsetzungsarbeiten nachzuweisen.

§ 8. Erfüllt der Vermieter die ihm nach § 7 obliegende Verpflichtung nicht, oder befindet er sich mit der Ausführung notwendiger laufender Instandsetzungsarbeiten im Verzuge, so hat auf Antrag der Mietervertretung oder eines Mieters der Magistrat festzustellen, ob laufende Instandsetzungsarbeiten nowendig sind, und hat bejahendenfalls das zur Sicherung der Ausführung solcher Arbeiten Erforderliche zu veranlassen.

Der Magistrat kann insbesondere:

1. unbeschadet der Bestimmung des § 536 BGB. dem Vermieter unter Androhung einer der Gemeindekasse zufallenden Strafe bis zu 1000 Goldmark eine Frist bestimmen, innerhalb der er diese Arbeiten im Rahmen der ihm in den Mieten für laufende Instandsetzungsarbeiten zugeflossenen Mittel auszuführen hat,
2. anordnen, daß nach erfolglosem Ablauf einer dem Vermieter gesetzten Frist die Mietervertretung oder ein Mieter zur Vornahme notwendiger, bestimmt bezeichneter Arbeiten berechtigt ist.

Mieter, die auf Grund solcher Anordnung Instandsetzungskosten bezahlen, sind in Höhe ihrer Zahlungen insoweit von der Mietzahlung befreit, als der für laufende Instandsetzungsarbeiten bestimmte Teil der gesetzlichen Miete beträgt. Diese Befreiung gilt auch gegenüber einem Rechtsnachfolger des Vermieters und bei Beschlagnahme des Grundstücks auf Grund der Vorschriften des Reichsgesetzes über die Zwangsversteigerung und Zwangsverwaltung,

3. anordnen, daß die Mieter den für laufende Instandsetzungsarbeiten bestimmten Teil der gesetzlichen Miete an eine von ihm zu bezeichnende Stelle abzuführen haben. Diese Beträge können wie Gemeindeabgaben beigetrieben werden. Der Magistrat hat dann die notwendigen laufenden Instandsetzungsarbeiten ausführen zu lassen. Sobald die Kosten für die ausgeführten Arbeiten aus den abgeführten Mietbeträgen gedeckt sind, hat der Magistrat seine Anordnung wieder aufzuheben. Die Bestimmung zu Ziffer 2 Satz 3 gilt entsprechend.

§ 9[1]). Der Vermieter ist berechtigt, den Betrag umzulegen, den die Gemeinde auf Grund des § 8a Absatz 1 des Artikels II der Zweiten Preußischen Steuernotverordnung in der Fassung vom 19. Juni 1924[2]) als Zuschlag zur Hauszinssteuer erhebt.

Für das Wassergeld sind in der gesetzlichen Miete 3 vom Hundert der „reinen Friedensmiete" in Ansatz ge-

---

[1]) Fassung v. 28. 6. 24, geltend seit 1. 7. 24. In der Fassung v. 30. 4. 24 lautete § 9:

„Reichen die gemäß § 3 Abs. 2 unter c) festgesetzten 15 v. H. zur Deckung der Betriebskosten nicht aus, so kann der ungedeckte Mehrbetrag bis zu weiteren 3 v. H. der „reinen Friedensmiete" umgelegt werden. Weist ferner der Vermieter den Mietern oder der Mietervertretung nach, daß im letzten Zahlungsabschnitt mehr als 3 v. H. der „reinen Friedensmiete" an Wassergeld verbraucht worden sind, und ist er im übrigen mit einem Betriebskostenzuschlag von 18 v. H. nicht ausgekommen, so kann er die Mehrkosten für Wassergeld umlegen."

[2]) Oben zu Db. Berlin erhebt keinen Zuschlag.

bracht. Der Vermieter ist berechtigt, das Wassergeld umzulegen. In diesem Falle vermindert sich die gesetzliche Miete um 3 vom Hundert der „reinen Friedensmiete".

§ 10. (Aufgehoben)[1].

§ 11. (Aufgehoben)[2].

§ 12. Die Kosten der Heizstoffe für Sammelheizung und Warmwasserversorgung, sowie die Nebenleistungen der in dem § 2 unter 1—3 gedachten Art sind getrennt von der gesetzlichen Miete zu berechnen. Soweit Neben-

---

[1]) Aufgehoben durch die Bek. v. 28. 6. 24 mit Wirkung v. 1. 7. 24 ab. Der § 10 lautete:

„Kommen in einem Zahlungsabschnitt Betriebskosten nicht zur Erhebung, so sind die hierdurch gesparten Beträge bei der nächsten Mietzahlung auf eine vom Vermieter etwa vorzunehmende Umlage der Betriebskosten in Anrechnung zu bringen.

Hat der Vermieter Betriebskosten für einen längeren Zeitraum im voraus zu entrichten, so muß er diese gleichmäßig für den Zeitraum, für den die Zahlung erfolgte, auf die einzelnen Mietzahlungstermine verteilen."

[2]) Aufgehoben durch die Bek. v. 28. 6. 24 mit Wirkung v. 1. 7. 24 ab. Der § 11 lautete:

„Auf Antrag eines Vermieters kann das Mieteinigungsamt einen Hundertsatz der „reinen Friedensmiete" für die Verzinsung und Tilgung von Mitteln für die Kosten einer im Einzelfall seit Oktober 1920 ausgeführten und notwendigen oder in den nächsten 12 Monaten nach Stellung des Antrages auszuführenden notwendigen großen Instandsetzungsarbeit für einen bestimmten Zeitraum festsetzen.

Bei der Festsetzung dieses Sonderzuschlages darf das Mieteinigungsamt 3 v. H. der „reinen Jahresfriedensmiete" im Einzelfalle nicht überschreiten.

Bei nach dem 1. Januar 1920 durch Veräußerung erworbenen Gebäuden ist ein Hundertsatz der „reinen Friedensmiete" für solche Mängel nicht zu bewilligen, die beim Erwerb des Gebäudes bereits vorhanden waren, und die der Vermieter gekannt hat oder kennen mußte.

leistungen nur bei einzelnen Mietern entstehen, haben nur diese sie zu tragen. Der Vermieter ist verpflichtet, den Mietern auf Verlangen Auskunft über die Höhe der Kosten der Heizstoffe und der Nebenleistungen zu geben und die erforderlichen Belege vorzulegen.

§ 13. Die Kosten der Heizstoffe für Sammelheizung und Warmwasserversorgung, wozu auch die Kosten der Anfuhr gehören, werden auf die beteiligten Rauminhaber umgelegt, und zwar die Kosten für Sammelheizung oder Sammelheizung und Warmwasser, wenn beides geliefert wird, unter Zugrundelegung der Quadratmeterzahl der beheizten Fläche, die Kosten für Warmwasser, wenn dieses allein geliefert wird, unter Zugrundelegung der Quadratmeterzahl der Nutzungsfläche.

§ 14. Der Vermieter ist berechtigt, an jedem Monatsersten — wenn die Mietervertretung bis dahin das für die Heizstoffe erforderliche Einkaufsgeld nicht selbst aufbringt — für den Einkauf der Heizstoffe folgende Vorschüsse zu erheben:

a) bei Sammelheizung und Warmwasserversorgung ein Zwölftel des Zentnerkokspreises für jedes Quadratmeter der beheizten Fläche,
b) bei Sammelheizung allein ein Achtzehntel des Zentnerkokspreises für jedes Quadratmeter der beheizten Fläche,
c) bei Warmwasserversorgung allein ein Neunund-

Der im Einzelfall auf die Mieter entfallende Betrag ist umzulegen.

Das Mieteinigungsamt hat die Ausführung der großen Instandsetzungsarbeiten, für die ein Hundertsatz der „reinen Friedensmiete" bewilligt ist, durch geeignete Anordnungen zu sichern."

dreißigstel des Zentnerkokspreises für jedes Quadratmeter Nutzungsfläche.

Wohnt der Vermieter in dem Hause, so hat er diese Kosten anteilig zu tragen.

§ 15. Die Kosten des Fahrstuhlbetriebes sind mangels anderweitiger Vereinbarung umzulegen, sofern nicht alle Mieter, die an den Fahrstuhl angeschlossen sind, auf die Benutzung des Fahrstuhls verzichten.

Zu den Kosten des Fahrstuhlbetriebs gehören alle Aufwendungen, die erforderlich sind, um den Betrieb des Fahrstuhls ordnungs- und vorschriftsmäßig aufrecht zu erhalten, also auch die Kosten für Instandhaltung (z. B. Seilerneuerung, Motorreparatur und dergleichen).

Der Vermieter ist berechtigt, die Kosten, die durch Wiederinbetriebsetzung eines auf Grund freier Vereinbarung, einer polizeilichen Anordnung oder aus sonstigen Gründen längere Zeit hindurch außer Betrieb gesetzten Fahrstuhls entstehen, zur Hälfte auf die an den Fahrstuhl angeschlossenen Mieter nach dem Verhältnisse der Friedensmiete umzulegen.

Als an den Fahrstuhl angeschlossen gelten diejenigen Mieter, deren Mieträume einen unmittelbaren Zugang zum Fahrstuhl haben.

Die Bewohner des Erdgeschosses können zu den Kosten für den Fahrstuhlbetrieb nicht herangezogen werden, wenn sie dem Vermieter gegenüber erklärt haben, daß sie auf die Benutzung des Fahrstuhls verzichten.

§ 16. In den Fällen, in denen durch Beschluß des Mieteinigungsamtes die Sammelheizung oder Warmwasserversorgung oder beide ganz oder teilweise eingestellt sind, kann das Mieteinigungsamt auf Anruf des Vermieters oder eines Mieters die Wiederinbetriebsetzung ganz oder teilweise anordnen und über die Kosten der Wiederinbetriebsetzung entscheiden.

§ 17. Jeder Mieter ist berechtigt, die Wahl einer Mietervertretung zu betreiben. Von der vorzunehmenden Wahl sind sämtliche Mieter in Kenntnis zu setzen. Die Wahl erfolgt formlos. Jede Mietpartei hat eine Stimme. Wahlberechtigt sind sämtliche Mieter. Wohnt der Hauptmieter nicht in der Wohnung, ist auch der Untermieter stimmberechtigt. Die Mietervertretung gilt als ordnungsmäßig gewählt, wenn sie die Mehrzahl der Stimmen der Mieter auf sich vereinigt. Das Wahlergebnis ist dem Vermieter mitzuteilen.

Die Mieter von Mieträumen mit Sammelheizung beziehungsweise Warmwasserversorgung haben eine Mietervertretung von ein bis drei Personen zu wählen.

Bei Beschaffung, Lagerung und Verwendung der Heizstoffe hat die Mietervertretung ein Mitwirkungs- und Aufsichtsrecht. Im Streitfalle entscheidet das Mieteinigungsamt.

Der Vermieter ist verpflichtet, über den Ankauf und über die gemäß § 14 zu zahlenden Vorschüsse und ihre Verrechnung genau Buch zu führen, die Berechnungsbelege geordnet aufzubewahren und der Mietervertretung jederzeit Einsicht zu gewähren.

Beschafft ein Vermieter die notwendigen Heizstoffe nicht rechtzeitig, so ist die Mietervertretung nach Ablauf einer von ihr dem Vermieter gestellten Frist befugt, die Heizstoffe einzukaufen und an dazu bestimmten Stellen des Hausgrundstücks zu lagern.

Der Vermieter kann einen nach näherer Anordnung der Gemeindebehörde zu zahlenden Vorschuß für die Heizstoffe nur dann erheben, wenn die Mietervertretung das für die Heizstoffe erforderliche Einkaufsgeld nicht selbst aufbringt. Wohnt der Vermieter in dem Hause, hat er die Kosten der Heizung anteilig zu tragen.

§ 18. Bei der Berechnung der gesetzlichen Untermiete ist zunächst die Miete festzustellen, die der Untervermieter unter Zugrundelegung der gesetzlichen Miete selbst für den leeren Raum zu zahlen hat. Falls nur ein Teil des von dem Untervermieter gemieteten Raumes weitervermietet ist, muß der auf diesen Teil entfallende Betrag im angemessenen Verhältnis zu dem Gesamtmietzins stehen.

Die Vorschriften dieser Bekanntmachung finden keine Anwendung auf möblierte Zimmer. Bei möblierten Wohnungen tritt zu dem auf den leeren Raum entfallenden Mietzins ein Zuschlag[1]) für die Überlassung und Abnutzung von Einrichtungsgegenständen, Wäsche, Gardinen, Geschirr usw. sowie für die Säuberung der Mieträume und Reinigung der Bettwäsche und Gardinen.

Der Zuschlag darf folgende Hundertsätze der gesetzlichen Miete, die der Untervermieter selbst für den leeren Raum zu zahlen hat, nicht übersteigen:

a) bei einfach möblierten Zimmern und Wohnungen . . . . 70 v. H.

b) bei bürgerlich möblierten Zimmern und Wohnungen . . . . 105 „ „

---

[1]) Abs. 2 bis „Zuschlag" ist Fassung v. 24. 12. 24, geltend seit 1. 1. 25. Abs. 2 begann in der Fassung v. 30. 4. 24:

„Zu dem auf den leeren Raum entfallenden Mietzins tritt ein Zuschlag . . .".

c) bei elegant möblierten Zimmern und Wohnungen . . . . 175 v. H. [1])

Für die Lieferung von Morgenkaffee, Heizung, Beleuchtung usw., für Bedienung, für Bad-, Telephonbenutzung und dgl. sind die ortsüblichen Preise zu zahlen.

Bei Vorhandensein von Sammelheizung und Warmwasserversorgung hat der Untermieter die Kosten hierfür anteilig zu tragen, und zwar müssen die auf ihn entfallenden Kosten im angemessenen Verhältnis zu den auf den Hauptmieter entfallenden Kosten stehen.

(Abs. 6 ist aufgehoben.)[2])

Falls eine Einigung zwischen den Beteiligten nicht zustande kommt, entscheidet auf Anruf eines Vertragsteiles das Mieteinigungsamt.

Mit der gesetzlichen Untermiete ist ein gemäß § 9 Abs. 1 auf den untervermieteten Raum entfallender Teil des Gemeindezuschlages[3]) zur Hauszinssteuer von dem Untermieter zu zahlen[4]).

---

[1]) Die Zahlen 70, 105, 175 sind gemäß der Bek. v. 28. 6. 24 seit dem 1. 7. 24 an die Stelle der Zahlen 120, 180, 300 getreten.

[2]) Abs. 6 ist durch die Bek. v. 28. 6. 24 mit Wirkung v. 1. 7. 24 gestrichen. Er lautete:

„Hat der Hauptmieter einen Zuschlag für große Instandsetzungsarbeiten zu zahlen, so ist der Untermieter verpflichtet, diesen Zuschlag anteilig mitzutragen. Die Erhebung eines besonderen Zuschlages hierzu gemäß Abs. 2 dieses Paragraphen ist unzulässig."

[3]) § 8a Pr. SteuernotVO., oben zu La. Kommt für Berlin nicht in Betracht.

[4]) Fassung der Bek. v. 28. 6. 24 mit Wirkung v. 1. 7. 24. Der Abs. 8 lautete in alter Fassung:

„Neben der gesetzlichen Untermiete ist der gemäß § 19 auf den untervermieteten Raum entfallende Teil der Hauszinssteuer von dem Untermieter zu zahlen."

Sämtliche vor dem Inkrafttreten dieser Bekanntmachung anhängig gewordenen Streitigkeiten über die Höhe der gesetzlichen Miete für möblierte Zimmer, die keine selbständige Wohnung darstellen, sind nach den bisherigen Vorschriften zu erledigen[1]).

§ 19. (Aufgehoben) [2]).

§ 20. In den Fällen der §§ 5, 11, 15[3]) erfolgt die Umlage auf die selbständigen Wohnungen oder die selbständigen Räume anderer Art nach dem Verhältnis der „reinen Friedensmieten". Hierbei sind auch solche Räume zu berücksichtigen, für die nicht die gesetzliche Miete gezahlt wird oder die nicht vermietet sind.

---

[1]) Dieser Abs. ist durch Bek. v. 24. 12. 24, geltend seit 1. 1. 25, zugefügt. Er ist textlich verunglückt. Mit „dieser Bekanntmachung" ist die vom 24. 12. 24 gemeint. Es soll also für am 1. 1. 25 schwebende Sachen über möblierte Zimmer der § 18 in der bisherigen Fassung weiter gelten.

[2]) Aufgehoben durch die Bek. v. 28. 6. 24 mit Wirkung v. 1. 7. 24 ab. Der § 19 lautete:

„Der Vermieter ist berechtigt, die von ihm auf Grund der Preußischen Steuernotverordnung vom 1. April 1924 — Gesetzsammlung Seite 191 — zu zahlende „Hauszinssteuer" neben der gesetzlichen Miete umzulegen.

Die „Hauszinssteuer" beträgt gemäß § 2 der „Preußischen Steuernotverordnung" 400 v. H. der nach den Vorschriften des Gesetzes vom 14. Februar 1923 — Gesetzsammlung S. 29 — und seiner Abänderungen veranlagten „vorläufigen Steuer vom Grundvermögen."

Auch im Falle der Steuerminderung nach § 2 Abs. 3 oder nach den §§ 3 und 4 der Preußischen Steuernotverordnung bleibt der Vermieter gemäß § 28 Ziffer 6 der dritten Reichssteuernotverordnung berechtigt, einen der vollen Steuer entsprechenden Betrag umzulegen."

[3]) So Fassung der Bek. v. 28. 6. 24 mit Wirkung v. 1. 7. 24 ab. Vorher hieß es: „§§ 5, 9, 11, 15 und 19".

§ 21. Erfolgen Zahlungen auf Grund dieser Bekanntmachung in Papiermark, so ist der Umrechnung der am Tage vor der Zahlung amtlich festgestellte Berliner Goldmarkmittelkurs zugrunde zu legen.

§ 22. Diese Bekanntmachung tritt mit dem 1. Mai d. J. in Kraft.

Berlin, den 30. April 1924.

Magistrat.

Ph.

Bekanntmachung des Magistrats Berlin über die Mietzinsbildung.

Vom 2. Februar 1925 (GemBl. 31, ausgegeben 8. 2. 1925).

Auf Grund der Bekanntmachung vom 28. Juni 1924 (Sonderausgabe des GemBl. vom 30. Juni 1924), vom 24. September 1924 (GemBl. Nr. 39 vom 28. September 1924) und vom 24. Dezember 1924 (GemBl. Nr. 52 vom 28. Dezember 1924) hat die Bekanntmachung über die Mietzinsbildung vom 30. April 1924 (Sonderausgabe des GemBl. vom 30. April 1924) folgende Fassung:

§ 1. (Wie bisher, S. 214).

§ 2. (Wie bisher, S. 215).

§ 3[1]). Die gesetzliche Miete beträgt 76 vom Hundert der „reinen Friedensmiete". Sie ist in Goldmark zu berechnen.

Von den 76 vom Hundert sind für die Kosten der laufenden Instandsetzungsarbeiten 15 vom Hundert der „reinen Friedensmiete" in Ansatz gebracht.

---

[1]) Fassung der Bek. v. 3. 4. 25 (GemBl. 108), mit Wirkung vom 1. 4. 25. Bis dahin lautete § 3 wie in Pg.

Bei der Festsetzung der gesetzlichen Miete auf 76 vom Hundert sind die großen Instandsetzungsarbeiten berücksichtigt worden. In denjenigen Fällen, in denen das Mieteinigungsamt auf Grund der bisherigen Vorschriften einen besonderen Zuschlag für große Instandsetzungsarbeiten festgesetzt hat, vermindert sich die gesetzliche Miete um den zugebilligten Betrag, soweit er am 1. Juli 1924 oder später fällig wird.

Aus der gesetzlichen Miete sind nunmehr neben den Betriebskosten sämtliche auf dem Grundstück ruhenden öffentlichen Lasten zu entrichten.

§ 4. (Wie bisher, S. 216).

§ 5. (Wie bisher, S. 216).

§ 6. (Wie bisher, S. 217).

§ 7. (Wie bisher, S. 218).

§ 8. (Wie bisher, S. 218).

§ 9. (Wie bisher, S. 219).

§ 10. Die Kosten der Heizstoffe für Sammelheizung und Warmwasserversorgung sowie die Nebenleistungen der in dem § 2 unter 1—3 gedachten Art sind getrennt von der gesetzlichen Miete zu berechnen. Soweit Nebenleistungen nur bei einzelnen Mietern entstehen, haben nur diese sie zu tragen. Der Vermieter ist verpflichtet, den Mietern auf Verlangen Auskunft über die Höhe der Kosten der Heizstoffe und der Nebenleistungen zu geben und die erforderlichen Belege vorzulegen.

§ 11. Die Kosten der Heizstoffe für Sammelheizung und Warmwasserversorgung, wozu auch die Kosten der Anfuhr gehören, werden auf die beteiligten Rauminhaber umgelegt, und zwar die Kosten für Sammelheizung oder Sammelheizung und Warmwasser, wenn beides geliefert wird, unter Zugrundelegung der Quadratmeterzahl der beheizten Fläche, die Kosten für Warmwasser, wenn dieses allein geliefert wird, unter Zugrundelegung der Quadratmeterzahl der Nutzungsfläche.

§ 12. Der Vermieter ist berechtigt, an jedem Monatsersten — wenn die Mietervertretung bis dahin das für die Heizstoffe erforderliche Einkaufsgeld nicht selbst aufbringt — für den Einkauf der Heizstoffe folgende Vorschüsse zu erheben:

a) bei Sammelheizung und Warmwasserversorgung ein Zwölftel des Zentnerkokspreises für jedes Quadratmeter der beheizten Fläche,

b) bei Sammelheizung allein ein Achtzehntel des Zentnerkokspreises für jedes Quadratmeter der beheizten Fläche,

c) bei Warmwasserversorgung allein ein Neununddreißigstel des Zentnerkokspreises für jedes Quadratmeter Nutzungsfläche.

Wohnt der Vermieter in dem Hause, so hat er diese Kosten anteilig zu tragen.

§ 13. Die Kosten des Fahrstuhlbetriebes sind mangels anderweitiger Vereinbarung umzulegen, sofern nicht alle Mieter, die an den Fahrstuhl angeschlossen sind, auf die Benutzung des Fahrstuhls verzichten.

Zu den Kosten des Fahrstuhlbetriebes gehören alle Aufwendungen, die erforderlich sind, um den Betrieb des Fahrstuhls ordnungs- und vorschriftsmäßig aufrecht zu erhalten, also auch die Kosten für Instandhaltung (z. B. Seilerneuerung, Motorreparaturen und dergl.).

Der Vermieter ist berechtigt, die Kosten, die durch Wiederinbetriebsetzung eines auf Grund freier Vereinbarung, einer polizeilichen Anordnung oder aus sonstigen Gründen längere Zeit hindurch außer Betrieb gesetzten Fahrstuhls entstehen, zur Hälfte auf die an den Fahlstuhl angeschlossenen Mieter umzulegen.

Als an den Fahrstuhl angeschlossen gelten diejenigen Mieter, deren Mieträume einen unmittelbaren Zugang zum Fahrstuhl haben.

Die Bewohner des Erdgeschosses können zu den Kosten für den Fahrstuhlbetrieb nicht herangezogen werden, wenn sie dem Vermieter gegenüber erklärt haben, daß sie auf die Benutzung des Fahrstuhls verzichten.

§ 14. In den Fällen, in denen durch Beschluß des Mieteinigungsamtes die Sammelheizung oder Warmwasserversorgung oder beide ganz oder teilweise eingestellt sind, kann das Mieteinigungsamt auf Anruf des Vermieters oder eines Mieters die Wiederinbetriebsetzung ganz oder teilweise anordnen und über die Kosten der Wiederinbetriebsetzung entscheiden.

§ 15. Jeder Mieter ist berechtigt, die Wahl einer Mietervertretung zu betreiben. Von der vorzunehmenden Wahl sind sämtliche Mieter in Kenntnis zu setzen. Die Wahl erfolgt formlos. Jede Mietpartei hat eine Stimme. Wahlberechtigt sind sämtliche Mieter. Wohnt der Hauptmieter nicht in der Wohnung, ist auch der Untermieter stimmberechtigt. Die Mietervertretung gilt als ordnungsmäßig gewählt, wenn sie die Mehrzahl der Stimmen der Mieter auf sich vereinigt. Das Wahlergebnis ist dem Vermieter mitzuteilen.

Die Mieter von Mieträumen mit Sammelheizung bzw. Warmwasserversorgung haben eine Mietervertretung von 1 bis 3 Personen zu wählen.

Bei Beschaffung, Lagerung und Verwendung der Heizstoffe hat die Mietervertretung ein Mitwirkungs- und

Aufsichtsrecht. Im Streitfall entscheidet das Mieteinigungsamt.

Der Vermieter ist verpflichtet, über den Ankauf und über die gemäß § 12 zu zahlenden Vorschüsse und ihre Verrechnung genau Buch zu führen, die Berechnungsbelege geordnet aufzubewahren und der Mietervertretung jederzeit Einsicht zu gewähren.

Beschafft ein Vermieter die notwendigen Heizstoffe nicht rechtzeitig, so ist die Mietervertretung nach Ablauf einer von ihr dem Vermieter gestellten Frist befugt, die Heizstoffe einzukaufen und an dazu bestimmten Stellen des Hausgrundstücks zu lagern.

§ 16. Bei der Berechnung der gesetzlichen Untermiete ist zunächst die Miete festzustellen, die der Untervermieter unter Zugrundelegung der gesetzlichen Miete selbst für den leeren Raum zu zahlen hat. Falls nur ein Teil des von dem Untervermieter gemieteten Raumes weitervermietet ist, muß der auf diesen Teil entfallende Betrag in angemessenem Verhältnis zu dem Gesamtmietzins stehen.

Bei möblierten Wohnungen tritt zu dem auf den leeren Raum entfallenden Mietzins ein Zuschlag für die Überlassung und Abnutzung von Einrichtungsgegenständen, Wäsche, Gardinen, Geschirr usw. sowie für die Säuberung der Mieträume und Reinigung der Bettwäsche und Gardinen.

Der Zuschlag darf folgende Hundertsätze der gesetzlichen Miete, die der Untermieter selbst für den leeren Raum zu zahlen hat, nicht übersteigen:

a) bei einfach möblierten Wohnungen . . . 70 v. H.,
b) bei bürgerlich möblierten Wohnungen . . 105 „ ,
c) bei elegant möblierten Wohnungen . . . 175 „ .

Für die Lieferung von Morgenkaffee, Heizung, Beleuchtung usw., für Bedienung, für Bad-, Telefonbenutzung und dergl. sind die ortsüblichen Preise zu zahlen.

Bei Vorhandensein von Sammelheizung und Warmwasserversorgung hat der Untermieter die Kosten hierfür anteilig zu tragen, und zwar müssen die auf ihn entfallenden Kosten im angemessenen Verhältnis zu den auf den Hauptmieter entfallenden Kosten stehen.

Mit der gesetzlichen Untermiete ist ein gemäß § 9 Abs. 1 auf den untervermieteten Raum entfallender Teil des Gemeindezuschlages zur Hauszinssteuer von dem Untermieter zu zahlen[1]).

Falls eine Einigung zwischen den Beteiligten nicht zustande kommt, entscheidet auf Anruf eines Vertragsteiles das Mieteinigungsamt.

Sämtliche vor dem 1. Januar 1925 anhängig gewordenen Streitigkeiten über die Höhe der gesetzlichen Miete für möblierte Zimmer, die keine selbständige Wohnung darstellen, sind nach den bis dahin geltenden Vorschriften zu erledigen.

§ 17. In den Fällen der §§ 5, 9 und 13 erfolgt die Umlage auf die selbständigen Wohnungen oder die selbständigen Räume anderer Art nach dem Verhältnis der „reinen Friedensmieten". Hierbei sind auch solche Räume zu berücksichtigen, für die nicht die gesetzliche Miete gezahlt wird, oder die nicht vermietet sind.

§ 18. Erfolgen Zahlungen auf Grund dieser Bekanntmachung in Papiermark, so ist der Umrechnung der am Tage vor der Zahlung amtlich festgestellte Berliner Goldmarkmittelkurs zugrunde zu legen.

Berlin, den 2. Februar 1925.

Magistrat.

---

[1]) Kommt für Berlin bisher nicht in Frage.

Q.

Bekanntmachung des Magistrats Berlin zur Sicherung der Ausführung laufender Instandsetzungsarbeiten.

Vom 11. Juli 1924 (GemBl. 171).

Auf Grund der Bestimmung unter Ziffer 2 der Verordnung vom 11. Juni 1924 (GS. S. 553) zur Änderung der Verordnung betr. die Mietzinsbildung in Preußen vom 17. April 1924 (GS. S. 474)[1]) sind die der Gemeindebehörde in § 11 Abs. 1 und 2 Ziff. 1 bis 3 der Verordnung über die Mietzinsbildung in Preußen vom 17. April 1924[1]) zugewiesenen Befugnisse (s. auch § 8 der Bekanntmachung über die Mietzinsbildung vom 30. April 1924)[2]) den Bezirksämtern übertragen.

Anträge, die eine Sicherung der Ausführung notwendiger laufender Instandsetzungsarbeiten bezwecken, sind künftig nicht mehr an die bei den Abteilungen des Mieteinigungsamtes gebildeten Schlichtungskammern, sondern unmittelbar an das zuständige Bezirkswohnungsamt zu richten.

Berlin, den 11. Juli 1924.

Magistrat.

---

[1]) Oben zu Ke.

[2]) Oben zu Pg, jetzt neu veröffentlicht am 2. 2. 1925, oben zu Ph.

Ra.

Bekanntmachung zum Schutze der Mieter und über Maßnahmen gegen den Wohnungsmangel für die neue Stadtgemeinde Berlin (Groß-Berliner Wohnungsnotrecht.

Vom 12. Mai 1921 (GemBl. 261).

In Kraft seit 15. 5. 1921.

Der Magistrat gibt bekannt:

1. die im § 1 enthaltene Ermächtigung des Herrn Oberpräsidenten der Provinz Brandenburg und von Berlin vom 30. April 1921 an das Einigungsamt der neuen Stadtgemeinde Berlin,

2. die in den §§ 2 und 21 enthaltenen Anordnungen des Herrn Oberpräsidenten vom gleichen Tage,

3. seine in den übrigen Paragraphen enthaltenen Anordnungen auf Grund der Ermächtigung des Herrn Oberpräsidenten vom selben Tage, unter Zustimmung des Herrn Reichsarbeitsministers und des Herrn Preußischen Ministers für Volkswohlfahrt.

Es beruhen die §§ 1—3 auf der Bekanntmachung des Bundesrates zum Schutze der Mieter vom 23. 9. 1918 (RGBl. S. 1140), 22. 6. 1919 (RGBl. S. 591), 11. 5. 1920 (RGBl. S. 951), die §§ 4—14 und 17—19 auf der Bekanntmachung über Maßnahmen gegen Wohnungsmangel vom 23. 9. 1918 (RGBl. S. 1143), 11. 5. 1920 (RGBl. S. 949), die §§ 15 , 16 und 20 auf beiden vorgenannten Bekanntmachungen und § 14 Ziffer 3 auf der Bekanntmachung über Maßnahmen gegen Wohnungsmangel, sowie der Anordnung über den Zuzug von ortsfremden Personen und von Flüchtlingen vom 23. 7. 1919 (RGBl. S. 1353).

Mieterschutz.

§ 1. Die Erlaubnis des Vermieters, den Gebrauch der gemieteten Sache einem Dritten zu überlassen, insbesondere die Sache weiter zu vermieten (§ 549. Abs. 1 BGB.) wird durch die Erlaubnis des Einigungsamtes ersetzt. Das Einigungsamt soll die Erlaubnis versagen, wenn der Vermieter sie aus einem wichtigen Grunde verweigert hat.

§ 2. Mieträume können vom Vermieter rechtswirksam nur mit vorheriger Zustimmung des Einigungsamtes gekündigt werden, insbesondere, wenn die Kündigung zum Zwecke der Mietsteigerung erfolgt.

Ein ohne Kündigung ablaufendes Mietverhältnis gilt als auf unbestimmte Zeit verlängert, wenn der Vermieter nicht vorher die Zustimmung des Einigungsamtes zu dem Ablauf erwirkt hat. Das Einigungsamt kann bei der Entscheidung die Fortsetzung oder die Verlängerung des Mietverhältnisses jeweils bis zur Dauer eines Jahres bestimmen. Die Vorschrift des § 2 Abs. 2 Mieterschutzverordnung findet Anwendung*).

§ 3. Jder Abschluß eines **neuen** Mietvertrages über Mieträume (auch möblierte) ist vom Vermieter binnen einer Woche nach Abschluß des Vertrages unter Vorlegung des Originalvertrages anzuzeigen. Die Anzeige hat zu enthalten:

a) den Friedensmietzins zum 1. 7. 14,

b) den letztgezahlten und

c) den neu vereinbarten Mietzins.

Übersteigt der vereinbarte Mietzins den Betrag, der für

---

*) Bei Kündigung von Werkwohnungen kommt die Mitwirkung des Mieteinigungsamtes nur dann in Frage, wenn es sich um Mietvertrag, also nicht um Werk- oder Dienstvertrag handelt. (Amtl. Anm.).

Wohnräume, Läden oder Werkstätten der gemieteten Art und Ausstattung unter Berücksichtigung der Nebenleistungen des Vermieters üblich und angemessen ist, so kann sowohl die Gemeindebehörde innerhalb einer Woche nach Eingang der Anzeige, als auch der Mieter bis zum Ablauf zweier Wochen nach Abschluß des Vertrages bei dem Einigungsamt beantragen, daß der Mietzins auf die angemessene Höhe herabgesetzt wird. Etwaige Nebenleistungen des Mieters gelten als Teil des Mietzinses, ebenso eine für den Nachweis der Wohnräume gezahlte Belohnung, soweit sie dem Vermieter unmittelbar oder mittelbar zufließt. Aus einem Mietvertrag, der der Gemeindebehörde nicht angezeigt ist, können von dem Vermieter keine Ansprüche geltend gemacht werden. Der Vertrag wird auch in Ansehung der Ansprüche des Vermieters wirksam, wenn weder die Gemeindebehörde, noch der Mieter innerhalb der Frist eine Herabsetzung des vereinbarten Mietzinses beantragt, wenn die Anträge auf Herabsetzung zurückgezogen werden oder wenn das Einigungsamt über die Anträge entscheidet.

Maßnahmen gegen Wohnungsmangel.
Erhaltung des verfügbaren Wohnraumes.

§ 4. Es ist untersagt, ohne vorherige Zustimmung der Gemeindebehörde

a) Gebäude oder Teile von Gebäuden abzubrechen,
b) Räume, die bis zum 1. Oktober 1918 zu Wohnzwecken bestimmt oder benutzt waren, zu anderen Zwecken, insbesondere als Fabrik-, Lager-, Werkstätten-, Dienst-, Bureau-, Geschäftsräume oder Läden zu verwenden,
c) mehrere Wohnungen zu einer zu vereinigen oder Wohnräume in Geschäftsräume zu verwandeln.

Die Zustimmung darf nur versagt werden, wenn das Einigungsamt sich mit der Versagung einverstanden erklärt hat.

Anzeige- und Auskunftspflicht.

a) im allgemeinen:

§ 5. Alle Hausbesitzer bzw. ihre Stellvertreter oder sonstige Verfügungsberechtigte haben

1. binnen drei Tagen Anzeige auf dem vom Wohnungsamt vorgeschriebenen Vordruck zu erstatten, sobald eine Wohnung oder vermietbare Räume anderer Art — also auch Fabrik-, Lager-, Werkstätten-, Dienst-, Bureau-, Geschäftsräume oder sonstige Räume frei oder gekündigt sind, oder sobald feststeht, daß sie aus irgendeinem Grunde zu einem bestimmten Termin von dem bisherigen Inhaber verlassen werden,
2. auf Verlangen jederzeit über die Zahl, Lage und Größe der Räume zu 1, sowie über die Personenzahl des Haushaltes oder des gewerblichen Betriebes Auskunft zu erteilen,
3. dem mit Ausweis des Wohnungsamtes (Lichtbild und Dienstmarke) versehenen Beamten über Wohnungen und Räume zu 1, sowie über deren Vermietung unter Vorlegung der Mietverträge Auskunft zu erteilen und die Besichtigung zu gestatten.

Als unbenutzt gelten Wohnungen und Räume, wenn sie vollkommen leer stehen oder nur zur Aufbewahrung von Sachen dienen, sofern dem Verfügungsberechtigten eine andere Aufbewahrung ohne Härte zugemutet werden kann*).

---

*) Unbenutzt ist eine Wohnung insbesondere nicht schon wegen Todes des bisherigen Inhabers oder weil der Inhaber sich auf Reisen von nicht mehr als 3 Monaten ununterbrochener Dauer befindet. (Amtl. Anm.).

b) bei Doppelwohnungen.

Jeder, der mehrere Wohnungen in oder außerhalb Berlins besitzt, hat davon der zuständigen Gemeindebehörde Anzeige zu erstatten und dabei anzugeben, welche Wohnung als seine Hauptwohnung angesehen werden soll, die er zu behalten wünscht. Wird in der Anzeige keine Wohnung als Hauptwohnung bezeichnet oder wird die Anzeige unterlassen, so ist die Gemeindebehörde berechtigt, nach erfolgter Mahnung (mit Einschreibebrief) und gleichzeitiger Festsetzung einer angemessenen Frist nach Ablauf derselben zu bestimmen, welche Wohnung als Hauptwohnung anzunehmen ist.

Inanspruchnahme von Räumen.

§ 6. A. Zur Unterbringung wohnungsuchender Personen kann die Gemeindebehörde gemäß § 4 und 5 der Wohnungsmangelverordnung in Anspruch nehmen:

a) unbenutzte Wohnungen oder andere unbenutzte Räume, die zu Wohnzwecken geeignet sind,
b) Wohnungen, die nach § 5b nicht als Hauptwohnungen anzusehen sind,
c) unbenutzte oder benutzte Fabrik-, Lager-, Werkstätten-, Dienst-, Bureau-, Geschäftsräume, Läden oder sonstige Räume, sowie Gasträume in Hotels, Fremdenheimen (Pensionen) und dergl.,
d) benutzte Räume oder Nebenräume solcher Wohnungen von mehr als zwei Zimmern und Küche, die im Verhältnis zur Zahl der Bewohner als übergroß anzusehen sind.

Räume der unter c) genannten Art können auch zu dienstlicher, geschäftlicher, gewerblicher oder anderweitiger Verwendung in Anspruch genommen werden, wenn dadurch mittelbar Räume zu Wohnzwecken frei werden.

Die Einweisung von Personen, die eigene Hauswirtschaft führen, in Räume der unter c) und d) gedachten Art, darf nur dann erfolgen, wenn eine vollständige räumliche und wirtschaftliche Trennung von den ihrem bisherigen Inhaber verbleibenden Räumen ohne erhebliche bauliche Änderung möglich ist.

Andernfalls dürfen nur Personen ohne eigene Hauswirtschaftsführung in diese Räume eingewiesen werden. Auch dies ist nur zulässig, wenn diese Personen tatsächlich auf die ihnen zugewiesenen Räume beschränkt werden können und eine Mitbenutzung weiterer Räume, abgesehen von Vorraum, Wasserzapfstelle und Abort, durch sie den örtlichen Verhältnissen nach nicht notwendig wird. Die Benutzung des Anschlusses an die Gashauptleitung für Beleuchtungs- und Kochzwecke (Gaskocher — nicht Gasherd), ist gegen angemessene Entschädigung zu gestatten, sofern eine Trennung der Leitungen und Aufstellen eines besonderen Gasmessers nicht möglich ist.

B. Öffentliche, in dem Eigentum oder der Verwaltung des Reichs oder eines Landes oder in dem Eigentum oder der Verwaltung einer Körperschaft des öffentlichen Rechts stehende oder religiösen oder anerkannt gemeinnützigen oder anerkannt mildtätigen Zwecken dienende Gebäude dürfen nur mit vorheriger Zustimmung der zuständigen obersten Reichs- oder Landesbehörde in Anspruch genommen werden.

Will die zuständige oberste Reichs- oder Landesbehörde die Zustimmung verweigern, so entscheidet bei Gebäuden, die zur Verfügung des Reichs stehen, die Reichsregierung, im übrigen die Landesregierung.

C. 1. Für die Inanspruchnahme gemäß A d sind die von dem Zentralamt für das Wohnungswesen zu erlassenden Grundsätze zu beachten.

2. Ist der Wohnungsinhaber durch seinen Beruf genötigt, Arbeiten auch in seiner Wohnung zu erledigen, so soll ihm ein besonderes Arbeitszimmer zu diesem Zwecke verbleiben.

3. Die Ausstattung der in Anspruch genommenen Räume mit Einrichtungsgegenständen kann von dem bisherigen Inhaber nicht verlangt werden.

4. Dem über die in Anspruch genommenen Räume Verfügungsberechtigten ist grundsätzlich die Möglichkeit zu gewähren, sich binnen zwei Wochen unter mehreren zugewiesenen Wohnungsuchenden aus der Dringlichkeitsliste des Wohnungsamts selbst einen Mieter für diese Räume auszuwählen. Die Zuweisung eines Mieters darf erst dann erfolgen, wenn eine derartige Einigung erfolglos versucht worden ist.

Wirkung der Inanspruchnahme.

§ 7. Die Inanspruchnahme bleibt auch bei einem Wechsel der Person des Verfügungsberechtigten wirksam.

Räumungspflicht.

§ 8. Die Inhaber der nach § 6 A d in Anspruch genommenen Räume sind innerhalb einer angemessenen, von der Gemeinde zu bestimmenden Frist zur Räumung verpflichtet. Die Frist ist so zu bemessen, daß der Wohnungsinhaber die Möglichkeit hat, die in den Räumen befindlichen Gegenstände anderweit unterzubringen und die für die Umstellung seiner persönlichen Verhältnisse erforderlichen Maßnahmen zu treffen. Sie soll mindestens zwei Wochen betragen.

Bauliche Aenderungen.

§ 9. Die Gemeindebehörde ist berechtigt, vorbehaltlich ihrer Verpflichtung zur Wiederherstellung des früheren Zustandes, in den in Anspruch genommenen Räumen auf eigene Kosten bauliche Änderungen durchzuführen, soweit diese erforderlich sind, um die Räume für den mit der Inanspruchnahme verfolgten Zweck herzurichten. Dem Verfügungsberechtigten ist von der beabsichtigten Änderung Mitteilung zu machen.

Vor der Vornahme baulicher Änderungen an Gebäuden der in § 6 B gedachten Art hat die Gemeindebehörde die Zustimmung der obersten Reichs- oder Landesbehörde einzuholen.

Beendigung der Verfügungsbeschränkung.

§ 10. Der Verfügungsberechtigte darf über die nach § 5a 1 anzeigepflichtigen Räume erst verfügen, wenn die Gemeindebehörde erklärt hat, daß sie einen Bewerber gemäß § 4 der Wohnungsmangelverordnung nicht zuweise, oder wenn zwei Wochen seit erfolgter Anzeige verstrichen sind, ohne daß die Gemeindebehörde sich erklärt hat.

Die Anzeige gilt insbesondere als erfolgt mit der Eintragung der Wohnung in die beim zuständigen Wohnungsamt geführte Liste. Die Eintragung muß am Tage des Einganges der Meldung erfolgen.

Verträge mit nichtzugewiesenen Personen über nicht freigegebene Räume sind nichtig.

Ausgenommen sind die Dienst- und Werkwohnungen. Die Verfügung über sie unterliegt der vorherigen Zustimmung des zuständigen Wohnungsamtes. Die Anzeigepflicht des Vermieters gemäß § 5a 1 gilt auch für sie*).

Zwangsräumung.
Entfernung widerrechtlich zugezogener Personen.

§ 11. Wer eine Wohnung oder sonstige Räume der in § 5a 1 gedachten Art ohne die nach dieser oder den bisher gültigen Anordnungen erforderliche Genehmigung der Gemeindebehörde bezogen oder in Gebrauch genommen hat, kann von der Gemeindebehörde zwangsweise oder im Wege unmittelbaren polizeilichen Zwanges daraus entfernt werden. Die Vorschriften des § 8 Satz 2 und 3 finden Anwendung.

Verwertung in Anspruch genommener Räume.

§ 12[1]. a) Die Gemeindebehörde kann von ihr in An-

---

*) Pförtnerwohnungen gelten als Werkwohnungen, sofern die Gewährung freier Wohnung ein Bestandteil des mit dem Pförtner abgeschlossenen Dienstvertrages ist. (Amtl. Anm.).

[1]) Fassung der Magistratsbek. v. 10. 4. 1924 (GemBl. 82), in Kraft seit 14. 4. 1924. Die alte Fassung lautete:

„a) Die Gemeindebehörde kann von ihr in Anspruch genommene Räume entweder selbst weitervermieten (§ 5 der Wohnungsmangelverordnung) oder dem Verfügungsberechtigten einen Wohnungsuchenden dafür zuweisen. Der Verfügungsberechtigte hat dem ihm zugewiesenen Wohnungsuchenden, sofern dieser einen Ausweis der Gemeindebehörde vorzeigt, die Besichtigung der Räume zu gestatten, § 6 C Ziff. 4 bleibt unberührt.

Kommt zwischen dem Verfügungsberechtigten und dem Wohnungsuchenden ein Mietvertrag nicht zustande, so setzt auf Anrufen der Gemeindebehörde das Einigungsamt einen Mietvertrag fest, falls für den Verfügungsberechtigten kein unverhältnismäßiger Nachteil daraus zu besorgen ist.

b) Gemeinnützigen Baugesellschaften (Genossenschaften usw.) dürfen grundsätzlich nur Mitglieder als Wohnungsuchende zugewiesen werden."

spruch genommene Räume entweder selbst weitervermieten (§ 5 des Wohnungsmangelgesetzes) oder dem Verfügungsberechtigten einen Mietraumsuchenden zuweisen. Der Verfügungsberechtigte hat dem ihm zugewiesenen Mietraumsuchenden, sofern dieser einen Ausweis der Gemeindebehörde vorzeigt, die Besichtigung der Räume zu gestatten. § 6 C Ziffer 4 bleibt unberührt.

Kommt zwischen dem vom Magistrat (Wohnungsamt) bezeichneten Mietraumsuchenden und dem Verfügungsberechtigten innerhalb einer Woche, nachdem der Mietraumsuchende dem Verfügungsberechtigten bezeichnet worden ist, ein Mietvertrag nicht zustande, so setzt auf Anrufen des Magistrats (Wohnungsamtes) das Mieteinigungsamt, falls für den Verfügungsberechtigten kein unverhältnismäßiger Nachteil aus der Vermietung an sich oder aus der Art des Mieters zu besorgen ist, einen Mietvertrag fest. Der Vertrag gilt als geschlossen, wenn der Mietraumsuchende nicht innerhalb einer vom Mieteinigungsamte zu bestimmenden Frist bei diesem Widerspruch erhebt. Der Inhalt des Vertrags gilt den Parteien gegenüber als vereinbart. Das Mieteinigungsamt kann anordnen, daß die Stadt Berlin an Stelle des Mietraumsuchenden als Mieterin gilt und berechtigt ist, die Mieträume weiter zu vermieten.

b) Gemeinnützigen Baugesellschaften (Baugenossenschaften usw.) dürfen grundsätzlich nur Mitglieder als Wohnungsuchende zugewiesen werden.

Verteilung des vorhandenen Wohnraumes.

§ 13. Der Zuzug in einen Verwaltungsbezirk darf nicht versagt werden, soweit nicht Sonderbestimmungen Platz greifen. Jeder Wohnungsuchende ist bei der Verteilung des vorhandenen Wohnraums vorbehaltlich der Bestimmungen des § 14 nach Maßgabe des Zeitpunktes seiner Anmeldung zu berücksichtigen.

Vorzugsweise zu berücksichtigende Wohnungsuchende.

§ 14. Bei der Unterbringung der Wohnungsuchenden sind vorzugsweise zu berücksichtigen:

1. Deutsche, die unter den Einwirkungen des Krieges aus dem Ausland oder aus einem besetzten oder infolge des Friedensschlusses aus dem Reichsgebiet ausscheidenden oder einer anderen Verwaltung unterstehenden Landesteile geflüchtet oder vertrieben sind, sowie Deutsche, die zur Erfüllung einer Wehrpflicht aus dem Auslande nach Deutschland zurückgekehrt sind und denen jetzt von der ausländischen Regierung die Rückkehr nach ihrem Wohnort verboten oder erschwert wird,
2. im Einvernehmen mit den Kriegsgefangenen-Heimkehrstellen zurückkehrende Kriegs- und Zivilgefangene.
3. Die unter 1 und 2 Genannten dürfen auch ohne räumliche und wirtschaftliche Abtrennung in die von der Gemeindebehörde in Anspruch genommenen Räume übergroßer Wohnungen vorübergehend gemäß den Bestimmungen des Kriegsleistungsgesetzes eingewiesen werden.

Räumungsklage.

§ 15[1]. Die Erhebung der Räumungsklage aus einem

---

[1]) Fassung der Magistratsbek. v. 17. 9. 1922 (GemBl. 467), ausgegeben am 24. 9. 1922. Die alte Fassung lautete: „Klagen auf Räumung von Wohnungen dürfen nur mit vorheriger Zustimmung des Mieteinigungsamtes angestrengt werden."

Mietverhältnis bedarf der vorherigen Zustimmung des Mieteinigungsamts.

Vollstreckung von Räumungsurteilen.

§ 16[1]). Der vorherigen Zustimmung des Mieteinigungsamtes bedarf es:

a) zur Entsetzung eines Mieters aus dem Besitz gemieteter Räume auf Grund eines vollstreckbaren Titels,

b) bei Wohnungen, die nur mit Rücksicht auf ein bestehendes Dienst- oder Arbeitsverhältnis ohne Abschluß eines Mietvertrages überlassen worden sind, zur Durchführung eines auf Räumung lautenden Vollstreckungstitels.

Die Zustimmung muß erteilt werden, wenn der Mieter mit der Mietzahlung schuldhaft im Rückstande ist, wenn der Inhaber der Räume Leistungen auf Grund des Dienst- oder Arbeitsverhältnisses, auf Grund dessen ihm die Räume überlassen worden sind, nicht mehr erfüllt oder wenn für den Mieter oder den Inhaber der Räume anderweitige Unterkunft beschafft ist.

Versuch gütlicher Einigung.

§ 17. Zwangseingriffe auf Grund dieser Anordnung sollen nur erfolgen, nachdem der Versuch einer gütlichen Einigung erfolglos geblieben ist.

---

[1]) Fassung der Magistratsbek. v. 17. 9. 1922 (GemBl. 467), ausgegeben am 24. 9. 22. Die alte Fassung lautete: „Vollstreckung von Räumungsurteilen, einstweiligen Verfügungen und Vergleichen wegen Wohnungen ist von der vorherigen Zustimmung des Mieteinigungsamtes abhängig. Die Zustimmung muß erteilt werden, wenn Schuldner mit der Mietzinszahlung schuldhafterweise in Rückstand oder für ihn anderweit Unterkunft beschafft ist."

Inseratverbot.
Gewerbsmäßiges Weitervermieten von Wohnungen.

§ 18. (Nicht mehr von Interesse.)

Neubauten.

§ 19. Auf Neubauten, die erst nach dem 1. Januar 1919 begonnen oder erst nach dem 29. November 1920 fertiggestellt sind, finden nur die Vorschriften der §§ 1 bis 3 Anwendung.

Als Fertigstellung gilt das Datum der über die baupolizeiliche Gebrauchsabnahme erteilten Urkunde.

Strafbestimmungen.

§ 20. (Nicht mehr von Interesse.)

§ 21. Diese Anordnung tritt mit ihrer Verkündung in Kraft[1]). Sämtliche Anordnungen, die die Magistrate (Gemeindevorstände usw.) der bisher selbständigen, nunmehr zu der neuen Stadtgemeinde Berlin zusammengeschlossenen Kommunen und Kommunalverbände, sowie der Wohnungsverband Groß-Berlin auf Grund von Ermächtigungen nach der Mieterschutzverordnung oder Wohnungsmangelverordnung erlassen haben, treten gleichzeitig hiermit außer Kraft.

Berlin, den 12. Mai 1921.

Magistrat.

Böß. Wutzky.

---

[1]) Die die Bek. enthaltende Nr. 20 des GemBl. ist am 15. 5. 21 ausgegeben.

Rb.

Berliner Wohnungsnotrecht.

Vom 18. August 1924 (GemBl. 202).

Auf Grund der Ermächtigung des Preußischen Ministers für Volkswohlfahrt vom 26. Juli 1924 — II. 7. Nr. 761 — wird folgendes bekannt gemacht:

§ 1. Erhaltung des verfügbaren Wohnraums.

Ohne vorherige Zustimmung des Magistrats (Wohnungsamtes) dürfen

a) Gebäude oder Teile von Gebäuden nicht abgebrochen,

b) mehrere Wohnungen zu einer nicht vereinigt oder Wohnräume in Geschäftsräume nicht verwandelt werden.

Räume, die bis zum 1. Oktober 1918 zu Wohnzwecken bestimmt oder benutzt waren, dürfen zu anderen Zwecken, insbesondere als Fabrik-, Lager-, Werkstätten-, Dienst-, Büro-, Geschäftsräume oder Läden nicht verwendet werden. In besonderen Fällen kann der Magistrat (Wohnungsamt) Ausnahmen zulassen, wenn für den beanspruchten Raum neuer Wohnraum hergestellt wird.

§ 2. Anzeige- und Auskunftspflicht. Unbenutzte Räume.

1. Hausbesitzer bzw. ihre Stellvertreter oder sonstige Verfügungsberechtigte haben

a) binnen 3 Tagen schriftlich Anzeige zu erstatten, sobald eine leere oder möblierte Wohnung, einzelne zur Vermietung bestimmte leere Zimmer oder Räume anderer Art — also auch Fabrik-, Lager-, Werkstätten-, Dienst-, Büro-, Geschäftsräume, Läden oder sonstige Räume — frei oder unbenutzt sind, oder sobald fest steht, daß sie zu einem bestimmten Termin von dem bisherigen Inhaber verlassen werden,

b) auf Verlangen den mit Lichtbildausweis versehenen Beauftragten des Magistrats (Wohnungsamtes) jederzeit über die Zahl, Lage und Größe der Räume zu a), sowie über die Personenzahl des Haushaltes oder den Umfang des gewerblichen Betriebes Auskunft zu erteilen,

c) auf Verlangen der[1]) mit Lichtbildausweis versehenen Beauftragten des Magistrats (Wohnungsamtes) über Räume zu a), sowie über das Verfügungsrecht über diese Räume unter Vorlegung etwaiger Verträge Auskunft zu erteilen, und ihnen, sowie den vom Magistrat (Wohnungsamt) bezeichneten Wohnungsuchenden, sofern diese einen Besichtigungs- oder Zuweisungsschein des Magistrats (Wohnungsamtes) vorzeigen, die Besichtigung zu gestatten.

2. Die Anzeige zu 1a) gilt als erfolgt mit dem Tage des Eingangs bei dem zuständigen Wohnungsamt.

3a) Als unbenutzt gelten Wohnungen und Räume der zu 1a) bezeichneten Art, wenn sie völlig leer stehen oder nur zur Aufbewahrung von Sachen dienen, sofern dem Verfügungsberechtigten eine andere Aufbewahrung ohne Härte zugemutet werden kann, oder wenn der Verfügungsberechtigte seinen Wohnsitz dauernd oder zeitweilig in das Ausland verlegt hat.

b) Als unbenutzt gelten untervermietete oder unentgeltlich abgegebene Räume, wenn der Hauptmieter die Wohnung (Mietsache) aufgibt oder länger als 3 Monate nicht benutzt.

---

[1]) Druckfehler. Muß heißen: „den".

c) Wohnungen gelten auch dann als unbenutzt, wenn der Verfügungsberechtigte gestorben ist. Dies gilt nicht, wenn ein volljähriger Erbe zum Hausstande des Erblassers gehört hat oder wenn ein volljähriger Abkömmling des Verfügungsberechtigten Erbe geworden ist und als Wohnungsuchender in der Dringlichkeitsliste eines der Wohnungsämter Berlins eingetragen ist; die Bestimmungen unter a) und b) finden jedoch auch in diesen Fällen Anwendung.

§ 3. Verfügungsrecht über unbenutzte und freiwerdende Räume.

1. Der Verfügungsberechtigte darf über unbenutzte oder freiwerdende Wohnungen oder Räume der zu § 2, Ziff. 1a, bezeichneten Art erst verfügen, nachdem der Magistrat (Wohnungsamt) erklärt hat, daß er einen Mietraumsuchenden nicht bezeichnen will, oder seitdem zwei Wochen seit erfolgter schriftlicher Anzeige verstrichen sind, ohne daß der Magistrat (Wohnungsamt) dem Verfügungsberechtigten einen Mietraumsuchenden bezeichnet oder von dem ihm in § 7 dieser Bekanntmachung eingeräumten Recht Gebrauch gemacht hat. Die Frist beginnt nicht zu laufen, wenn die in der Anzeige gemachten Angaben unzutreffend sind.

2. Werden vor dem 1. Juli 1918 bezugsfertig gewordene Räume, die im Eigentum von Gesellschaften oder Genossenschaften der im § 16 Abs. 1 Satz 3 des Reichsmietengesetzes bezeichneten Art stehen, von dem Magistrat (Wohnungsamt) für Mietraumsuchende in Anspruch genommen, so ist der Magistrat (Wohnungsamt) zu deren Bezeichnung erst dann berechtigt, wenn die Gesellschaft oder Genossenschaft die Räume nicht innerhalb einer Frist

von 2 Wochen seit erfolgter schriftlicher Anzeige an einen Wohnungsuchenden vergibt, der bereits seit mindestens einem Jahre der Gesellschaft oder der Genossenschaft als Mitglied angehört.

§ 4. Doppelwohnungen.

Jeder, der mehrere Wohnungen in Berlin oder innerhalb und außerhalb Berlins besitzt, hat davon dem Magistrat (Wohnungsamt) Anzeige zu erstatten und dabei anzugeben, welche Wohnung er als seine Hauptwohnung zu behalten wünscht. Wird in der Anzeige keine Wohnung als Hauptwohnung bezeichnet oder wird die Anzeige unterlassen, so ist der Magistrat (Wohnungsamt) berechtigt, nach Mahnung durch Einschreibebrief mit Rückschein und gleichzeitiger Festsetzung einer angemessenen Frist nach Ablauf derselben zu bestimmen, welche Wohnung als Hauptwohnung anzusehen ist. Liegen die Wohnungen in mehreren Gemeinden, so hat, wenn das Wahlrecht nicht ausgeübt wird, die Entscheidung darüber, welche Wohnung als Hauptwohnung anzusehen ist, der über beide Gemeinden zuständige Regierungspräsident zu treffen. Falls die in Frage kommenden Gemeinden in verschiedenen Regierungsbezirken liegen, steht unter der gleichen Voraussetzung diese Entscheidung dem Preußischen Minister für Volkswohlfahrt und, falls die Gemeinden in verschiedenen Ländern des Deutschen Reiches liegen, dem Reichsarbeitsminister zu.

§ 5. Inanspruchnahme von Wohnräumen.

1. Zur Unterbringung wohnungsuchender Personen kann der Magistrat (Wohnungsamt) in Anspruch nehmen:

a) Unbenutzte Wohnungen oder andere unbenutzte, zu Wohnzwecken geeignete Räume,

b) Wohnungen, die nach § 4 nicht als Hauptwohnungen gelten,

c) Räume oder Nebenräume solcher Wohnungen von mehr als 2 Zimmern und Küche, die im Verhältnis zur Zahl der Bewohner — wobei die Untermieter mitzurechnen sind — als übergroß anzusehen sind. Ist der Wohnungsinhaber durch seinen Beruf genötigt, Arbeiten auch in seiner Wohnung zu erledigen, so soll ihm ein besonderes Arbeitszimmer für diesen Zweck verbleiben. Zur Ausstattung der in Anspruch genommenen Räume mit Einrichtungsgegenständen ist der bisherige Inhaber nicht verpflichtet.

d) Räume, die zu unsittlichen oder gesetzwidrigen Zwecken benutzt werden[1]. Die Inanspruchnahme kann auch auf Räume erstreckt werden, die mit derartigen Räumen im Zusammenhange stehen oder als ihre Nebenräume anzusehen sind oder die nur mittelbar zu unsittlichen oder gesetzwidrigen Zwecken verwendet worden sind.

2a) Im Falle der Ziffer 1c ist — abgesehen von den Fällen der völligen räumlichen Abtrennung in Ziffer 2b — dem Verfügungsberechtigten grundsätzlich die Möglichkeit zu gewähren, sich binnen zweier Wochen unter mehreren bezeichneten Wohnungsuchenden selbst einen Mieter für diese Räume auszuwählen. Trifft der Verfügungsberechtigte innerhalb dieser Frist keine Wahl, so weist der Magistrat (Wohnungsamt) einen Mieter zu.

b) Die Zuweisung von Personen, die eigene Hauswirt-

---

[1]) Oben zu D, Nb.

schaft führen, in Räume der unter 1c gedachten Art darf nur dann erfolgen, wenn eine vollständige räumliche und wirtschaftliche Trennung von den ihren bisherigen Inhabern verbleibenden Räumen ohne erhebliche bauliche Änderung möglich ist. Andernfalls dürfen nur Personen ohne eigene Wirtschaftsführung in diese Räume eingewiesen werden. Auch dies ist nur zulässig, wenn diese Personen tatsächlich auf die ihnen zugewiesenen Räume beschränkt werden können, und eine Mitbenutzung weiterer Räume, abgesehen von Vorraum, Wasserzapfstelle und Abort, den örtlichen Verhältnissen nach nicht notwendig wird. Die Benutzung des Anschlusses an die Gas- und elektrische Hauptleitung für Beleuchtungs- und Kochzwecke kann nicht verlangt werden.

3. Der Magistrat (Wohnungsamt) ist berechtigt, vorbehaltlich der Verpflichtung zur Wiederherstellung des früheren Zustandes in den gemäß Abs. 1a bis d in Anspruch genommenen Räumen auf eigene Kosten bauliche Veränderungen durchzuführen, soweit diese erforderlich sind, um die Räume für den mit der Inanspruchnahme verfolgten Zweck herzurichten. Dem Verfügungsberechtigten ist von der beabsichtigten Änderung Mitteilung zu machen. Die Anordnung baulicher Veränderungen soll nur nach Anhörung des Verfügungsberechtigten erfolgen und nach Möglichkeit die Schaffung eines dauernd verwertbaren Zustandes anstreben.

4. Stellt der Verfügungsberechtigte dem Magistrat (Wohnungsamt) Wohnräume, die eine abgeschlossene Wohnung nicht darstellen, oder abgeschlossene Wohnungen, die durch Teilung oder Ausbau einer Wohnung gewonnen werden, freiwillig zur Verfügung, bevor eine Be-

schlagnahme erfolgt ist, so ist eine Inanspruchnahme der Räume gemäß Ziff. 1 unzulässig, wenn der Verfügungsberechtigte mit einem der auf der Wohnungsliste des Wohnungsamtes eingezeichneten Wohnungsuchenden, der vor dem 1. Januar 1914 in Deutschland seinen Wohnsitz hatte oder zu den im § 14 bezeichneten Personen gehört, einen Mietvertrag innerhalb einer Frist von einer Woche, nachdem die Räume zur Verfügung gestellt worden sind, abschließt. Der Magistrat (Wohnungsamt) ist verpflichtet, dem Verfügungsberechtigten Einblick in die Wohnungsliste zu gewähren.

Diese Vorschriften gelten auch für den Fall, daß zur Verfügung gestellter Wohnraum durch Aufhebung des Mietvertrages wieder frei wird.

§ 6. Dienst- und Werkwohnungen.

1. Die Inanspruchnahme von Räumen, die zur Unterbringung von Angehörigen eines Betriebes von dem Inhaber des Betriebes errichtet oder vor dem 1. Juli 1918 zu diesem Zwecke von ihm zu Eigentum erworben oder gemietet worden sind, ist nur zulässig, wenn solche Räume länger als vier Wochen nicht benutzt sind und keine sichere Aussicht auf die Benutzung innerhalb der nächsten vier Wochen besteht.

2. Die in Ziffer 1 bezeichneten Räume unterliegen der Anzeigepflicht gemäß § 2 Ziffer 1a erst nach Ablauf der in Ziffer 1 genannten Frist von 4 Wochen.

3. Soweit es sich um die Unterbringung von Personen handelt, die vor dem 1. Januar 1914 ihren Wohnsitz in Deutschland nicht hatten, oder zu den im § 14 genannten Personen nicht gehören, bedarf der Inhaber des Betriebes der Zustimmung des Magistrats (Wohnungsamtes), es

sei denn, daß es sich um die Belegung von Räumen handelt, die für die besonderen Zwecke, als Unterbringung von Wanderarbeitern oder ähnlichen Personen, errichtet sind.

4. Pförtnerwohnungen, bei denen die Gewährung freier Wohnung ein Bestandteil des mit dem Pförtner abgeschlossenen Dienstvertrages ist, gelten als Werkwohnungen im Sinne der Ziffer 1 mit der Maßgabe, daß die Verfügung über sie der vorherigen Zustimmung des Magistrats (Wohnungsamtes) bedarf.

Als Pförtnerwohnungen kommen nur solche Wohnungen in Frage, die bis zu dem Augenblicke des Freiwerdens als Pförtnerwohnungen gedient haben.

§ 7. Inanspruchnahme von anderen als Wohnräumen.

1. Auf Anfordern des Magistrats (Wohnungsamtes) hat der Verfügungsberechtigte der Stadt Berlin unbenutzte Fabrik-, Lager-, Werkstätten-, Dienst-, Büro-, Geschäftsräume, Läden oder sonstige Räume (auch Dachgeschosse) zur Herrichtung als Wohnräume gegen Vergütung zu überlassen. Das Mieteinigungsamt bestimmt die Höhe der Vergütung und die Zahlungsbedingungen, wenn eine Einigung hierüber nicht zustande kommt. Die Stadt Berlin ist berechtigt, den Gebrauch der hergerichteten Räume einem Dritten zu überlassen, insbesondere sie zu vermieten.

Die Bestimmung des § 2, Ziff. 3 a, sowie die Bestimmung des § 5, Ziff. 3, Satz 2 und 3, gilt entsprechend.

2. Nach Fortfall der dem Magistrat erteilten Ermächtigung sind dem Verfügungsberechtigten die Räume in angemessener Frist zurückzugeben. Die Frist bestimmt, wenn eine Einigung nicht zustande kommt, das Mieteinigungs-

amt. Auf Verlangen des Berechtigten hat die Stadt Berlin den der früheren Zweckbestimmung und Ausstattung entsprechenden Zustand der Räume wieder herzustellen, es sei denn, daß ein schriftliches Einvernehmen über die vorgenommenen Änderungen erzielt war.

3. Räume der in Abs. 1 bezeichneten Art können auch zu anderen als Wohnzwecken in Anspruch genommen werden, wenn dadurch mittelbar Räume zu Wohnzwecken frei werden.

§ 8. Wechsel in der Person des Verfügungsberechtigten.

Die Inanspruchnahme bleibt auch bei einem Wechsel der Person des Verfügungsberechtigten wirksam.

§ 9. Öffentliche Gebäude.

1. Die Inanspruchnahme von Gebäuden oder Räumen, die im Eigentum oder in der Verwaltung des Reiches oder eines Landes oder im Eigentum oder in der Verwaltung einer Körperschaft des öffentlichen Rechtes stehen und öffentlichen Zwecken oder zur Unterbringung von Angehörigen der Verwaltung des Reiches, des Landes oder der Körperschaft zu dienen bestimmt sind, ist nur zulässig, wenn von der zuständigen Reichs- oder Landesbehörde kein Einspruch erhoben wird. Diese Behörden entscheiden auch, ob die in Satz 1 erwähnten Voraussetzungen im Einzelfalle vorliegen. Ist Einspruch erhoben, so entscheidet bei Gebäuden oder Räumen, die zur Verfügung des Reiches stehen, die Reichsregierung, im übrigen die Landesregierung.

Die Bestimmungen des Abs. 1 finden auf Gebäude und Räume, die im Eigentum oder in der Verwaltung gemeinnütziger Anstalten und Stiftungen, sowie gemeinnütziger, nicht auf Erwerb gerichteter Organisationen stehen, oder die religiösen oder anerkannt gemeinnützigen oder mildtätigen Zwecken dienen, entsprechend Anwendung.

2. Die Bestimmungen zu Ziff. 1, Abs. 1 und 2, gelten auch für andere Anordnungen und Maßnahmen, die auf Grund dieser Bekanntmachung getroffen sind. Die Bestimmungen der §§ 1 und 2 gelten jedoch auch für die in Ziff. 1, Abs. 1 und 2, genannten Gebäude und Räume mit der Maßgabe, daß die Versagung nach § 1 unzulässig ist, wenn gleichwertiger neuer Wohnraum hergestellt wird.

§ 10. Zwangsmietvertrag.

Kommt zwischen dem vom Magistrat (Wohnungsamt) bezeichneten Mietraumsuchenden und dem Verfügungsberechtigten innerhalb einer Woche, nachdem der Mietraumsuchende dem Verfügungsberechtigten bezeichnet worden ist, ein Mietvertrag nicht zustande, so setzt auf Anrufen des Magistrats (Wohnungsamtes) das Mieteinigungsamt, falls für den Verfügungsberechtigten kein unverhältnismäßiger Nachteil aus der Vermietung an sich oder aus der Art des Mieters zu besorgen ist, einen Mietvertrag fest. Der Vertrag gilt als geschlossen, wenn der Mietraumsuchende nicht innerhalb einer vom Mieteinigungsamte zu bestimmenden Frist bei diesem Widerspruch erhebt. Der Inhalt des Vertrages gilt den Parteien gegenüber als vereinbart. Das Mieteinigungsamt kann anordnen, daß die Stadt Berlin anstelle des Mietraumsuchenden als Mieterin gilt und berechtigt ist, die Mieträume weiter zu vermieten.

Im Falle des § 5, 2b, ist der Vertrag zwischen dem Hauseigentümer und dem Eingewiesenen oder bei der Beschlagnahme überzähliger Räume ohne Abtrennung zwischen dem Hauptmieter und dem Eingewiesenen abzuschließen.

§ 11. Wohnungstausch.

Wollen Personen, die vor dem 1. Januar 1914 in Deutschland ihren Wohnsitz hatten, oder Personen, bei denen die im § 14 genannten Voraussetzungen vorliegen, (auf die bisherige Fassung des § 9c in der Bekanntmachung über Maßnahmen gegen Wohnungsmangel vom 23. September 1918 [22. Juni 1919]/11. Mai 1920 [RGBl. S. 949] in Verbindung mit § 18 des Wohnungsmangelgesetzes vom 26. Juli 1923 [RGBl. S. 754] wird verwiesen)[1]) ihre selbständigen benutzten Wohnungen innerhalb des Reichsgebietes miteinander tauschen, so sind sie verpflichtet, die Genehmigung der beteiligten Gemeindebehörden unter Beifügung der schriftlich gegebenen Zustimmung der Vermieter vor Durchführung des Tausches einzuholen.

Wird die Zustimmung des Vermieters versagt, so entscheidet das Mieteinigungsamt. Ist die Zustimmung des Vermieters erteilt oder durch das Mieteinigungsamt ersetzt, so hat das Wohnungsamt nach Beibringung aller erforderlichen Unterlagen innerhalb einer Frist von 14 Tagen die Genehmigung zu erteilen; bei Überschreitung dieser Frist gilt die Genehmigung als erteilt. Die Vorschriften über die zulässige Belegung und Benutzung behalten Gültigkeit.

§ 12. Räumung in Anspruch genommener Räume.

Die Inhaber der nach § 5, Abs. 1a bis d, und § 7 in Anspruch genommenen Räume haben diese innerhalb

---

[1]) Oben S. 38 Anm. 1.

einer angemessenen, von dem Magistrat (Wohnungsamt) zu bestimmenden Frist zu räumen. Die Frist ist so zu bemessen, daß der Inhaber die Möglichkeit hat, die in den Räumen befindlichen Gegenstände anderweit unterzubringen und die für die Umstellung seiner persönlichen Verhältnisse erforderlichen Maßnahmen zu treffen. Sie soll in der Regel 2 Wochen betragen.

§ 13. Zwangsräumung. Entfernung widerrechtlich zugezogener Personen.

Wer eine Wohnung oder sonstige Räume der im § 2, Ziffer 1a, gedachten Art unter Außerachtlassung der Bestimmungen dieser oder der bisher gültigen Anordnungen und Bekanntmachungen bezogen oder in Gebrauch genommen hat, sowie derjenige, der die Räume nach Fortzug des Hauptmieters weiter benutzt, kann von dem zuständigen Wohnungsamt innerhalb einer angemessenen Frist zwangsweise oder im Wege unmittelbaren polizeilichen Zwanges daraus entfernt werden. Dies gilt auch für denjenigen, der unter Vorspiegelung eines Tausches eine Wohnung bezogen hat[1]).

---

[1]) Dazu der an den Oberpräsidenten von Berlin gerichtete

Erlaß des preuß. Volkswohlfahrtsministers betr. Durchführung der Bestimmung in § 13 des Berliner Wohnungsnotrechts vom 18. August 1924.

Vom 29. November 1924 — II 6 Ha Nr. 281 (nicht amtlich veröffentlicht).

Nach oben bezeichneter Vorschrift kann das Wohnungsamt denjenigen, der eine Wohnung unter Vorspiegelung eines Tausches bezogen hat, aus dieser zwangsweise entfernen. Ich habe Veranlassung, darauf hinzuweisen, daß derjenige, dessen Tauschpartner die eingetauschte Wohnung aus irgendwelchen Gründen nicht bezogen hat, nicht ohne weiteres als bös-

§ 14. Bevorzugte Berücksichtigung bei Verteilung des vorhandenen Wohnraums.

a) Deutsche, die aus dem Ausland oder aus einem besetzten oder infolge des Friedensschlusses aus dem Reichsgebiet ausgeschiedenen oder einem einer anderen Verwaltung unterstehenden Landesteile vertrieben worden sind, sind von den Gemeinden bei der Unterbringung der Wohnungsuchenden vorzugsweise zu berücksichtigen.

Als vertrieben im Sinne des Abs. 1 gelten nur

1. diejenigen, welche infolge Ausweisungsbefehls der fremden Macht das Gebiet verlassen mußten,
2 diejenigen, denen der Aufenthalt in den Gebieten durch sonstige Maßnahmen der Behörde oder andere gleichzwingende Gründe unmöglich gemacht worden ist,
3. diejenigen, welche bei Ausbruch oder während des Krieges in den Gebieten gewohnt, sie alsdann verlassen haben und infolge von Maßnahmen der dortigen Behörden nicht zurückkehren konnten.

Als ein gleichzwingender Grund im Sinne des Abs. 2 Nr. 2 ist der allgemeine Verfall des Wirtschaftslebens in diesen Gebieten nicht anzusehen.

Die Eigenschaft als Vertriebener ist durch eine amtliche Bescheinigung festzustellen. Die obersten Landesbehörden bestimmen die Stellen, welche zur Ausstellung der Bescheinigung berechtigt sind. Von der Beibringung der amtlichen Bescheinigung sind befreit alle Deutsche, die beim Inkrafttreten des Wohnungsmangelgesetzes vom

---

gläubig im Sinne der angeführten Bestimmung anzusehen ist. Voraussetzung hierfür ist vielmehr, daß begründeter Verdacht einer Wohnungsschiebung besteht. Zur Vermeidung unnötiger Beschwerden ersuche ich ergebenst, den Magistrat Berlin hierauf besonders aufmerksam zu machen.

26. Juli 1923 im Besitze von amtlichen Flüchtlingspapieren waren.

Der Anspruch nach Abs. 1 erlischt, sobald der Vertriebene eine Wohnung bezogen hat, sofern es sich nicht lediglich um eine Notwohnung handelt.

b) Familien mit 3 oder mehr in der häuslichen Gemeinschaft lebenden Kindern sind ebenfalls als „vorzugsweise zu berücksichtigende" anzusehen.

c) Ferner die in der Verordnung des Ministers für Volkswohlfahrt vom 16. Juni 1923 genannten Personen[1]).

§ 15. Hotels.

Die Verwendung von Hotels zu anderen Zwecken als denen des Hotelbetriebes, insbesondere zu Geschäfts- und Bürozwecken bedarf der Genehmigung des Oberpräsidenten. Dies gilt nicht im Falle des § 5, 1d.

§ 16. Anzeigepflicht von Mietverträgen.

1. Jeder Abschluß eines neuen Mietvertrages (auch Untermietvertrages) über[1]) leere oder möblierte Wohnungen, selbständige Wohnungsteile und über leere Zimmer, die zur Vermietung bestimmt sind, ist vom Mieter binnen einer Woche nach Abschluß des Vertrages unter Vorlegung des Originalvertrages dem Magistrat (Wohnungsamt) zur Genehmigung mitzuteilen. Die Anzeigepflicht des Mieters kann auch durch Anzeige des Vermieters erfüllt werden.

---

[1]) Oben zu Mf.

[1]) So der Text laut „Berichtigung" des Magistrats v. 3. 9. 24 (GemBl. 213). In der ursprünglichen Fassung hieß es:

„Jeder Abschluß eines neuen Mietvertrages, auch Untermietvertrages über . . .".

2. Verträge der im § 9 genannten Stellen über die Ermietung von Gebäuden oder Gebäudeteilen zu öffentlichen Zwecken sind hiervon ausgenommen.

§ 17. Gewerbsmäßige Vermittelung von Mieträumen.

Es ist verboten:

a) Möblierte oder unmöblierte Wohnungen und Teile von Wohnungen, die sich als selbständige Wohngelegenheiten von der Hauptwohnung abtrennen lassen, sowie unmöblierte Zimmer und vermietbare Räume anderer Art, die der öffentlichen Bewirtschaftung unterliegen — also auch Werkstätten, Fabrik-, Lager-, Dienst-, Büro-, Geschäftsräume, Läden oder sonstige Räume — ohne Genehmigung des Wohnungsamtes anderen Personen zu vermitteln oder die Vermittelung solcher Räume anzubieten.

b) Das Mieten von leeren und möblierten Wohnungen zum Zwecke des gewerbsmäßigen Weitervermietens.

§ 18. Form der Verfügungen. Zwangsmittel.

Die zur Bekämpfung des Wohnungsmangels getroffenen Verfügungen sind mit schriftlicher, tatsächlicher und rechtlicher Begründung dem Betroffenen zuzustellen. Sie können im Wege unmittelbaren polizeilichen Zwanges durchgeführt werden.

§ 19. Strafbestimmungen.

Auf Grund des § 17 des Wohnungsmangelgesetzes vom 26. Juli 1923 und der Verordnung über Vermögensstrafen und Bußen vom 23. November 1923 (RGBl. I S. 1117) bzw. 6. Februar 1924 (RGBl. I S. 44) wird mit Geldstrafe und mit Gefängnis oder mit einer dieser Strafen bestraft:

1. wer den Bestimmungen des § 1 dieser Bekanntmachung zuwiderhandelt,
2. wer eine ihm gemäß § 2 Ziff. 1a) bis c) dieser Bekanntmachung obliegende Verpflichtung vorsätzlich nicht oder nicht rechtzeitig erfüllt, oder wissentlich unrichtige oder unvollständige Angaben macht,
3. wer den in dem § 3 Ziff. 1, § 4, § 6 Ziff. 2 und 4 § 16 Ziff. 1 und § 17 enthaltenen Anordnungen zuwiderhandelt.

§ 20. Neubauten.

1. Neubauten oder durch Um- oder Einbauten neu geschaffene Räume unterliegen den Bestimmungen dieser Bekanntmachung nicht, wenn sie nach dem 1. Juli 1918 bezugsfertig geworden sind oder künftig bezugsfertig werden.
2. Als Datum der Fertigstellung des Neubaues gilt das Datum der baupolizeilichen Gebrauchsabnahmebescheinigung.

§ 21. Inkrafttreten und Übergangsbestimmung.

1. Diese Bekanntmachung tritt am 1. September 1924 in Kraft. An demselben Tage erlischt die Bekanntmachung des Magistrats zum Schutze der Mieter und über Maßnahmen gegen den Wohnungsmangel in der Fassung vom 12. Mai 1921/17. September 1922/ 10. April 1924[1]), sowie sämtliche dieser Bekanntmachung entgegenstehenden Vorschriften, mit Ausnahme des § 16 der erwähnten Bekanntmachung des Magistrats[1]), der für die Fälle des § 51 Abs. 2 des Ge-

[1]) Oben zu Ra.

setzes über Mieterschutz und Mieteinigungsämter vom 1. Juni 1923[1]) weiter in Kraft bleibt.

2. Maßnahmen, die der Magistrat (Wohnungsamt) auf Grund der Bekanntmachung zum Schutze der Mieter und über Maßnahmen gegen den Wohnungsmangel (Groß-Berliner Wohnungsnotrecht) vom 12. Mai 1921/17. September 1922/10. April 1924 getroffen hat, sind nach den bisherigen Vorschriften zu erledigen.

Berlin, den 18. August 1924.

Der Magistrat.
Wege.

R c.

Berliner Wohnungsnotrecht.

Auf Grund der Ermächtigung des Preußischen Ministers für Volkswohlfahrt vom 23. Dezember 1924 — II. 7. Nr. 1910 — wird folgendes bekanntgemacht:

§ 1. Erhaltung des verfügbaren Wohnraums.

Ohne vorherige Zustimmung des Magistrats (Wohnungsamtes) dürfen

a) Gebäude oder Teile von Gebäuden nicht abgebrochen,
b) mehrere Wohnungen zu einer nicht vereinigt oder Wohnräume in Geschäftsräume nicht verwandelt werden.

Räume, die bis zum 1. Oktober 1918 zu Wohnzwecken bestimmt oder benutzt waren, dürfen zu anderen Zwecken,

---

[1]) Oben zu E.

insbesondere als Fabrik-, Lager-, Werkstätten-, Dienst-, Büro-, Geschäftsräume oder Läden nicht verwendet werden. In besonderen Fällen kann der Magistrat (Wohnungsamt) Ausnahmen zulassen, wenn für den beanspruchten Raum neuer Wohnraum hergestellt wird.

§ 2. Anzeige- und Auskunftspflicht. Unbenutzte Räume.

1. Hausbesitzer oder ihre Stellvertreter oder sonstige Verfügungsberechtigte haben

a) binnen 3 Tagen schriftlich Anzeige zu erstatten, sobald eine leere oder möblierte Wohnung, auch wenn sie mit einem Laden oder anderen Räumen zusammenhängt, oder einzelne leere Zimmer, die nicht Teile einer selbständigen Wohnung sind, frei oder unbenutzt sind, oder sobald feststeht, daß sie zu einem bestimmten Termin von dem bisherigen Inhaber verlassen werden,

b) auf Verlangen den mit Lichtbildausweis versehenen Beauftragten des Magistrats (Wohnungsamtes) jederzeit über die Zahl, Lage und Größe der Räume zu a) Auskunft zu erteilen,

c) auf Verlangen den mit Lichtbildausweis versehenen Beauftragten des Magistrats (Wohnungsamtes) über Räume zu a), sowie über das Verfügungsrecht über diese Räume unter Vorlegung etwaiger Verträge Auskunft zu erteilen und ihm[1]), sowie den vom Magistrat (Wohnungsamt) bezeichneten Wohnungsuchenden, sofern diese einen Besichtigungs- oder Zuweisungsschein des Magistrats (Wohnungsamtes) vorzeigen, die Besichtigung zu gestatten.

---

[1]) Druckfehler; muß heißen: „ihnen".

2. Die Anzeige zu 1a) gilt als erfolgt mit dem Tage des Eingangs bei dem zuständigen Wohnungsamt.

3a) Als unbenutzt gelten Wohnungen und Räume der zu 1a) bezeichneten Art, wenn sie völlig leer stehen oder nur zur Aufbewahrung von Sachen dienen, sofern dem Verfügungsberechtigten eine andere Aufbewahrung ohne Härte zugemutet werden kann, oder wenn der Verfügungsberechtigte seinen Wohnsitz dauernd oder zeitweilig in das Ausland verlegt hat.

b) Als unbenutzt gelten untervermietete oder unentgeltlich abgegebene Räume, wenn der Hauptmieter die Wohnung (Mietsache) aufgibt oder länger als 3 Monate nicht benutzt.

c) Wohnungen gelten auch dann als unbenutzt, wenn der Verfügungsberechtigte gestorben ist. Dies gilt nicht, wenn ein volljähriger Erbe zum Hausstande des Erblassers gehört hat oder wenn ein volljähriger Abkömmling des Verfügungsberechtigten Erbe geworden ist und in der Dringlichkeitsliste eines der Wohnungsämter Berlins eingetragen ist; die Bestimmungen unter a) und b) finden jedoch auch in diesen Fällen Anwendung.

§ 3. Verfügungsrecht über unbenutzte und freiwerdende Wohnräume.

1. Der Verfügungsberechtigte darf über unbenutzte oder freiwerdende Räume der im § 2 Ziffer 1a bezeichneten Art erst verfügen, nachdem der Magistrat (Wohnungsamt) erklärt hat, daß er die Räume für Wohnungsuchende nicht in Anspruch nehmen will oder nachdem zwei Wochen seit erfolgter schriftlicher Anzeige verstrichen sind, ohne

daß der Magistrat (Wohnungsamt) dem Verfügungsberechtigten gegenüber sich erklärt [oder von dem ihm im § 7 dieser Bekanntmachung eingeräumten Rechte Gebrauch gemacht][1]) hat. Die Frist beginnt nicht zu laufen, wenn die in der Anzeige gemachten Angaben unzutreffend sind.

2a. Wohnungen, die — abgesehen von Küche, Nebengelaß und Mädchenkammer — 5 oder mehr Wohnräume enthalten, können für den Fall ihres Freiwerdens innerhalb eines Monats nach Erstattung der Anzeige (§ 2 Ziffer 1a) von dem Verfügungsberechtigten an einen Wohnungsuchenden frei vermietet werden, der sich im Besitze einer von einem Berliner Wohnungsamt ausgestellten, auf die entsprechende Zimmerzahl lautenden Ausweiskarte befindet. Hat der Verfügungsberechtigte dem Wohnungsamt innerhalb dieser Frist von 1 Monat den Abschluß eines Mietvertrages mit einem Mietberechtigten nicht angezeigt (§ 16), so hat das Wohnungsamt das Recht, die Räume für Wohnungsuchende in Anspruch zu nehmen.

2b. Die Anordnung des Ministers für Volkswohlfahrt vom 16. Juni 1923, betr. Unterbringung versetzter Beamter[2]) wird von vorstehender Regelung nicht berührt. Daher steht das Verfügungsrecht auch über eine Wohnung von fünf oder mehr Zimmern, die durch Versetzung, Tod oder Ausscheiden eines planmäßigen oder außerplanmäßigen unmittelbaren Reichs- oder Staatsbeamten oder eines Reichswehrangehörigen frei wird, während der ersten drei Wochen, nachdem das Wohnungsamt der vorgesetzten Behörde des Beamten oder Reichswehrangehörigen von dem

[1]) Die umklammerten Worte sind durch „Berichtigung" des Magistrats v. 7. 1. 1925 (GemBl. 9) gestrichen worden.

[2]) Oben zu Mf.

amter wird von vorstehender Regelung nicht berührt. Das Freiwerden Mitteilung gemacht hat, der vorgesetzten Behörde zu. Erst nach Ablauf dieser dreiwöchigen Frist kommt, falls die vorgesetzte Behörde über die Wohnung nicht verfügt hat, das Verfahren des Abs. a) zur Anwendung.

3. Werden vor dem 1. Juli 1918 bezugsfertig gewordene Räume, die im Eigentum von Gesellschaften oder Genossenschaften der im § 16 — Abs. 1 Satz 3 — des Reichsmietengesetzes bezeichneten Art stehen, von dem Magistrat (Wohnungsamt) für Wohnungsuchende in Anspruch genommen, so ist der Magistrat (Wohnungsamt) zu deren Bezeichnung erst dann berechtigt, wenn die Gesellschaft oder Genossenschaft die Räume nicht innerhalb einer Frist von 2 Wochen seit erfolgter schriftlicher Anzeige an einen Wohnungsuchenden vergibt, der bereits seit mindestens einem Jahre der Gesellschaft oder der Genossenschaft als Mitglied angehört.

§ 4. Doppelwohnungen.

Jeder, der mehrere Wohnungen in Berlin oder innerhalb und außerhalb Berlins besitzt, hat davon dem Magistrat (Wohnungsamt) Anzeige zu erstatten und dabei anzugeben, welche Wohnung er als seine Hauptwohnung zu behalten wünscht. Wird in der Anzeige keine Wohnung als Hauptwohnung bezeichnet oder wird die Anzeige unterlassen, so ist der Magistrat (Wohnungsamt) berechtigt, nach Mahnung durch Einschreibebrief mit Rückschein und gleichzeitiger Festsetzung einer angemessenen Frist nach Ablauf derselben zu bestimmen, welche Wohnung als Hauptwohnung anzusehen ist. Liegt eine der Wohnungen nicht in Berlin, aber in der Provinz Brandenburg, so hat, wenn das Wahlrecht nicht ausgeübt wird, die Entscheidung darüber, welche Wohnung als Hauptwohnung anzusehen ist, der Oberpräsident der Provinz Brandenburg und von Berlin zu treffen. Falls die außerhalb Berlins gelegene Wohnung nicht in der Provinz Brandenburg liegt, steht unter der gleichen Voraussetzung diese Entscheidung dem Preußischen Minister für Volkswohlfahrt und, falls sie nicht innerhalb des Preußischen Staatsgebietes liegt, dem Reichsarbeitsminister zu.

§ 5. Inanspruchnahme von Wohnräumen.

1. Zur Unterbringung wohnungsuchender Personen kann der Magistrat (Wohnungsamt) in Anspruch nehmen:

a) Unbenutzte Wohnungen oder unbenutzte Räume der im § 2 Ziffer 1a bezeichneten Art,

b) Wohnungen, die nach § 4 nicht als Hauptwohnungen gelten,

c) Räume, die zu unsittlichen oder gesetzwidrigen Zwecken benutzt werden[1]). Die Inanspruchnahme kann auch auf Räume erstreckt werden, die mit derartigen Räumen im Zusammenhange stehen oder als ihre Nebenräume anzusehen sind oder die nur mittelbar zu unsittlichen oder gesetzwidrigen Zwecken verwendet worden sind.

2. Der Magistrat (Wohnungsamt) ist berechtigt, vorbehaltlich der Verpflichtung zur Wiederherstellung des früheren Zustandes in den gemäß Abs. 1a bis c in Anspruch genommenen Räumen auf eigene Kosten bauliche Veränderungen durchzuführen, soweit diese erforderlich sind, um die Räume für den mit der Inanspruchnahme verfolgten Zweck herzurichten. Dem Verfügungsberechtigten ist von der beabsichtigten Änderung Mitteilung zu machen. Die Anordnung baulicher Veränderungen soll

---

[1]) Oben zu D, Nb.

nur nach Anhörung des Verfügungsberechtigten erfolgen und nach Möglichkeit die Schaffung eines dauernd verwertbaren Zustandes anstreben.

§ 6. Dienst- und Werkwohnungen.

1. Die Inanspruchnahme von Räumen, die zur Unterbringung von Angehörigen eines Betriebes von dem Inhaber des Betriebes errichtet oder vor dem 1. Juli 1918 zu diesen Zwecken von ihm zu Eigentum erworben oder gemietet worden sind, ist nur zulässig, wenn solche Räume länger als vier Wochen nicht benutzt sind und keine sichere Aussicht auf die Benutzung innerhalb der nächsten vier Wochen besteht.

2. Die in Ziffer 1 bezeichneten Räume unterliegen der Anzeigepflicht gemäß § 2 Ziffer 1a erst nach Ablauf der in Ziffer 1 genannten Frist von 4 Wochen.

3. Soweit es sich um die Unterbringung von Personen handelt, die vor dem 1. Januar 1914 ihren Wohnsitz in Deutschland nicht hatten, oder zu den im § 14 genannten Personen nicht gehören, bedarf der Inhaber des Betriebes der Zustimmung des Magistrats (Wohnungsamtes), es sei denn, daß es sich um die Belegung von Räumen handelt, die für die besonderen Zwecke, als Unterbringung von Wanderarbeitern oder ähnlichen Personen, errichtet sind.

4. Pförtnerwohnungen, bei denen die Gewährung freier Wohnung ein Bestandteil des mit dem Pförtner abgeschlossenen Dienstvertrages ist, gelten als Werkwohnungen im Sinne der Ziffer 1 mit der Maßgabe, daß die Verfügung über sie der vorherigen Zustimmung des Magistrats (Wohnungsamtes) bedarf.

Als Pförtnerwohnungen kommen nur solche Wohnungen in Frage, die bis zu dem Augenblicke des Freiwerdens als Pförtnerwohnungen gedient haben.

§ 7. Inanspruchnahme von anderen als Wohnräumen.

1. Auf Anfordern des Magistrats (Wohnungsamtes) hat der Verfügungsberechtigte der Stadt Berlin unbenutzte Fabrik-, Lager-, Werkstätten-, Dienst-, Büro-, Geschäftsräume, Läden oder sonstige Räume (auch Dachgeschosse), falls sie länger als drei Monate leerstehen, zur Herrichtung als Wohnräume gegen Vergütung zu überlassen. Das Mieteinigungsamt bestimmt die Höhe der Vergütung und die Zahlungsbedingungen, wenn eine Einigung hierüber nicht zustande kommt. Die Stadt Berlin ist berechtigt, den Gebrauch der hergerichteten Räume einem Dritten zu überlassen, insbesondere sie zu vermieten.

Die Bestimmung des § 2 Ziffer 3a und b sowie die Bestimmung des § 5 Ziffer 2 Satz 2 und 3 gilt entsprechend.

2. Nach Fortfall der dem Magistrat erteilten Ermächtigung sind dem Verfügungsberechtigten die Räume in angemessener Frist zurückzugeben. Die Frist bestimmt, wenn eine Einigung nicht zustande kommt, das Mieteinigungsamt. Auf Verlangen des Berechtigten hat die Stadt Berlin den der früheren Zweckbestimmung und Ausstattung entsprechenden Zustand der Räume wieder herzustellen, es sei denn, daß ein schriftliches Einvernehmen über die vorgenommenen Änderungen erzielt war.

§ 8. Wechsel in der Person des Verfügungsberechtigten.

Die Inanspruchnahme bleibt auch bei einem Wechsel der Person des Verfügungsberechtigten wirksam.

§ 9. Öffentliche Gebäude.

1. Die Inanspruchnahme von Gebäuden oder Räumen, die im Eigentum oder in der Verwaltung des Reiches oder eines Landes oder im Eigentum oder in der Verwaltung einer Körperschaft des öffentlichen Rechtes stehen und öffentlichen Zwecken oder zur Unterbringung von Angehörigen der Verwaltung des Reiches, des Landes oder der Körperschaft zu dienen bestimmt sind, ist nur zulässig, wenn von der zuständigen Reichs- oder Landesbehörde kein Einspruch erhoben wird. Diese Behörden entscheiden auch, ob die im Satz 1 erwähnten Voraussetzungen im Einzelfalle vorliegen. Ist Einspruch erhoben, so entscheidet bei Gebäuden oder Räumen, die zur Verfügung des Reiches stehen, die Reichsregierung, im übrigen die Landesregierung.

Die Bestimmungen des Abs. 1 finden auf Gebäude und Räume, die im Eigentum oder in der Verwaltung gemeinnütziger Anstalten und Stiftungen, sowie gemeinnütziger, nicht auf Erwerb gerichteter Organisationen stehen, oder die religiösen oder anerkannt gemeinnützigen oder mildtätigen Zwecken dienen, entsprechend Anwendung.

2. Die Bestimmungen zu Ziffer 1 Abs. 1 und 2 gelten auch für andere Anordnungen und Maßnahmen, die auf Grund dieser Bekanntmachung getroffen sind. Die Bestimmungen der §§ 1 und 2 gelten jedoch auch für die in Ziffer 1 Abs. 1 und 2 genannten Gebäude und Räume mit der Maßgabe, daß die Versagung nach § 1 unzulässig ist, wenn gleichwertiger neuer Wohnraum hergestellt wird.

§ 10. Zwangsmietvertrag.

Kommt zwischen dem vom Magistrat (Wohnungsamt) bezeichneten Wohnungsuchenden und dem Verfügungsberechtigten innerhalb einer Woche, nachdem der Wohnungsuchende dem Verfügungsberechtigten bezeichnet worden ist, ein Mietvertrag nicht zustande, so setzt auf Anrufen des Magistrats (Wohnungsamtes) das Mieteinigungsamt, falls für den Verfügungsberechtigten kein unverhältnismäßiger Nachteil aus der Vermietung an sich oder aus der Art des Mieters zu besorgen ist, einen Mietvertrag fest. Der Vertrag gilt als geschlossen, wenn der Wohnungsuchende nicht innerhalb einer vom Mieteinigungsamt zu bestimmenden Frist bei diesem Widerspruch erhebt. Der Inhalt des Vertrages gilt den Parteien gegenüber als vereinbart. Das Mieteinigungsamt kann anordnen, daß die Stadt Berlin an Stelle des Wohnungsuchenden als Mieterin gilt und berechtigt ist, die Mieträume weiter zu vermieten.

§ 11. Wohnungstausch.

Wollen Personen, die vor dem 1. Januar 1914 in Deutschland ihren Wohnsitz hatten, oder Personen, bei denen die im § 14 genannten Voraussetzungen vorliegen, (auf die bisherige Fassung des § 9c in der Bekanntmachung über Maßnahmen gegen Wohnungsmangel vom 23. September 1918 [22. Juni 1919]/11. Mai 1920 [RGB. S. 949] in Verbindung mit § 18 des Wohnungsmangelgesetzes vom 26. Juli 1923 [RGBl. S. 754] wird verwiesen)[1] ihre selbständigen benutzten Wohnungen innerhalb des Reichsgebietes miteinander tauschen, so sind sie verpflichtet, die Genehmigung der beteiligten Gemeindebehörden unter Beifügung der schriftlich gegebenen Zustimmung der Vermieter vor Durchführung des Tausches einzuholen.

---

[1] Oben S. 38 Anm. 1.

Wird die Zustimmung des Vermieters versagt, so entscheidet das Mieteinigungsamt. Ist die Zustimmung des Vermieters erteilt oder durch das Mieteinigungsamt ersetzt, so hat das Wohnungsamt nach Beibringung aller erforderlichen Unterlagen innerhalb einer Frist von 14 Tagen die Genehmigung zu erteilen; bei Überschreitung dieser Frist gilt die Genehmigung als erteilt.

§ 12. Räumung in Anspruch genommener Räume.

Die Inhaber der nach § 5 Abs. 1a bis c und § 7 in Anspruch genommenen Räume haben diese innerhalb einer angemessenen, von dem Magistrat (Wohnungsamt) zu bestimmenden Frist zu räumen. Die Frist ist so zu bemessen, daß der Inhaber die Möglichkeit hat, die in den Räumen befindlichen Gegenstände anderweit unterzubringen und die für die Umstellung seiner persönlichen Verhältnisse erforderlichen Maßnahmen zu treffen. Sie soll in der Regel 2 Wochen betragen.

§ 13. Zwangsräumung. Entfernung widerrechtlich zugezogener Personen.

Wer eine leere oder möblierte Wohnung oder leere Zimmer, die nicht Teile einer selbständigen Wohnung sind, unter Außerachtlassung der Bestimmungen dieser oder der bisher gültigen Anordnungen und Bekanntmachungen bezogen oder in Gebrauch genommen hat, sowie derjenige, der die Räume nach Fortzug des Hauptmieters weiter benutzt, kann von dem zuständigen Wohnungsamt innerhalb einer angemessenen Frist zwangsweise oder im Wege unmittelbar polizeilichen Zwanges daraus entfernt werden. Dies gilt auch für denjenigen, der unter Vorspiegelung eines Tausches eine Wohnung bezogen hat[1]).

[1]) Oben S. 258 Anm. 1.

§ 14. Bevorzugte Berücksichtigung bei Verteilung des vorhandenen Wohnraumes.

1. Deutsche, die aus dem Ausland oder aus einem besetzten oder infolge des Friedensschlusses aus dem Reichsgebiet ausgeschiedenen oder einem einer anderen Verwaltung unterstehenden Landesteile vertrieben worden sind, sind bei der Unterbringung der Wohnungsuchenden vorzugsweise zu berücksichtigen.

Als vertrieben im Sinne der Ziffer 1 Abs. 1 gelten nur:

a) diejenigen, welche infolge Ausweisungsbefehls der fremden Macht das Gebiet verlassen mußten,

b) diejenigen, denen der Aufenthalt in den Gebieten durch sonstige Maßnahmen der Behörde oder andere gleichzwingende Gründe unmöglich gemacht worden ist,

c) diejenigen, welche bei Ausbruch oder während des Krieges in den Gebieten gewohnt, sie alsdann verlassen haben und infolge von Maßnahmen der dortigen Behörden nicht zurückkehren konnten.

Als ein gleichzwingender Grund im Sinne des Abs. 2 Nr. 2 ist der allgemeine Verfall des Wirtschaftslebens in diesen Gebieten nicht anzusehen.

Die Eigenschaft als Vertriebener ist durch eine amtliche Bescheinigung festzustellen. Die obersten Landesbehörden bestimmen die Stellen, welche zur Ausstellung der Bescheinigung berechtigt sind. Von der Beibringung der amtlichen Bescheinigung sind befreit alle Deutschen, die beim Inkrafttreten des Wohnungsmangelgesetzes vom 26. Juli 1923[1]) im Besitze von amtlichen Flüchtlingspapieren waren.

---

[1]) 1. 9. 23, oben zu C.

Der Anspruch nach Abs. 1 erlischt, sobald der Vertriebene eine Wohnung bezogen hat, sofern es sich nicht lediglich um eine Notwohnung handelt.

2. Als vorzugsweise zu berücksichtigende Wohnungsuchende sind ferner anzusehen:

a) Familien mit 3 oder mehr in der häuslichen Gemeinschaft lebenden Kindern,

b) die in der Verordnung des Ministers für Volkswohlfahrt vom 16. Juni 1923 genannten Personen[1]).

§ 15. Hotels.

Die Verwendung von Hotels zu anderen Zwecken als denen des Hotelbetriebes, insbesondere zu Geschäfts- und Bürozwecken, bedarf der Genehmigung des Oberpräsidenten. Dies gilt nicht im Falle des § 5, 1c.

§ 16. Anzeige und Genehmigung von Mietverträgen.

1. Jeder Abschluß eines neuen Mietvertrages (auch Untermietvertrages) über leere oder möblierte Wohnungen und über leere Zimmer, die nicht Teile einer selbständigen Wohnung sind, ist vom Mieter binnen einer Woche nach Abschluß des Vertrages unter Vorlegung des Originalvertrages dem Magistrat (Wohnungsamt) zur Genehmigung mitzuteilen. Der Anzeigepflicht des Mieters wird durch Anzeige des Vermieters genügt.

2. Verträge der im § 9 genannten Stellen über die Ermietung von Gebäuden oder Gebäudeteilen zu öffentlichen Zwecken sind hiervon ausgenommen.

---

[1]) Oben zu Mk.

§ 17. Gewerbsmäßige Vermittlung von Wohnräumen.

Es ist verboten:

a) Möblierte oder unmöblierte Wohnungen von weniger als fünf Zimmern sowie leere Zimmer, die nicht Teile einer selbständigen Wohnung sind, ohne Genehmigung des Wohnungsamtes anderen Personen gewerbsmäßig zu vermitteln oder die Vermittlung solcher Räume anzubieten.

b) Das Mieten von leeren und möblierten Wohnungen zum Zwecke des gewerbsmäßigen Weitervermietens.

§ 18. Form der Verfügungen. Zwangsmittel.

Die zur Bekämpfung des Wohnungsmangels getroffenen Verfügungen sind mit schriftlicher, tatsächlicher und rechtlicher Begründung dem Betroffenen zuzustellen. Sie können zwangsweise oder im Wege unmittelbaren polizeilichen Zwanges durchgeführt werden.

§ 19. Strafbestimmungen.

Auf Grund des § 17 des Wohnungsmangelgesetzes vom 26. Juli 1923[1]) und der Verordnung über Vermögensstrafen und Bußen vom 23. November 1923 (RGBl. I S. 1117) bzw. 6. Februar 1924 (RGBl. I S. 44) wird mit Geldstrafe und mit Gefängnis oder mit einer dieser Strafen bestraft:

1. wer den Bestimmungen des § 1 dieser Bekanntmachung zuwiderhandelt,
2. wer eine ihm gemäß § 2 Ziffer 1a bis c dieser Bekanntmachung obliegende Verpflichtung vorsätzlich nicht oder nicht rechtzeitig erfüllt, oder wissentlich unrichtige oder unvollständige Angaben macht,

---

[1]) Oben zu C.

3. wer den in dem § 3 Ziffer 1, § 4, § 6 Ziffer 2 und 4, § 16 Ziffer 1 und § 17 enthaltenen Anordnungen zuwiderhandelt.

§ 20. Neubauten.

1. Neubauten oder durch Um- oder Einbauten neu geschaffene Räume unterliegen den Bestimmungen dieser Bekanntmachung nicht, wenn sie nach dem 1. Juli 1918 bezugsfertig geworden sind oder künftig bezugsfertig werden.

2. Als Datum der Fertigstellung des Neubaues gilt das Datum der baupolizeilichen Gebrauchsabnahmebescheinigung.

§ 21. Inkrafttreten und Übergangsbestimmungen.

1. Diese Bekanntmachung tritt mit dem 1. Januar 1925 in Kraft. Mit dem gleichen Zeitpunkt erlischt die Bekanntmachung des Magistrats vom 18. August 1924.

2. Maßnahmen, die der Magistrat (Wohnungsamt) auf Grund der Bekanntmachung zum Schutze der Mieter und über Maßnahmen gegen den Wohnungsmangel (Groß-Berliner Wohnungsnotrecht) vom 12. Mai 1921, 17. September 1922, 10. April 1924[1]) oder auf Grund der Bekanntmachung des Magistrats vom 18. August 1924[2]) getroffen hat, sind nach den bisherigen Vorschriften zu erledigen.

Soweit bis zum 20. Dezember 1924 die Inanspruchnahme von Teilen übergroßer Wohnungen ausgesprochen oder durchgeführt worden ist, behält es bei den bisherigen Bestimmungen und dem durch die Inanspruchnahme geschaffenen Zustand sein Bewenden. Dies gilt auch bei

---

[1]) Oben zu Ra.
[2]) Oben zu Rb.

einem Wechsel in der Person desjenigen, dem gegenüber die Inanspruchnahme ausgesprochen oder durchgeführt worden ist.

3. § 16 der Bekanntmachung des Magistrats vom 12. Mai 1921, 17. September 1922, 10. April 1924 [1]) bleibt für die Fälle des § 51 Abs. 2 des Gesetzes über Mieterschutz und Mieteinigungsämter vom 1. Juli 1923 [2]) in Kraft.

Berlin, den 30. Dezember 1924.

Magistrat.

---

[1]) Oben zu Ra.
[2]) Oben zu E.

IV.

Kostenwesen.

Sa.

Gerichtskostengesetz.

Vom 21. Dezember 1922 (RGBl. 1923 I 12).

In Kraft seit 15. 2. 23.

---

§ 2. (1) Eine Erhebung von Stempeln und anderen Abgaben neben den Gebühren findet nicht statt[1]).

§ 4. (1) Über Erinnerungen des Zahlungspflichtigen .... gegen den Ansatz von Gebühren oder Auslagen entscheidet das Gericht der Instanz gebührenfrei. Die Entscheidung kann von dem Gerichte, welches dieselbe getroffen hat, sowie von dem Gerichte der höheren Instanz von Amts wegen geändert werden.

(3) Die Einlegung von Erinnerungen oder Beschwerden kann durch Erklärung zum Protokolle des Gerichtsschreibers oder schriftlich ohne Mitwirkung eines Anwalts erfolgen.

§ 7. Der Mindestbetrag einer Gebühr ist ...[2]).

Pfennigbeträge sind auf ...[2]).

§ 8. In bürgerlichen Rechtsstreitigkeiten werden die Gebühren nach dem Werte des Streitgegenstandes erhoben.

---

[1]) Nach Tarifstelle 19 Abs. 7 zu a PrStempSteuerG. in der Fass. v. 27. 10. 24 (PrGS. 627) sind Vollmachten in allen durch die Zivilprozeßordnung geregelten Angelegenheiten, zu Verhandlungen vor den Mieteinigungsämtern sowie zur Vertretung vor Verwaltungsbehörden (z. B. den Wohnungsämtern) stempelfrei.

[2]) Jetzt unten zu Sb.

Die volle Gebühr beträgt....[1])

§ 14. Für Akte, welche einen Teil des Streitgegenstandes betreffen, sind die Gebühren nur nach dem Werte dieses Teiles zu berechnen.

Sind von einzelnen Wertsteilen in derselben Instanz für gleiche Akte Gebühren zu berechnen, so darf nicht mehr erhoben werden, als wenn die Gebühr von dem Gesamtbetrage der Wertsteile zu berechnen wäre; treten für die Akte verschiedene Gebührensätze ein, so ist der höchste Satz maßgebend.

§ 20. Im Prozeßverfahren wird die volle Gebühr (§ 8) erhoben:

1. für das Verfahren im allgemeinen (Prozeßgebühr),
2. für die Anordnung einer Beweisaufnahme (Beweisgebühr),
3. für ein auf Grund streitiger Verhandlung ergehendes End- oder Zwischenurteil (Urteilsgebühr).

§ 23. Wird ein Rechtsstreit durch einen vor Gericht abgeschlossenen oder dem Gerichte mitgeteilten Vergleich erledigt, so fällt eine bereits entstandene Beweisgebühr fort.

§ 25. Jede der im § 20 bezeichneten Gebühren wird in jeder Instanz rücksichtlich eines jeden Teiles des Streitgegenstandes nur einmal erhoben.

Ist ein Urteil unter Vorbehalt der Entscheidung über die Aufrechnung . . . erlassen worden, so wird durch die Gebühr für diese Entscheidung eine weitere Urteilsgebühr in derselben Instanz nicht ausgeschlossen.

§ 26. Wird die Ergänzung eines Urteils beantragt (Zivilprozeßordnung § 321), so findet, soweit der An-

---

[1]) Jetzt unten zu Sb.

trag nicht zurückgewiesen wird, die Bestimmung des § 14 Anwendung; soweit der Antrag zurückgewiesen wird, wird die volle Gebühr (§ 8) erhoben.

§ 28. In der Berufungsinstanz erhöhen sich die im § 20 bestimmten Gebühren um die Hälfte...

§ 29. Die Prozeßgebühr wird nicht erhoben, wenn die Klage vor Bestimmung des Termins zur mündlichen Verhandlung zurückgenommen wird.

Sie ermäßigt sich auf ein Viertel der Gebühr, wenn die Klage nach diesem Zeitpunkt, jedoch vor der mündlichen Verhandlung zurückgenommen wird.

§ 30. Wird die Berufung.... durch Beschluß als unzulässig verworfen, so ermäßigt sich die Prozeßgebühr für die Rechtsmittelinstanz auf die Hälfte der im § 8 bestimmten Gebühr. Das gleiche gilt, wenn das Rechtsmittel vor Bestimmung des Termins zur mündlichen Verhandlung zurückgenommen wird.

§ 33. Die Hälfte der Gebühr (§ 8) wird erhoben:

1. für das Verfahren über Anträge auf Sicherung des Beweises, ...

§ 34. Ein Viertel der Gebühr (§ 8) wird erhoben:

1. für das Verfahren über Anträge auf vorläufige Einstellung, Beschränkung oder Aufhebung der Zwangsvollstreckung....

§ 35. Jedes Verfahren der in den §§ 32, 33, 34 bezeichneten Art gilt für die Gebührenerhebung als besonderer Rechtsstreit....

§ 38. Für das Verfahren über Beschwerden gemäß § 71 Abs. 2, § 99 Abs. 3 der Zivilprozeßordnung wird die volle Gebühr (§ 8) erhoben...

Im übrigen wird für das Verfahren in der Beschwerdeinstanz die im Abs. 1 bestimmte Gebühr nur erhoben, soweit die Beschwerde als unzulässig verworfen oder zurückgewiesen wird.

§ 71. (4) Die Schreibgebühr beträgt für die Seite, welche 32 Zeilen von durchschnittlich 15 Silben enthält, 0,20 Goldmark[1]), auch wenn die Herstellung auf mechanischem Wege stattgefunden hat. Jede angefangene Seite wird als voll berechnet. Für Schriftstücke, die in fremden Sprachen abgefaßt sind, für Schriftstücke in tabellarischer Form, sowie für Verzeichnisse, Listen, Rechnungen, Handzeichnungen und dergleichen kann die Höhe der Schreibgebühr von der Landesjustizverwaltung anderweit bestimmt werden[2]).

§ 72. An baren Auslagen werden ferner erhoben:

1. Postgebühren:
   a) für die auf Antrag erfolgende Übersendung von Ausfertigungen und Abschriften,
   b) für Ladungen von Zeugen und Sachverständigen;
2. Telegraphengebühren und die im Fernverkehr zu entrichtenden Fernsprechgebühren;
3. die durch Einrückung einer Bekanntmachung in öffentliche Blätter entstehenden Kosten;
4. die an Zeugen und Sachverständige zu zahlenden Gebühren;

---

[1]) So seit 10. 7. 24 laut VO. v. 27. 6. 24 (RGBl. I 662); früher 0,10 Goldmark.

[2]) 1 RM. je Stunde, 0,20 RM. je angefangene Fünftelstunde: pr. JustMinVfg. v. 12. 9. 24 (JMBl. 357); früher die Hälfte hiervon: pr. JustMinVfg. v. 19. 12. 23 (JMBl. 759).

5. die bei Geschäften außerhalb der Gerichtsstelle den Gerichtsbeamten zustehenden Tagegelder und Reisekosten sowie die Kosten für die Bereitstellung von Geschäftsräumen;
6. die an andere Behörden oder Beamte oder an Rechtsanwälte für deren Tätigkeit zu zahlenden Beträge;
7. die Kosten eines Transports von Personen, Tieren und Sachen sowie der Verwahrung von Sachen und der Verwahrung und Fütterung von Tieren;
8. die Haftkosten nach Maßgabe der für die Strafhaft geltenden landesgesetzlichen Vorschriften[1]).

§ 77. In bürgerlichen Rechtsstreitigkeiten ist Schuldner der Gebühren und Auslagen derjenige, der das Verfahren der Instanz beantragt hat.

§ 87. Besteht eine Partei aus mehreren Personen, so haften sie in Ermangelung einer gerichtlichen Entscheidung über die Kostenverteilung als Gesamtschuldner.

---

8 b.

Weitere Verordnung zur Entlastung der Gerichte und über die Gerichtskosten.

Vom 13. Dezember 1923 (RGBl. I 1186).

In Kraft seit 1. 1. 24.

Auf Grund ... des Artikels VII des Gesetzes zur Änderung des Gerichtskostengesetzes vom 21. Dezember 1922 (Reichsgesetzbl. 1923 I S. 1) wird nach Anhö-

---

1) Für jeden Tag bei Selbstverpflegung 0,75, sonst 1,50 RM.: pr. JustMinVfg. v. 18. 12. 23 (JMBl. 759).

rung eines Ausschusses des Reichstags mit Zustimmung des Reichsrats verordnet:

Artikel II. Für die Erhebung der Gerichtskosten gilt folgendes:

Gebühren, Auslagen und Vorschüsse werden in Gold berechnet.

In Reichswährung geleistete Zahlungen sind nach dem Tage der Zahlung in Gold umzurechnen. Als Tag der Zahlung gilt bei Zahlung durch Postanweisung oder Zahlkarte der aus dem Tagesstempel der Aufgabepostanstalt ersichtliche Tag der Einzahlung, bei Zahlung durch Postscheck oder Postüberweisung der Tag, der sich aus dem Tagesstempel des Postscheckamts auf dem der Kasse ausgehändigten Abschnitt ergibt. Im übrigen gilt als Tag der Zahlung der Tag des Zahlungseingangs.

Bis auf weiteres ist für die Umrechnung der vom Reichsminister der Finanzen bekanntgegebene Goldumrechnungssatz (§ 2 der Durchführungsbestimmungen zur Aufwertungsverordnung vom 13. Oktober 1923, (Reichsgesetzbl. I S. 951) maßgebend. Der Reichsminister der Justiz ist ermächtigt, einen anderen Umrechnungssatz zu bestimmen.

Artikel III. A. An Stelle der entsprechenden Vorschriften des Gerichtskostengesetzes (Reichsgesetzbl. 1923 I S. 12, 135, 813, 1040) gilt folgendes:

1. Die Mindestgebühr (§ 7 Abs. 1) beträgt 0,50 Goldmark.

   Pfennigbeträge (§ 7 Abs. 2) sind auf volle 10 Goldpfennig aufzurunden.

2. Die volle Gebühr in bürgerlichen Rechtsstreitigkeiten (§ 8) beträgt bei Gegenständen im Werte

bis zu 20 Goldmark einschließlich 1 Goldmark,
von mehr als 20 bis zu 60 Goldmark einschließlich 2 Goldmark.

Bei Gegenständen mit höherem Streitwerte beträgt die volle Gebühr von dem auf die nächst höheren 100 Goldmark aufgerundeten Werte
bis zu 1000 Goldmark einschließlich 3 vom Hundert,
von dem Mehrbetrage bis zu 5000 Goldmark einschließlich 2 vom Hundert,
von dem Mehrbetrage 1 vom Hundert.

8. Die im § 71 Abs. 4 bestimmte Schreibgebühr wird auf 0,10 Goldmark[1]) festgesetzt.
9. In Reichswährung entstandene bare Auslagen (§ 72)[2]) sind unter Aufrundung auf volle 10 Goldpfennige in Gold umzurechnen. Maßgebend für die Umrechnung ist der Umrechnungssatz (Artikel II Abs. 4) im Zeitpunkt der Verauslagung.

Artikel IV. (1) Der Wert des Streit- oder Beschwerdegegenstandes ist in Gold zu bestimmen.

Artikel V. (1) Die Verordnung tritt am 1. Januar 1924 in Kraft.

Berlin, den 13. Dezember 1923.

Der Reichsminister der Justiz.
Emminger.

---

[1]) Mit Wirkung vom 10. 7. 24 erhöht auf 0,20 Goldmark: VO. v. 27. 6. 24 (RGBl. I 662). Text des § 71 Abs. 4 oben zu Sa.

[2]) Oben zu Sa.

Sc.

Erlaß des preuß. Volkswohlfahrtsministers, betr. Verwaltungsgebührenordnung für Amtshandlungen in Miet- und Wohnungssachen.

Vom 8. August 1924 (Volkswohlfahrt S. 315).

Auf Grund des § 4 Abs. 1 des Gesetzes über staatliche Verwaltungsgebühren vom 29. September 1923 — Gesetzsamml. S. 455 — habe ich unter dem heutigen Tage die nachstehend abgedruckte Gebührenordnung für Amtshandlungen in Angelegenheiten der Wohnungszwangsbewirtschaftung erlassen. Im übrigen gelten auch für die Gebührenerhebung nach dieser Ordnung die grundsätzlichen Vorschriften der allgemeinen Verwaltungsgebührenordnung und der dazu erlassenen Ausführungsanweisung vom 29. Dezember 1923 (Preuß. Bes. Blatt S. 247).

Für die Bemessung der Gebühr im Einzelfalle innerhalb des im § 3 gesetzes Rahmens gilt daher § 11 der allgemeinen Verwaltungsgebührenordnung in Verbindung mit Ziff. 7 letzter Satz der Ausführungsanweisung hierzu. Danach sind Richtlinien für die Entscheidung über die Gebührenhöhe innerhalb des gesetzten Rahmens aufzustellen, wofür die bisherigen Gebührenordnungen der betreffenden Gemeinden als Anhalt dienen können.

Hirtsiefer.

Verwaltungsgebührenordnung in Angelegenheiten der Wohnungszwangsbewirtschaftung. (Sondergebührenordnung.)

Vom 8. August 1924 (Volkswohlfahrt S. 315).

In Kraft seit 15. 8. 24.

Auf Grund des § 4 Abs. 1 des Gesetzes über staatliche Verwaltungsgebühren vom 29. September 1923 — Gesetzsamml. S. 455 — wird im Einverständnis mit dem Finanzminister folgendes angeordnet:

§ 1. Für Amtshandlungen in Ausführung des Reichsmietengesetzes vom 24. März 1922 — RGBl. S. 273 —, des Gesetzes über Mieterschutz und Mieteinigungsämter vom 1. Juni 1923 — RGBl. S. 353 — und des Wohnungsmangelgesetzes vom 26. Juli 1923 — RGBl. S. 751 —, die von Gemeindebehörden auf Veranlassung und im Interesse der Beteiligten vorgenommen werden, sind Verwaltungsgebühren zu erheben.

§ 2. Als Amtshandlungen im Sinne des § 1 sind insbesondere anzusehen:

a) schriftliche Auskunft in Wohnungs- und Mietangelegenheiten,
b) Erteilung des Wohnberechtigungsscheines,
c) Eintragung in die Wohnungsliste,
d) Zuweisung von leeren Räumen und Wohnungen,
e) Zuweisung von möblierten Räumen und Wohnungen,
f) Genehmigung eines Mietvertrages,
g) Genehmigung eines Wohnungstausches,
h) Genehmigung zur Zusammenlegung mehrerer Wohnungen,
i) Freigabe bisher vermietet gewesenen Raumes an den Vermieter,

k) Genehmigung zur anderweiten Benutzung von Wohnräumen,

l) Genehmigung zum Abbruch von Gebäuden oder Gebäudeteilen.

§ 3. Es werden an Gebühren erhoben: für Amtshandlungen der im § 2 unter d bis i angegebenen Art höchstens 4 v. Tausend der jährlichen Friedensmiete der betreffenden Wohnung, mindestens 1 Reichsmark, im übrigen 1 bis 50 Reichsmark[1]).

§ 4. Die Gebührenordnung tritt mit dem Tage der Veröffentlichung[2]) im Ministerialblatt „Volkswohlfahrt" in Kraft.

Berlin, den 8. August 1924.

Der Preußische Minister für Volkswohlfahrt.
Hirtsiefer.

Sd.

Bekanntmachung des Magistrats Berlin betreffend Verwaltungsgebühren in Angelegenheiten der Wohnungszwangsbewirtschaftung.

Vom 27. September 1924 (DienstBl. Teil V 207).

In Kraft seit 4. 10. 1924.

Auf Grund der Preußischen Allgemeinen Verwaltungsgebührenordnung vom 29. Dezember 1923 (GS. 1924 S. 1) und der vom Preußischen Minister für Volkswohl-

---

[1]) In der ursprünglichen Fass.: 1—100 Goldmark. Jetzige Fass. v. 4. 3. 25 — II 7 Nr. 162 (Volkswohlf. 96).

[2]) Die die VO. enthaltende Nr. 16 des MinBl. ist am 15. 8. 24 ausgegeben.

fahrt erlassenen Verwaltungsgebührenordnung in Angelegenheiten der Wohnungszwangsbewirtschaftung — Sondergebührenordnung — vom 8. August 1924[1]) werden folgende Verwaltungsgebühren für die Tätigkeit der Wohnungsämter festgesetzt:

I.

Es werden an Gebühren erhoben für:

1. Aufnahme von Verhandlungen, Auszügen oder Abschriften aus den Akten oder aus amtlich geführten Büchern, Registern und Rechnungen
   bis zu 2 Seiten . . . . 0,50 M.,
   für jede angefangene weitere Seite 0,20 „
2. schriftliche Auskünfte in Wohnungs- und Mietangelegenheiten auf Gesuche, Anfragen, Anträge und Beschwerden 1—100 „
3. Beglaubigungen (auch neben der nach Ziffer 1 fälligen Gebühr) . . . . . 2,— „
4. Aushändigung eines Fragebogens für Wohnungsuchende, auch eines Formulars, Merkblattes und dergl. . . . . 0,20 „
5. Erteilung des Wohnberechtigungs- oder Wohnerlaubnisscheines und des Tauschberechtigungsscheines . . . . 10,— „
6. Erteilung der Zuzugsgenehmigung aus nichtdeutschen Gebieten . . . . . 50,— „
7. Eintragung in die Wohnungsliste . . 2,— „
8. a) Zuweisung von leeren Räumen und Wohnungen,

---

1) Oben zu Sc.

b) Zuweisung von möblierten Wohnungen,
c) Genehmigung eines Mietvertrages,
d) Genehmigung eines Wohnungstausches,
e) Genehmigung zur Zusammenlegung mehrerer Wohnungen oder Wohnungsteile,
f) Freigabe bisher vermietet gewesenen Raumes an den Vermieter
vier vom Tausend der jährlichen Friedensmiete der betr. Wohnung oder Räume, mindestens 1 M., höchstens 100 M.[1]),

9. Überweisung von einem Wohnungsamt zum anderen . . . . 2,— „
10. Genehmigung zur anderweiten Benutzung von Wohnräumen . . . . 20—100 „ [2]),
11. Genehmigung zum Abbruch von Gebäuden oder Gebäudeteilen . . . . 50—100 „ [2]),
12. Entscheidung über Anträge, die eine Sicherung der Ausführung laufender Instandsetzungsarbeiten (Bek. des Magistrats vom 11. Juli 1924)[3]) bezwecken 1—100 „ [2]).

II.

1. Nach Berlin versetzte oder in neu gegründete Stellen einberufene Reichs-, Staats-, oder Gemeindebeamte sowie

---

[1]) Diese Höchstgrenze ist in der MinVO. (oben zu Sc) nicht vorgesehen. Deshalb ist es ohne Einfluß, daß in jener VO. inzwischen die Gebührensätze ermäßigt worden sind.

[2]) Der Höchstsatz von 100 Mark gilt nicht mehr, nachdem in der maßgeblichen MinVO. (oben zu Sc) der Höchsatz auf 50 Mark beschränkt worden ist.

[3]) Oben zu Q.

Militärpersonen, ferner die in den einstweiligen oder dauernden Ruhestand versetzten Beamten, die eine Dienstwohnung in Berlin aufgeben müssen, zahlen für die Zuweisung von Wohnungen oder bei Genehmigung von Verträgen keine Gebühren[1]).

2. Für Zuweisung von Wohnungen, die nur zur vorübergehenden Notunterkunft zugewiesen werden können, und für Wohnungen bis zu 200 Mark Friedensmiete werden keine Gebühren erhoben.

III.

1. Die Gebühren werden in Goldmark angesetzt.

Der Goldmarkbetrag ist nach dem für den Tag der Zahlung geltenden, vom Finanzminister zu bestimmenden Goldumrechnungssatz in deutsches Währungsgeld umzurechnen.

2. Die Gebühr soll grundsätzlich spätestens bei der Aushändigung des Bescheides, des Schreibens usw. entrichtet und erforderlichenfalls durch Postnachnahme erhoben werden. Die Beitreibung erfolgt im Verwaltungszwangsverfahren.

3. Im übrigen gelten die Vorschriften der Preußischen allgemeinen Verwaltungsgebührenordnung vom 29. Dezember 1923 [2]) und der dazu ergangenen Ausführungsanweisung[3])[4]).

---

[1]) Diese Bestimmung ist zu eng; nach ihr wäre nur die Zuweisung und die Vertragsgenehmigung gebührenfrei, und das auch nur bei Beamten und Militärpersonen. Wegen der landesgesetzlichen, also vorgehenden Regelung vgl. Anm. 4.

[2]) (GS. 1924 S. 1) in der Fass. v. 3. 1. 1925 (GS. 1). Aus ihr interessieren hier folgende Bestimmungen:

Nach § 1 unterliegt eine der AllgVGO. unterstehende Amtshandlung keiner anderweiten Gebühr und keiner Stempelsteuer.

IV.

Diese Vorschriften treten am Tage der Veröffentlichung in Kraft[1]).

Berlin, den 27. September 1924.

Magistrat.

Nach § 2 sind gebührenfrei der mündliche Verkehr und die überwiegend im öffentlichen Interesse erfolgenden Amtshandlungen. Hierzu gehören alle die, die auf Veranlassung eines im unmittelbaren oder mittelbaren Staatsdienste stehenden Beamten, Angestellten, Arbeiters, Ruhegehaltsempfängers oder eines Hinterbliebenen dieser Personen vorgenommen werden und das bestehende oder frühere Dienstverhältnis betreffen, also alle Bescheide, Genehmigungen usw. der Wohnungszwangswirtschaftsbehörden, die hierbei mit einer Wohnungsverlegung zusammenhängen.

Nach § 6 ist die Mindestgebühr 0,50 RM.

Nach § 10 wird bei Ablehnungen $^1/_2$, bei Rücknahmen nach Beginn, aber vor Vollendung der Amtshandlung $^1/_{10}$ bis $^1/_4$ der Gebühr, mindestens aber die Mindestgebühr erhoben.

Nach § 12 findet in VerwGebSachen Dienstaufsichtsbeschwerde statt, die selbst wieder gebührenpflichtig ist.

[3]) AusfAnw. v. 29. 12. 23 (PrBesBl. 1924 S. 292) nebst Richtlinien v. 15. 8. 1924 (PrBesBl. 293), beide in der Fass. v. 15. 1. 25 (PrBesBl. 16).

[4]) Auch der Magistrat hat zu seiner VerwGebO. Richtlinien v. 27. 9. 1924 (DienstBl. Teil V 207) erlassen, die indessen mit den landesrechtlichen Richtlinien (Anm. 3) noch nicht in Einklang gebracht worden sind, deshalb hier weggelassen sind.

[1]) Die die Bek. enthaltende Nr. des DienstBl. ist am 4. 10. 1924 ausgegeben.

V.

Rechtsentscheide.

Ta.

Rechtsentscheide des Kammergerichts.

Es ist der entscheidende Teil sämtlicher bis zum 15. 5. 1925 ergangenen Rechtsentscheide des zuständigen 17. Zivilsenats mit Aktenzeichen und Tag der Beschlußfassung wiedergegeben. Soweit sie wörtlich oder ihrem wesentlichen Inhalt nach abgedruckt sind, ist das vermerkt. Die Abkürzungen bedeuten:

OLG. = Rechtsprechung der Oberlandesgerichte,
JW. = Juristische Wochenschrift,
MEK. = Entscheidungen des Kammergerichts in Mietsachen, Ergänzungsband zum Jahrbuch für Entscheidungen in Angelegenheiten der freiwilligen Gerichtsbarkeit; dort werden sämtliche Rechtsentscheide wörtlich abgedruckt; soweit nicht Besonderes vermerkt ist, kommen sie in den nächstens erscheinenden ErgBd. 3,
EA. = Einigungsamt und Mietschöffengericht,
GE. = Grundeigentum,
DJZ. = Deutsche Juristenzeitung,
LZ. = Leipziger Zeitschrift für Deutsches Recht,
PrVerwBl. = Preußisches Verwaltungsblatt,
PrJustMinBl. = Preußisches Justizministerialblatt.

I. Allgemeines.

1. Neubauten und durch Umbau oder Einbau neu geschaffene Räume, die erst nach dem 1. Juli 1918 bezugsfertig geworden sind, können der öffentlichen Bewirtschaftung im Sinne des Wohnungsmangelgesetzes nicht durch Vereinbarung zwischen der Gemeindebehörde und dem Verfügungsberechtigten unterstellt werden.

(17. Y. 103/24. REntsch. v. 20. 2. 25.)

2. Als durch Umbau oder Einbau neu geschaffen sind nur solche Räume anzusehen, die vor der baulichen Veränderung in ihrer jetzigen Gestalt und Verwendbarkeit nicht vorhanden waren[1]).

(17. Y. 143/24. REntsch. v. 17. 3. 25.)

3. Eine räumlich und wirtschaftlich getrennte Wohnung ist eine abgeschlossene, in der ein selbständiger Haushalt geführt werden kann, ohne daß die Mitbenutzung anderer Räume im Hause mehr als ortsüblich erfolgt.

(17. Y. 110/24. REntsch. v. 12. 1. 25.)

II. Miete.

4. a) Das Mieteinigungsamt und die Beschwerdestelle dürfen eine sachliche Entscheidung auf einen an sich zu ihrer Zuständigkeit gehörigen Antrag nicht deshalb ablehnen, weil die Entscheidung für das Rechtsverhältnis der Parteien nach ihrer Auffassung nicht in Betracht kommen kann. Insbesondere dürfen sie die Festsetzung der Friedensmiete nicht deshalb ablehnen, weil für das Rechtsverhältnis der Parteien die gesetzliche Miete nicht gilt und auch gar nicht in Geltung gesetzt werden kann.

b) Der § 5 der Verordnung über die Mietzinsbildung in Preußen vom 17. April 1924 ist rechtsgültig.

(17. Y. 140/24. REntsch. v. 8. 12. 24. OLG. 44, 15; JW. 25, 800[4]; PrVerwBl. 46, 284.)

Aufrechterhalten.

(17. Y. 131/24. REntsch. v. 9. 2. 25.)

5. Das Mieteinigungsamt darf den Antrag auf Festsetzung der Friedensmiete für nicht vermietete Räume nur

---

[1]) Für Bayern vgl. Tb Nr. 4, 5.

dann ablehnen, wenn die Darstellung des Antragstellers ergibt, daß das Gebäude keine mietweise abgegebenen Räume enthält und daß der Eigentümer auch nicht beabsichtigt, das Gebäude ganz oder teilweise zu vermieten.

(17. Y. 156/24. REntsch. v. 9. 2. 25.)

5a. Das Mieteinigungsamt darf das Verfahren auf Festsetzung der Friedensmiete nicht aussetzen, weil streitig ist, ob seine Entscheidung für die Parteien erheblich ist.

(17. Y. 52/25. REntsch. v. 4. 5. 25.)

6. Der Antrag auf Festsetzung der Friedensmiete gemäß § 2 Abs. 4 des Reichsmietengesetzes wird nicht dadurch ausgeschlossen, daß sich die Parteien vorher über die Höhe der Friedensmiete vor dem Mieteinigungsamte oder anderweitig verglichen haben[1]).

(17. Y. 42/24. REntsch. v. 12. 6. 24. OLG. 43, 336; JW. 24, 2007[5]; MEK. 2, 63.)

Aufrechterhalten.

(17. Y. 131/24. REntsch. v. 9. 2. 25.)

7. Umfaßt der Mietvertrag Gebäude oder Gebäudeteile und einen Garten, so kann das Mieteinigungsamt die Friedensmiete nur für das Gebäude oder die Gebäudeteile, nicht aber auch für den Garten festsetzen.

(17. Y. 19/24. REntsch. v. 8. 5. 24. OLG. 43, 246; JW. 24, 2005[2]; MEK. 2, 52; EA. 24, 316; DJZ. 24, 744; LZ. 24, 475.)

Aufrechterhalten.

(17. Y. 104/24. REntsch. v. 12. 1. 25.)

---

8. Bei Mietverträgen mit gestaffeltem Mietzins, die am 1. Juli 1914 liefen, ist der Durchschnittsbetrag des

---

[1]) Für Bayern vgl. Tb Nr. 1, 2.

Mietzinses, der für die ganze Dauer des Vertrages vereinbart ist, als Friedensmiete festzustellen.

(17. Y. 55/24. REntsch. v. 30. 6. 24. OLG. 43, 334; JW. 24, 2006[4]; MEK. 2, 56; GE. 24, 1345.)

8a. Neben der Raummiete am 1. Juli 1914 gezahlte Beträge für Betriebskosten, insbesondere für Wasserversorgung, sind bei Ermittelung der Friedensmiete der Raummiete hinzuzurechnen.

(17. Y. 44/25. REntsch. v. 4. 5. 25.)

9. Nach dem 1. Juli 1914 in den äußeren Verhältnissen des Stadtteils eingetretene Veränderungen rechtfertigen nicht eine Abweichung von der aus § 2 Abs. 1 des Reichsmietengesetzes sich ergebenden Berechnung der Friedensmiete.

(17. Y. 82/24. REntsch. v. 17. 11. 24. OLG. 44, 12; JW. 24, 2007[6]; EA. 24, 344; PrVerwBl. 46, 209.)

10. Bei der Festsetzung der Friedensmiete für gewerbliche Räume, für die eine vereinbarte Friedensmiete am 1. Juli 1914 nicht bestand, ist die jetzige Geschäfts- und Verkehrslage der Räume zu berücksichtigen.

(17. Y. 1/25. REntsch. v. 20. 2. 25; EA. 25, 368; GE. 25, 763.)

11. Der nach dem 1. Juli 1914 erfolgte Einbau einer Lichtanlage kann die Festsetzung des ortsüblichen Mietzinses als Friedensmiete nach § 2 Abs. 4 Satz 1 des Reichsmietengesetzes rechtfertigen.

(17. Y. 5/25. REntsch. v. 17. 3. 25.)

12. Die nach dem 1. Juli 1914 geschaffene Einrichtung einer Entwässerungsanlage kann die Festsetzung der Friedensmiete nach § 2 Abs. 4 Satz 1 des Reichsmietengesetzes rechtfertigen.

(17. Y. 19/25. REntsch. v. 7. 4. 25.)

13. Die Friedensmiete für zwei Wohnungen, die aus einer einheitlichen Wohnung durch Teilung im Jahre 1922 hervorgegangen sind, ist, auch wenn für die Mutterwohnung am 1. Juli 1914 eine Friedensmiete bestand, durch Festsetzung des ortsüblichen Mietzinses und nicht durch Feststellung des auf jede neu gebildete Wohnung entfallenden Anteils der Gesamtfriedensmiete zu ermitteln[1]).

(17. Y. 73/24. REntsch. v. 23. 7. 24. OLG. 43, 335; JW. 24, 2006[3]; MEK. 2, 58; EA. 24, 329; GE. 25, 136.)

14. Eine vereinbarte Friedensmiete (§ 2 Abs. 1 des Reichsmietengesetzes) liegt für die sämtlichen Räume eines zur Zeit an einen Mieter vermieteten Hauses nicht vor, wenn diese Räume am 1. Juli 1914 an mehrere einzelne Mieter gesondert vermietet waren[1]).

(17. Y. 13/25. REntsch. v. 7. 4. 25.)

15. Nach Nr. VI der preuß. Ausführungsbestimmungen vom 4. August 1923 zum Reichsmietengesetz darf die Festsetzung des ortsüblichen Mietzinses nicht durch Aufstellung von Durchschnittsmietpreisen für das Quadratmeter benutzter Fläche erfolgen.

(17. Y. 66/24. REntsch. v. 6. 10. 24. OLG. 44, 13; JW. 24, 2026[35]; MEK. 2, 60; PrVerwBl. 46, 161.)

16. In der Begründung des Beschlusses, durch den das Mieteinigungsamt gemäß § 2 Abs. 4 des Reichsmietengesetzes die Friedensmiete festgesetzt, müssen die zum Vergleiche herangezogenen Räume bezeichnet werden; auch muß angegeben werden, auf welchen Tatsachen die getroffene Festsetzung der Friedensmiete beruht.

(17. Y. 163/24. REntsch. v. 12. 1. 25. EA. 25, 360; GE. 25, 906.)

---

[1]) Für Bayern vgl. Tb Nr. 3.

17. Bei der Feststellung der Friedensmiete sind Möbel und sonstige Einrichtungsgegenstände, die sich am 1. Juli 1914 in den Räumen befanden und mitvermietet waren, nicht zu berücksichtigen. Der Mietzins ist vielmehr in der Weise zu bilden, daß zunächst die gesetzliche Miete für die leeren Räume und sodann neben dieser ein besonderes Entgelt für Nebenleistungen der bezeichneten Art, falls sie zur Zeit noch gewährt werden, festgesetzt wird.

(17. Y. 120/24. REntsch. v. 8. 10. 24. EA. 25, 353.)

17a. Bei der Bemessung des für die Überlassung von Einrichtungsgegenständen festzusetzenden Zuschlages zur Raummiete ist der vom Antragsteller behauptete Umfang der Einrichtung und ihr Zustand zur Zeit des Vertragsschlusses zugrunde zu legen.

(17. Y. 38/25. REntsch. v. 4. 5. 25.)

18. Bei Festsetzung oder Feststellung der gesetzlichen Miete hat das Mieteinigungsamt nicht zu entscheiden, von wann ab seine Entscheidung wirkt.

(17. Y. 115/24. REntsch. v. 19. 1. 25. GE. 25, 906.)

---

19. Zur Entscheidung der Frage, ob nach Eintritt der gesetzlichen Miete die vertragliche Verpflichtung zu Nebenleistungen, insbesondere zur Flur- und Treppenreinigung, erloschen ist, ist das Mieteinigungsamt nicht zuständig.

(17. Y. 128/24. REntsch. v. 19. 1. 25. JW. 25, 799[1]; EA. 25, 359.)

19a. Der Ausgleich der Friedensmiete gemäß § 2 Abs. 5 des Reichsmietengesetzes erstreckt sich auch auf nicht vermietete Räume. Für den Ausgleich muß die Friedensmiete und die ortsübliche Miete der einzelnen Wohnungen oder Räume ermittelt werden.

(17. Y. 47/25. REntsch. v. 4. 5. 25.)

---

20. Die Kosten der Neubeschaffung von Glühkörpern zur Treppenbeleuchtung sind keine Betriebskosten.

(17. Y. 9/24. REntsch. v. 11. 2. 24; MEK. 2, 69; EA. 24, 303.)

21. a) Die Anwendung des § 4 A Nr. 8 der Berliner Bekanntmachung vom 27. September 1923 zum Reichsmietengesetz wird nicht dadurch ausgeschlossen, daß die Hypothekenzinssteigerung auf einer Vereinbarung des Vermieters mit dem Gläubiger beruht.

b) Für die Umlegung der Zinssteigerung auf die Mieter ist es nicht erforderlich, daß die Zinssteigerung im Grundbuch eingetragen ist.

(17. Y. 69/24. REntsch. v. 6. 10. 24. OLG. 44, 14; MEK. 2, 67; GE. 25, 362; DIZ. 25, 586; PrVerwBl. 46, 143.)

22. a) Über Ansprüche auf Zuschläge zu großen Instandsetzungsarbeiten ist nach dem früheren Recht zu entscheiden, wenn der Vermieter gegenüber dem Mieter den Anspruch vor dem Inkrafttreten der preuß. Ausführungsbestimmungen zum Reichsmietengesetz vom 4. August 1923 erhoben hatte.

b) Die oberste Landesbehörde ist befugt, bestimmte Arten von Teilarbeiten am Hause, deren Kosten mindestens einen bestimmten Hundertsatz der Grundmiete erfordern, als große Instandsetzungsarbeiten zu bezeichnen oder entsprechende Ermächtigungen zu erteilen.

c) Die Bestimmungen der preuß. Ausführungsverordnung zum Reichsmietengesetz vom 12. Juni 1922 Ziff. II 5 und 6 zu § 7 sind gültig.

(17. Y. 59/24. REntsch. v. 4. 7. 24. OLG. 43, 336; JW. 24, 2027[36]; MEK. 2, 73.)

23. Eine große Instandsetzungsarbeit im Sinne des § 5 des Reichsmietengesetzes kann auch dann vorliegen, wenn nicht das ganze Dach des Hauses, sondern nur ein Teil des Daches umgedeckt werden muß.

(17. Y. 34/24. REntsch. v. 23. 6. 24. OLG. 43, 338; MEK. 2, 71.)

24. Einen Antrag aus § 10 des Reichsmietengesetzes kann nur der Vermieter, nicht ein Mieter oder die Mietervertretung stellen.

(17. Y. 81/24. REntsch. v. 6. 10. 24. OLG. 44, 14; GE. 25, 55.)

25. Die Deutsche Reichspost ist ein gewerblicher Betrieb im Sinne des § 10 Abs. 1 des Reichsmietengesetzes.

(17. Y. 53/24. REntsch. v. 23. 6. 24. OLG. 43, 264; JW. 24, 2008[7]; MEK. 2, 79.)

Aufrechterhalten.

(17. Y. 51/25. REntsch. v. 7. 4. 25.)

26. Eine Wohlfahrtsspeiseanstalt ist ein gewerblicher Betrieb im Sinne des § 10 Abs. 1 des Reichsmietengesetzes.

(17. Y. 81/24. REntsch. v. 6. 10. 24. OLG. 44, 14; GE. 25, 55.)

27. a) Das Mieteinigungsamt kann einen Beschluß auf Zulassung der Einstellung der Sammelheizung nur mit Wirkung für die Zukunft erlassen.

b) Wenn das Mieteinigungsamt die Einstellung anordnet, so ist es nicht befugt, gleichzeitig über den weiter vom Mieter zu tragenden Heizungsbeitrag zu entscheiden.

(17. Y. 39/24. REntsch. v. 12. 6. 24. MEK. 2, 82; GE. 24, 1432; PrVerwBl. 46, 45.)

28. Der § 16 der Verordnung über die Mietzinsbildung in Preußen vom 17. April 1924 ist gültig.

(17. Y. 20/25. REntsch. v. 7. 4. 25.)

29. Das Mieteinigungsamt hat nicht abschließend zu entscheiden, ob ein Gebäude ein sogenanntes Geschäfts- und Industriehaus im Sinne der Nr. III der pr. Ausführungsbestimmungen vom 4. August 1923 zum Reichsmietengesetz ist.

(17. Y. 14/24. REntsch. v. 13. 3. 24. OLG. 43, 248; JW. 24, 841[24]; MEK. 2, 54.)

III. Mieterschutz.

30. Unterliegt der Ersatzraum nicht der Zwangswirtschaft, so ist das Mieteinigungsamt zur Entscheidung über die Einwendungen des Mieters nach § 16 des Mieterschutzgesetzes auch dann zuständig, wenn die Gemeindebehörde bei der Beschaffung des Ersatzraums nicht mitgewirkt hat[1]).

(17. Y. 2/25. REntsch. v. 9. 2. 25. EA. 25, 360; GE. 25, 760.)

30a. Das Mieteinigungsamt hat über die Eignung des Ersatzraums nach § 16 des Mieterschutzgesetzes nur auf Antrag des Mieters, nicht auf Antrag des Vermieters zu entscheiden.

(17. Y. 25/25. REntsch. v. 31. 3. 25.)

31. Zur Stellung des Antrags, die Erlaubnis des Vermieters zur Überlassung des Wohnraums an einen Drit-

---

[1]) Nach dem REntsch. d. OLG. Dresden 6a Reg. 748/24 v. 25. 11. 24 (SächsJMBl. 25, 13) muß die Zuweisung des Ersatzraums stets durch das Wohnungsamt erfolgen.

ten nach § 29 des Mieterschutzgesetzes durch die Erlaubnis des Mieteinigungsamtes zu ersetzen, ist nur der künftige Hauptmieter, nicht aber der künftige Untermieter befugt.

(17. Y. 133/24. REntsch. v. 8. 12. 24. EA. 25, 354.)

32. Die Erlaubnis des Vermieters, den Gebrauch des Wohnraums einem Dritten zu überlassen, insbesondere ihn unterzuvermieten, kann durch die Erlaubnis des Mieteinigungsamtes auch dann ersetzt werden, wenn die Befugnis zur Überlassung des Raumes an einen Dritten im Vertrage vor oder nach dem Inkrafttreten des Mieterschutzgesetzes ausgeschlossen worden ist (§ 29 des Mieterschutzgesetzes).

(17. Y. 84/24. REntsch. v. 23. 7. 24. OLG. 43, 331; JW. 24, 2009[9]; MEK. 2, 87.)

33. Das Mieteinigungsamt kann die Erlaubnis des Vermieters, den Gebrauch von Wohnräumen einem Dritten zu überlassen, nicht allgemein, sondern nur für einen bestimmten Dritten ersetzen (§ 29 des Mieterschutzgesetzes).

(17. Y. 136/24. REntsch. v. 1. 12. 24. OLG. 44, 4; EA. 25, 354; GE. 25, 262; PrVerwBl. 46, 370.)

34. Die Erlaubnis des Vermieters, den Gebrauch des Wohnraums einem Dritten zu überlassen, kann nach § 29 des Mieterschutzgesetzes dann nicht durch das Mieteinigungsamt ersetzt werden, wenn die Überlassung von Wohnräumen an einen Dritten für andere als Wohnzwecke erfolgen soll.

(17. Y. 111/24. REntsch. v. 17. 11. 24. OLG. 44, 3; JW. 24, 2010[11]; EA. 24, 345; GE. 25, 56, 135; PrVerwBl. 46, 174.)

35. Bei Geschäftsräumen kann die Erlaubnis des Vermieters, den Gebrauch des Raumes einem Dritten zu über-

lassen, insbesondere ihn unterzuvermieten, nicht nach § 29 des Mieterschutzgesetzes durch das Mieteinigungsamt ersetzt werden.

(17. Y. 80/24. REntsch. v. 17. 11. 24. OLG. 44, 3; JW. 24, 2010[10]; GE. 25, 57; PrVerwBl. 46, 194.)

36. Die Erlaubnis des Vermieters, den Gebrauch einer Wohnung, die nicht nur Wohnzwecken, sondern zum Teil auch anderen Zwecken dient, einem Dritten zu überlassen, insbesondere sie weiter zu vermieten, kann nach § 29 des Mieterschutzgesetzes nur dann durch das Mieteinigungsamt ersetzt werden, wenn der Wohnzweck überwiegt.

(17. Y. 14/25. REntsch. v. 7. 4. 25.)

---

37. Auf Grund der Wohnungsmangelgesetzgebung erlassene Anordnungen sind nach § 50 Abs. 2 des Mieterschutzgesetzes insoweit außer Kraft getreten, als nach ihnen zur Erhebung der Aufhebungsklage (§§ 1ff. des Mieterschutzgesetzes) die Zustimmung des Mieteinigungsamtes erforderlich sein würde.

(17. Y. 31/24. REntsch. v. 12. 6. 24. OLG. 43, 257; JW. 24, 1617[7]; MEK. 2, 92.)

38. Örtliche Anordnungen, nach denen zur Erhebung der Räumungs- oder Herausgabeklage die Zustimmung des Mieteinigungsamtes erfordert wird, sind nach § 50 Abs. 2 des Mieterschutzgesetzes unwirksam.

(17. Y. 157/24. REntsch. v. 9. 2. 25.)

39. Anordnungen, welche die Vollstreckung von Räumungsurteilen von der Genehmigung des Mieteinigungsamtes abhängig machen, gelten für die Vollstreckung aus einem nach dem 1. Oktober 1923 erlassenen Räumungsurteil nicht.

(17. Y. 78/24. REntsch. v. 23. 7. 24. OLG. 43, 334; JW. 24, 2012[17]; MEK. 2, 95; GE. 25, 361.)

40. Örtliche Anordnungen, nach denen zur Vollstreckung von Räumungs- oder Herausgabeurteilen die Zustimmung des Mieteinigungsamtes erfordert wird, sind nach § 50 Abs. 2 des Mieterschutzgesetzes unwirksam.

(17. Y. 41/25. REntsch. 7. 4. 25.)

IV. Wohnungsmangel.

41. Der Amtmann im Geltungsbereich der westfälischen Landgemeindeordnung ist zu Anordnungen auf Grund der Wohnungsmangelgesetzgebung befugt, wenn das Amt für die Wohnungszwangswirtschaft einen Kommunalbezirk mit den Rechten einer Gemeinde bildet. Er bedarf dann zu solchen Anordnungen nicht der Mitwirkung der Amtsversammlung.

(17. Y. 15/24. REntsch. v. 19. 5. 24. OLG. 43, 255; MEK. 2, 48; GE. 24, 657; PrVerwBl. 45, 393.)

42. Eine auf Grund des § 9 der Wohnungsmangelverordnung vom 11. Mai 1920 erlassene Bekanntmachung ist nicht deshalb ungültig, weil sie von einem westfälischen Kreisausschuß und nicht von einem westfälischen Landrat erlassen ist.

17. Y. 116/24. REntsch. v. 9. 2. 25. EA. 25, 369.)

---

43. Das Verbot des § 2 des Wohnungsmangelgesetzes betrifft solche Räume nicht, die zwar bis zum 1. Oktober 1918 als Geschäftsräume, sodann vorübergehend als Wohnräume und nunmehr wieder als Geschäftsräume benutzt worden sind.

(17. Y. 150/24. REntsch. v. 12. 1. 25. GE. 25, 364.)

43a. Im Geltungsbereiche des Berliner Wohnungsnotrechts vom 18. August/30. Dezember 1924 können Räume, die bis zum 1. Oktober 1918 als Büro- oder Geschäftsräume und erst später zu Wohnzwecken benutzt wurden, zu anderen Zwecken verwendet werden, ohne daß es einer behördlichen Zustimmung dazu bedarf.

(17. Y. 39/25. REntsch. v. 4. 5. 25.)

---

44. Ist vorgeschrieben, daß zur Beschlagnahme gewisser Räumlichkeiten die Genehmigung der Kommunalaufsichtsbehörde erforderlich sei, so bedarf es dieser Genehmigung auch dann, wenn die Räume in einer nicht kreisfreien Gemeinde liegen und die Aufgaben der Wohnungsbehörde nicht von der Gemeinde, sondern von dem Kreisausschuß als Kreiswohnungsamt wahrgenommen werden; für die Genehmigung ist alsdann der Landrat zuständig.

(17. Y. 134/24. REntsch. v. 19. 1. 25. GE. 25, 760.)

45. Die Vereinbarung zwischen der Gemeindebehörde und dem Verfügungsberechtigten, durch welche die Gemeindehörde gegen eine Gegenleistung zusichert, Räume, die an sich der Inanspruchnahme unterliegen, nicht in Anspruch zu nehmen, ist nicht deshalb unwirksam, weil die Gemeindebehörde ihre Befugnis zur Inanspruchnahme von Räumen nicht aufgeben könnte.

(17. Y. 85/24. REntsch. v. 19. 1. 25. GE. 25, 762.)

46. Neubauten und durch Umbau oder Einbau neu geschaffene Räume, die erst nach dem 1. Juli 1918 bezugsfertig geworden sind, können der öffentlichen Bewirtschaftung im Sinne des Wohnungsmangelgesetzes nicht durch Vereinbarung zwischen der Gemeindebehörde und dem Verfügungsberechtigten unterstellt werden.

(17. Y. 103/24. REntsch. v. 20. 2. 25.)

47. Zur Rechtswirksamkeit einer Beschlagnahmeverfügung genügt nicht der allgemeine Hinweis auf ein Gesetz

oder eine Verordnung; aus der Verfügung muß sich vielmehr deutlich ergeben, auf welchen Sachverhalt und auf welche einzelne Gesetzesbestimmung sie sich gründet.

(17. Y. 125/24. REntsch. v. 19. 1. 25. EA. 25, 363; GE. 25, 607.)

48. Auf Grund des § 6 des Wohnungsmangelgesetzes kann die oberste Landesbehörde eine Gemeindebehörde ermächtigen, eine Zwangsbewirtschaftung gewerblicher Räume unter der Voraussetzung anzuordnen, daß dadurch mittelbar Wohnraum verfügbar wird.

(17. Y. 46/24. REntsch. v. 12. 6. 24. OLG. 43, 344; JW. 24, 2022[28]; MEK. 2, 34; GE. 24, 871; PrVerwBl. 46, 68.)

49. Die Anordnung der Anzeige des Freiwerdens von gewerblichen Räumen, also auch Läden, das Verbot ihrer Vermietung vor Ablauf einer Frist nach der Anzeige, die Zulassung einer zwangsweisen Entfernung verbotswidrig zugezogener Inhaber gewerblicher Räume sind wirksam (§§ 5a, 10, 11 der Berliner Bekanntmachung vom 12. Mai 1921, §§ 2, 3, 12 des Berliner Wohnungsnotrechts vom 18. August 1924).

(17. Y. 71/24. REntsch. v. 7. 11. 24. OLG. 44, 27; PrVerwBl. 46, 220.)

50. Nach § 6A der Berliner Bekanntmachung vom 12. Mai 1921 unterlagen benutzte gewerbliche Räume, also auch Läden mit Wohnraum, nur dann der Beschlagnahme, wenn der gewerbliche Raum überwog.

(17. Y. 79/24. REntsch. v. 7. 11. 24. GE. 25, 509; PrVerwBl. 46, 230.)

---

51. Nur die Anzeige des Verfügungsberechtigten vom Freiwerden von Wohnraum setzt die Frist in Lauf, binnen

der sich das Wohnungsamt über die Inanspruchnahme des freiwerdenden Wohnraums zu erklären hat (§ 10 Abs. 1 der Berliner Bekanntmachung vom 12. Mai 1921, § 3 Nr. 1 des Berliner Wohnungsnotrechts vom 18. August/30. Dezember 1924).

(17. Y. 107/24. REntsch. v. 12. 1. 25. GE. 25, 710.)

52. Das Wohnungsamt verliert sein Verfügungsrecht nach § 10 der Berliner Bekanntmachung vom 12. Mai 1921 (jetzt § 3 des Berliner Wohnungsnotrechts) nur dann, wenn es innerhalb zweier Wochen seit der schriftlichen Anzeige die in dieser Bestimmung bezeichneten Voraussetzungen nicht erfüllt hat; erledigt sich die Zuweisung des Mieters, so beginnt nicht der Lauf einer neuen Frist.

(17. Y. 126/24. REntsch. v. 19. 1. 25. EA. 25, 362.)

53. a) Soweit nach den geltenden Bestimmungen der Verfügungsberechtigte das Recht zu freier Verfügung über Wohnräume erhält, falls das Wohnungsamt diese Räume nicht innerhalb bestimmter Frist in Anspruch genommen hat, ist daran auch durch Ziffer 3 der Anordnung des Preußischen Ministers für Volkswohlfahrt betreffend Unterbringung versetzter Beamter und Reichswehrangehöriger vom 16. Juni 1923 (GS. S. 288) nichts geändert.

b) Der Ablauf der in Ziffer 3 dieser Anordnung bestimmten Frist hat nicht zur Folge, daß der Verfügungsberechtigte das Recht zur freien Verfügung erlangt. Dagegen erhält das Wohnungsamt durch den Fristablauf die Befugnis, über die Wohnung ohne Einvernehmen mit der Behörde zu verfügen. Von diesem Zeitpunkt ab gibt ihm die Anordnung vom 16. Juni 1923 jedoch nicht mehr die Befugnis, von dem Erfordernis der Zuweisung mehrerer Wohnungsuchender (§ 4 des Wohnungsmangelgesetzes) abzusehen.

(17. Y. 152/24. REntsch. v. 8. 12. 24. GE. 25, 710.)

---

54. Eine Wohnung ist nicht schon deshalb unbenutzt im Sinne der §§ 3 und 4 der Wohnungsmangelverordnung vom 23. September 1918 und des Wohnungsmangelgesetzes vom 26. Juli 1923 sowie der §§ 5 und 6 des Groß-Berliner Wohnungsnotrechts vom 12. Mai 1921, weil der Verfügungsberechtigte gestorben ist und sein Erbe nicht zu seinem Hausstande gehört hat.

(17. Y. 7/24. REntsch. v. 11. 2. 24. OLG. 43, 249; JW. 24, 837[18]; MEK. 2, 6; EA. 24, 303.)

55. Eine Wohnung, die der Mieter nicht selbst benutzt, sondern einem Dritten zur Untermiete überlassen hat, gilt im Sinne des § 3 des Wohnungsmangelgesetzes als unbenutzt, es sei denn, daß die Gemeindebehörde (das Wohnungsamt) ihr Beschlagnahmerecht — z. B. gemäß § 10 Abs. 1 des Groß-Berliner Wohnungsnotrechts vom 12. Mai 1921 — verloren hat.

(17. Y. 54/24. REntsch. v. 4. 7. 24. OLG. 43, 339; JW. 24, 2015[21]; MEK. 2, 11; EA. 24, 336.)

56. Als unbenutzt im Sinne der §§ 3 und 4 des Wohnungsmangelgesetzes sind auch solche Wohnungen und Räume zu betrachten, die auf Grund eines nach den Wohnungsmangelvorschriften rechtsunwirksamen Mietvertrages oder vom Hauseigentümer eigenmächtig in Benutzung genommen worden sind.

(17. Y. 62/24. REntsch. v. 4. 7. 24. OLG. 43, 340; JW. 24, 2014[20]; MEK. 2, 4; EA. 24, 330.)

57. Eine Wohnung gilt nicht als unbenutzt im Sinne des § 3 des Wohnungsmangelgesetzes, wenn sie, ohne daß der Verfügungsberechtigte selbst sie benutzt, von Personen benutzt wird, die die Benutzung entweder schon vor Beginn der Wohnungsbewirtschaftung ausübten oder später im Einklange mit den wohnungsrechtlichen Vorschriften begonnen haben.

(17. Y. 106/24. REntsch. v. 8. 12. 24. OLG. 44, 18; JW. 25, 633[3]; EA. 25, 354; PrVerwBl. 46, 360.)

Der Rechtsentscheid 17. Y. 106/24 wird aufrechterhalten. Er bezieht sich jedoch nicht auf den Fall, daß der Verfügungsberechtigte seinen Wohnsitz dauernd oder zeitweilig in das Ausland verlegt hat.

(17. Y. 63/25. REntsch. v. 4. 5. 25.)

58. Eine Wohnung, die völlig leer steht oder nur zur Aufbewahrung von Sachen dient, gilt im Sinne des § 3 des Wohnungsmangelgesetzes auch dann als unbenutzt, wenn der Verfügungsberechtigte ihrer als Tauschwohnung bedarf.

(17. Y. 145/24. REntsch. v. 19. 1. 25. GE. 25, 907.)

---

59. Der Fall der Doppelwohnung setzt voraus, daß jemand über mehrere Wohnungen verfügungsberechtigt ist.

(17. Y. 106/24. REntsch. v. 8. 12. 24. OLG. 44, 18; JW. 25, 633[3]; EA. 25, 354; PrVerwBl. 46, 360.)

---

60. Bei Prüfung der Frage, ob eine Wohnung übergroß ist, sind durch Neubau (§ 12 des Wohnungsmangelgesetzes) gewonnene Räume außer Betracht zu lassen.

(17. Y. 37/24. REntsch. v. 12. 6. 24. OLG. 43, 345; JW. 24, 2023[30]; MEK. 2, 39; GE. 24, 1053; PrVerwBl. 46, 33.)

61. Bei der Beschlagnahme übergroßer Wohnungen ist der Untermieter als Verfügungsberechtigter über seine Räume selbständig zu berücksichtigen.

(17. Y. 45/24. REntsch. v. 4. 7. 24. OLG. 43, 341; JW. 24, 2028[37]; MEK. 2, 36; PrVerwBl. 46, 103.)

62. a) Auf Grund örtlicher Anordnung kann von einer übergroßen Wohnung Wohnraum auch zur Vergrößerung einer Nachbarwohnung in Anspruch genommen werden.

b) Kann der beschlagnahmte Raum nur zur Vergrößerung einer bestimmten Nachbarwohnung verwendet werden, so ist der Inhaber dieser Wohnung als Wohnungsuchender zuzuweisen.

(17. Y. 89/24. REntsch. v. 8. 12. 24. OLG. 44, 27; EA. 25, 355.)

63. Für die Inanspruchnahme von Teilen übergroßer Wohnungen gelten die bisherigen Bestimmungen nur, soweit die Inanspruchnahme beim Inkrafttreten des § 3 der preuß. Verordnung über die Bewirtschaftung möblierter Zimmer und übergroßer Wohnungen vom 12. Dezember 1924 durchgeführt oder rechtskräftig ausgesprochen war.

(17. Y. 26/25. REntsch. v. 2. 3. 25. JW. 25, 1016[1]; EA. 25, 362.)

63a. Sind Teile übergroßer Wohnungen nach örtlichen Bestimmungen für entbehrlich erklärt worden, so liegt darin noch nicht die Inanspruchnahme im Sinne des § 3 Abs. 1 der preuß. Verordnung vom 12. Dezember 1924.

(17. Y. 53/25. REntsch. v. 4. 5. 25.)

63b. Die Inanspruchnahme von Teilen einer Wohnung mit der Begründung, daß die Wohnung übergroß sei, ist nach dem Inkrafttreten der preuß. Verordnung vom 12. Dezember 1924 auch dann nicht mehr zulässig, wenn diese Wohnungsteile schon nach den früheren Bestimmungen wirksam in Anspruch genommen oder freiwillig vermietet waren, später aber durch Wegzug des darin untergebrachten Wohnungsuchenden oder auf andere Weise wieder frei geworden sind.

(17. Y. 65/25. REntsch. v. 4. 5. 25.)

64. Eine räumlich und wirtschaftlich getrennte Wohnung ist eine abgeschlossene Wohnung, in der ein selbständiger Haushalt geführt werden kann, ohne daß die Mitbenutzung anderer Räume im Hause mehr als ortsüblich erfolgt.

(17. Y. 110/24. REntsch. v. 12. 1. 25.)

---

65. Verfügungsberechtigter im Sinne des § 4 des Wohnungsmangelgesetzes ist derjenige, welcher auf Grund bürgerlichen Rechtes fähig ist, über die Wohnung zu verfügen: zunächst der Wohnungsinhaber und, wenn das Wohnungsamt dessen Verfügungsfähigkeit aufhebt, derjenige, von dem er sein Verfügungsrecht herleitete.

(17. Y. 22/24. REntsch. v. 30. 6. 24. OLG. 43, 260; JW. 24, 2017[23]; MEK. 2, 1; GE. 25, 54; PrVerwBl. 46, 81.)

66. Die Gemeindebehörde kann eine unbenutzte oder als unbenutzt geltende Wohnung beschlagnahmen, ohne gleichzeitig dem Verfügungsberechtigten Wohnungsuchende zum Abschlusse eines Mietvertrages zu bezeichnen.

(17. Y. 24/24. REntsch. v. 8. 5. 24. OLG. 43, 254; JW. 24, 2016[22]; MEK. 2, 13; EA. 24, 317.)

67. Die Inanspruchnahme von Räumen nach § 4 des Wohnungsmangelgesetzes kann unmittelbar durch Zuweisung eines Wohnungsuchenden geschehen. Eine davon gesonderte Beschlagnahme ist deshalb nicht Voraussetzung für den Abschluß eines Zwangsmietvertrages.

(17. Y. 129/24. REntsch. v. 19. 1. 25. GE. 25, 363.)

68. Das Wohnungsamt kann die ordnungsmäßig erfolgte Zuweisung einer Wohnung nicht mehr zurücknehmen, wenn sie dem Wohnungsuchenden zugegangen ist.

(17. Y. 95/24. REntsch. v. 17. 11. 24. OLG. 44, 19; GE. 25, 177, 856.)

69. Nach § 12 der Berliner Bekanntmachung vom 12. Mai 1921 in der Fassung vom 10. April 1924 können Zwangsmietverträge auch über gewerbliche Räume, insbesondere Läden, geschlossen werden, wenn dadurch Raum zu Wohnzwecken frei wird.

(17. Y. 83/24. REntsch. v. 7. 11. 24. GE. 25, 510; PrVerwBl. 46, 230.)

---

70. Seit Inkrafttreten des Wohnungsmangelgesetzes vom 26. Juli 1923 darf das Mieteinigungsamt erst dann einen Zwangsmietvertrag festsetzen, wenn die Gemeindebehörde — vorbehaltlich noch weitergehender örtlicher Bestimmungen — dem Verfügungsberechtigten wenigstens zwei Wohnungsuchende bezeichnet hatte, die zum Abschluß eines Mietvertrages bereit waren.

(17. Y. 3/24. REntsch. v. 31. 1. 24. OLG. 43, 251; JW. 24, 836[17]; MEK. 2, 16; EA. 24, 303.)

Aufrechterhalten.

(17. Y. 77/24. REntsch. v. 23. 7. 24. MEK. 2, 19; EA. 24, 330.)

71. Eine Anordnung, daß die Zuweisung nur eines Wohnungsuchenden vor Abschluß des Zwangsmietvertrages genügt, ist gegenüber dem § 4 des Wohnungsmangelgesetzes nur wirksam, wenn sie nach Inkrafttreten das Wohnungsmangelgesetzes erlassen ist.

(17. Y. 17/25. REntsch. v. 9. 2. 25.)

72. Im Geltungsbereich der Berliner Bekanntmachung vom 10. April 1924 zur Abänderung des § 12 des Groß-Berliner Wohnungsnotrechts vom 12. Mai 1921 ist dem Erfordernis des § 4 des Wohnungsmangelgesetzes genügt, wenn die Gemeindebehörde dem Ver-

fügungsberechtigten auch nur einen Wohnungsuchenden zugewiesen hat.

(17. Y. 63/24. REntsch. v. 4. 7. 24. OLG. 43, 342; JW. 24, 2019[25]; MEK. 2, 20; GE. 24, 742; PrVerwBl. 46, 127.)

73. Die Nichteinhaltung der Bestimmungen des § 4 Abs. 1 Satz 1 des Wohnungsmangelgesetzes über die Zuweisung mehrerer Wohnungsuchender ist im Verfahren auf Festsetzung eines Zwangsmietvertrages nur auf die Rüge des Verfügungsberechtigten zu beachten. Der Verfügungsberechtigte kann auf die Rüge verzichten. § 295 der Zivilprozeßordnung gilt dafür nicht.

(17. Y. 75/24. REntsch. v. 7. 11. 24. OLG. 44, 22; JW. 24, 2020[26]; EA. 24, 345.)

74. Die Gemeinde kann sich darauf beschränken, dem Verfügungsberechtigten nur einen Wohnungsuchenden zu bezeichnen, wenn

a) nur ein Wohnungsuchender innerhalb der Gemeinde für die beanspruchte Wohnung überhaupt in Frage kommt; oder

b) der bezeichnete einzige Wohnungsuchende zu den Personen gehört, die bei Zuteilung einer Wohnung von den Gemeinden vorzugsweise zu berücksichtigen sind, insbesondere nach § 14 des Wohnungsmangelgesetzes, § 36 des Mieterschutzgesetzes oder nach Ziffer 5 der Anordnung des Preußischen Ministers für Volkswohlfahrt betreffend Unterbringung versetzter Beamter und Reichswehrangehöriger vom 16. Juni 1923[1]), und er der einzige Wohnung-

[1]) In den Gründen des Rechtsentscheides ist auch die Gültigkeit dieser Anordnung geprüft und bejaht.

suchende dieser Art in der Gemeinde überhaupt oder für eine Wohnung der Art und Größe der verfügbaren ist.

(17. Y. 75/24. REntsch. v. 7. 11. 24. OLG. 44, 22; JW. 24, 2020[26]; EA. 24, 345.)

75. a) Das Erfordernis des § 4 des Wohnungsmangelgesetzes, daß dem Verfügungsberechtigten mindestens zwei Wohnungsuchende vom Wohnungsamte zur Verfügung gestellt werden müssen, besteht nicht in den Fällen der Ziffern 1—3 der Anordnung des Preußischen Ministers für Volkswohlfahrt betreffend Unterbringung versetzter Beamter und Reichswehrangehöriger vom 16. Juni 1923, es sei denn, daß die Frist aus Ziffer 3 verstrichen ist.

b) Die Anordnung vom 16. Juni 1923 findet keine Anwendung, wenn ein Beamter in demselben Orte in einen mit Arbeitgeberzuschüssen der Behörde errichteten Neubau zieht. In solchem Falle bedarf es, falls nicht örtliche Anordnungen aus § 6 des Wohnungsmangelgesetzes entgegenstehen, bezüglich der Altwohnung der Zuweisung mehrerer Wohnungsuchender gemäß § 4 desselben Gesetzes.

(17. Y. 87/24. REntsch. v. 8. 12. 24. OLG. 44, 20.)

---

76. Auch in den Fällen, auf welche sich die Anordnung des Preußischen Ministers für Volkswohlfahrt betreffend Unterbringung versetzter Beamter und Reichswehrangehöriger vom 16. Juni 1923 bezieht, hat das Mieteinigungsamt zu prüfen, ob durch den beantragten Zwangsmietvertrag für den Verfügungsberechtigten ein unverhältnismäßiger Nachteil erwachsen würde.

(17. Y. 164/24. REntsch. v. 9. 2. 25. JW. 25, 634[4]; GE. 25, 762.)

76a. Der Verfügungsberechtigte kann, wenn er gegen eine nach § 4 des Wohnungsmangelgesetzes ergangene Verfügung der Gemeindebehörde mit Bezeichnung von Wohnungsuchenden nicht oder erfolglos Beschwerde eingelegt hat, in dem Verfahren auf Festsetzung eines Zwangsmietvertrages noch geltend machen, daß für ihn aus der Vermietung an sich oder aus der Art des Mieters ein unverhältnismäßiger Nachteil zu besorgen sei. Dagegen kann er Einwendungen gegen die Zulässigkeit der Verfügung nicht mehr erheben.

(17. Y. 67/25. REntsch. v. 4. 5. 25.)

77. Ein unverhältnismäßiger Nachteil im Sinne des § 4 des Wohnungsmangelgesetzes kann für den Verfügungsberechtigten unter Umständen auch dann zu besorgen sein, wenn er die Räume nicht zur Befriedigung des eigenen Wohnbedürfnisses braucht.

(17. Y. 16/25. REntsch. v. 7. 4. 25.)

78. Bei der in § 4 des Wohnungsmangelgesetzes vorgeschriebenen Prüfung, ob für den Verfügungsberechtigten durch die Festsetzung des Zwangsmietvertrages ein unverhältnismäßiger Nachteil zu besorgen ist, können auch solche Umstände berücksichtigt werden, die auf einem Verstoß des Verfügungsberechtigten gegen wohnungsrechtliche Vorschriften beruhen.

(17. Y. 36/25. REntsch. v. 7. 4. 25.)

79. Die Rechtsbeschwerde des Vermieters gegen den Zwangsmietvertrag kann damit begründet werden, daß das Mieteinigungsamt die Behauptung nicht geprüft habe, der Zwangsmieter erstrebe die Wohnung nur zu gewinnsüchtigen Zwecken und wolle sie alsbald verkaufen.

(17. Y. 129/24. REntsch. v. 19. 1. 25. GE. 25, 363.)

---

80. Nach § 4 des Wohnungsmangelgesetzes darf der Zwangsmietvertrag nicht schlechthin mit der Gemeinde ge-

schlossen, sondern diese nur an Stelle eines bestimmten Wohnungsuchenden als Mieterin mit der Befugnis eingesetzt werden, an denselben Wohnungsuchenden die Wohnung weiter zu vermieten.

(17. Y. 67/24. REntsch. v. 6. 10. 24. OLG. 44, 9; JW. 24, 2023[31]; MEK. 2, 30; DJZ. 25, 670; PrVerwBl. 46, 162.)

81. Nach § 6 des Wohnungsmangelgesetzes kann nicht angeordnet werden, daß die Gemeinde durch den Zwangsmietvertrag berechtigt ist, die Mieträume einem beliebigen Wohnungsuchenden weiter zu vermieten.

(17. Y. 3/25. REntsch. v. 17. 3. 25.)

---

82. Hatte der Verfügungsberechtigte nach § 4 Abs. 1 des Wohnungsmangelgesetzes in der ursprünglichen Fassung gegen den Zwangsmietvertrag Widerspruch erhoben, so konnte das Mieteinigungsamt entscheiden und einen neuen Zwangsmietvertrag mit demselben Mieter festsetzen; diese Befugnis steht ihm dagegen nicht zu, wenn der Widerspruch von dem Wohnungsuchenden erhoben worden ist.

(17. Y. 48/24. REntsch. v. 12. 6. 24. OLG. 43, 258; JW. 24, 2018[24]; MEK. 2, 24; EA. 24, 323.)

---

83. Die nach § 8 des Wohnungsmangelgesetzes zum Wohnungstausch erforderliche Genehmigung der Gemeindebehörde kann durch das Mieteinigungsamt ersetzt werden.

(17. Y. 74/24. REntsch. v. 23. 7. 24. OLG. 43, 345; JW. 24, 2022[29]; MEK. 2, 41; EA. 24, 330; GE. 25, 54; PrVerwBl. 46, 91.)

84. Bei Räumen, die im Eigentum von Gesellschaften und Genossenschaften der im § 16 Abs. 1 Satz 3 des

Reichsmietengesetzes bezeichneten Art stehen, kann die Zustimmung der Eigentümerin zum Wohnungstausch nicht durch das Mieteinigungsamt ersetzt werden.

(17. Y. 147/24. REntsch. v. 20. 2. 25. EA. 25, 369.)

85. Die Zustimmung des Vermieters zum Wohnungstausch nach § 8 des Wohnungsmangelgesetzes kann durch das Mieteinigungsamt nicht mehr ersetzt werden, wenn das Mietverhältnis des abziehenden Mieters zur Zeit der Entscheidung durch rechtskräftiges Gerichtsurteil aufgehoben ist.

(17. Y. 148/24. REntsch. v. 19. 1. 25. GE. 25, 608; PrVerwBl. 46, 326.)

86. Durch einen Wohnungstausch, bei dem das Mieteinigungsamt die Zustimmung des Vermieters zum Wohnungstausch gemäß § 8 des Wohnungsmangelgesetzes ersetzt hat, tritt der anziehende Mieter in die Rechte und Pflichten des abziehenden Mieters dessen Vermieter gegenüber ein; ein Zwangsmietvertrag zwischen dem Vermieter und dem anziehenden Mieter kann daher nicht geschlossen werden.

(17. Y. 98/24. REntsch. v. 5. 1. 25.)

87. Der § 8 des Wohnungsmangelgesetzes findet auch Anwendung, wenn der Wohnungstausch innerhalb einer Gemeinde erfolgt.

(17. Y. 6/25. REntsch. v. 9. 2. 25. EA. 25, 369; GE. 25, 856.)

88. Bei Geschäftsräumen kann die Zustimmung des Vermieters zum Tausch nicht nach § 8 des Wohnungsmangelgesetzes durch das Mieteinigungsamt ersetzt werden. Die Zustimmung des Vermieters zum Tausch einer Wohnung, die sowohl Wohn- wie Geschäftszwecken dient, kann

durch das Mieteinigungsamt nur dann ersetzt werden, wenn der Geschäftszweck hinter dem Wohnzweck wesentlich zurücktritt.

(17. Y. 159/24. REntsch. v. 17. 3. 25.)

---

89. Hat der Verfügungsberechtigte ein Gebäude mit Zuschüssen aus den für die Wiederherstellung der während des Krieges zerstörten Gebäude bereitgestellten Mitteln neugebaut, dabei aus eigenen Mitteln einen oder mehrere neue Räume geschaffen und sind diese nach dem 1. Juli 1918 bezugsfertig geworden, so finden auf sie die Vorschriften des Wohnungsmangelgesetzes vom 26. Juli 1923 keine Anwendung.

(17. Y. 1/24. REntsch. v. 31. 1. 24. OLG. 43, 252; JW. 24, 834[15]; MEK. 2, 43.)

90. Neubauten und durch Umbau oder Einbau neu geschaffene Räume, die erst nach dem 1. Juli 1918 bezugsfertig geworden sind (§ 12 des Wohnungsmangelgesetzes), können der öffentlichen Bewirtschaftung im Sinne des Wohnungsmangelgesetzes nicht durch Vereinbarung zwischen der Gemeindebehörde und dem Verfügungsberechtigten unterstellt werden.

(17. Y. 103/24. REntsch. v. 20. 2. 25.)

91. Eine juristische Person, die Mitglied einer Gesellschaft oder Genossenschaft der im § 16 Abs. 1 des Reichsmietengesetzes bezeichneten Art ist, kann nicht Wohnungsuchender im Sinne des § 13 des Wohnungsmangelgesetzes sein.

(17. Y. 165/24. REntsch. v. 17. 3. 25. EA. 25, MaiNr.)

92. a) Durch Umbau oder Einbau neu geschaffen sind nur solche Räume anzusehen, die vor der baulichen Ver-

änderung in ihrer jetzigen Gestalt und Verwendbarkeit nicht vorhanden waren.

b) Der § 12 Abs. 1 des Wohnungsmangelgesetzes gilt nicht für Räume, die selbst nicht neu geschaffen sind, aber mit neu geschaffenen Räumen eine einheitliche Wohnung und dergl. bilden[1]).

(17. Y. 143/24. REntsch. v. 17. 3. 25.)

---

93. Der § 15 des Wohnungsmangelgesetzes findet auch dann Anwendung, wenn der Inhaber des Betriebes die Räume zwar nicht selbst errichtet, wohl aber vor dem 1. Juli 1918 zu Eigentum erworben und zunächst noch nicht, aber später und zwar noch vor dem 1. Juli 1918 zur Unterbringung von Betriebsangehörigen bestimmt und auch verwendet hat.

(17. Y. 149/24. REntsch. v. 12. 1. 25. OLG. 44, 28; EA. 25, 355; PrVerwBl. 46, 296.)

94. Räume verlieren ihre Eigenschaft als Werkräume im Sinne des § 15 des Wohnungsmangelgesetzes nicht dadurch, daß sie durch Betriebsfremde benutzt werden.

(17. Y. 139/24. REntsch. v. 20. 2. 25. EA. 25, MaiNr.; GE. 25, 815.)

95. Zur Weiterbenutzung von Dienstwohnungen durch den Dienstpflichtigen nach Aufhebung des Dienstvertrages bedarf es keiner Genehmigung des Wohnungsamtes.

(17. Y. 122/24. REntsch. v. 20. 2. 25.)

96. Bei der Verfügung über Pförtnerwohnungen darf das Wohnungsamt seine nach § 10 Abs. 4 der Berliner Bekanntmachung vom 12. Mai 1921, jetzt § 6 Nr. 4 des Berliner Wohnungsnotrechts vom 18. August/30. Dezem-

---

[1]) Dazu für Bayern Tb Nr. 5.

ber 1924 erforderliche Zustimmung aus einem in der Person des Bewerbers liegenden Grunde nur deshalb versagen, weil er nicht vor dem 1. Januar 1914 deutschen Wohnsitz hatte und nicht zu den Vertriebenen und Heimkehrern (§ 9c der Wohnungsmangelverordnung) gehörte.

(17. Y. 119/24. REntsch. v. 19. 1. 25.)

IV. Verfahren.

97. Gegen eine Verfügung des Wohnungsamtes, durch die dem Räumungspflichtigen die Instandsetzung der geräumten Wohnung unter Berufung auf das Wohnungsmangelgesetz aufgegeben wird, ist die Beschwerde an das Mieteinigungsamt zulässig.

(17. Y. 33/25. REntsch. v. 7. 4. 25.)

97a. Gegen jede auf Grund des Wohnungsmangelgesetzes im Einzelfalle getroffene Verfügung des Wohnungsamtes steht dem unmittelbar Betroffenen in Preußen die Beschwerde an das Mieteinigungsamt zu.

(17. Y. 37/25. REntsch. v. 4. 5. 25.)

97b. Gegen eine Anordnung auf Grund des Art. V des Notgesetzes vom 24. Februar 1923 und der preuß. Ausführungsanweisung vom 28. März 1923 ist eine Beschwerde an das Mieteinigungsamt auch nicht mit der Begründung zulässig, daß der Wohnungsuchende nicht zu den in diesen Bestimmungen bezeichneten Personen gehöre.

(17. Y. 56/25. REntsch. v. 16. 4. 25.)

98. Gegen die Versäumung der in den Preußischen Ausführungsvorschriften über das Verfahren vor den Einigungsämtern usw. vom 3. Juli 1920 Ziffer 5 bestimmten Frist ist die Wiedereinsetzung in den vorigen Stand

unter den für die Wiedereinsetzung in bürgerlichen Rechtsstreitigkeiten bestimmten Voraussetzungen zulässig.

(17. Y. 142/24. REntsch. v. 19. 1. 25. GE. 25, 364.)

99. Die Zurücknahme der nach § 16 des Wohnungsmangelgesetzes zugelassenen Beschwerde gegen Verfügungen des Wohnungsamtes wird erst wirksam, wenn die Zurücknahmeerklärung dem Mieteinigungsamt zugegangen ist.

(17. Y. 15/25. REntsch. v. 9. 2. 25. JW. 25, 799[2]; EA. 25, 363; GE. 25, 608.)

100. Zum Vorsitzenden eines Mieteinigungsamtes darf nur bestellt werden, wer sich in der aus aus § 3 Ziffer 3 der 1. Ausführungsverordnung (des preuß. Justizministers vom 15. August 1923) zum Mieterschutzgesetz ersichtlichen Form verpflichtet, für Dritte keine berufliche oder ehrenamtliche Tätigkeit auszuüben, die sich auf Mietverhältnisse über Gebäude oder Gebäudeteile bezieht.

(17. Y. 166/24. REntsch. v. 20. 2. 25. JW. 25, 800[3]; EA. 25, 359; GE. 25, 555.)

101. Bei Entscheidungen des Kreismieteinigungsamtes über Beschlagnahmen, die der Kreisausschuß oder ein diesem angegliedertes Kreiswohnungsamt vorgenommen hat, insbesondere über Anträge dieser Stellen auf Abschluß von Zwangsmietverträgen, darf der Landrat desselben Kreises nicht mitwirken.

(17. Y. 108/24. REntsch. v. 8. 12. 24. OLG. 44, 6; EA. 25, 354.)

102. Ein Landrat kann in Preußen nicht Vorsitzender eines Mieteinigungsamtes sein.

(17. Y. 29/25. REntsch. v. 17. 3. 25.)

103. Seit dem 1. Oktober 1923 dürfen die Mieteinigungsämter nur mit Beisitzern tagen, die gemäß der

Ausführungsverordnung des preuß. Volkswohlfahrtsministers vom 25. September 1923 zum Mieterschutzgesetz neu gewählt sind.

(17. Y. 16/24. REntsch. v. 13. 3. 24. OLG. 43, 237; JW. 24, 841[25]; MEK. 2, 109.)

104. Als Mitglied des Mieteinigungsamtes ist nach § 38 Abs. 3 in Verbindung mit § 7 Abs. 3 Satz 4 des Mieterschutzgesetzes jeder ausgeschlossen, der Mitglied irgendeines Wohnungsamtes ist.

(17. Y. 113/24. REntsch. v. 12. 1. 25. GE. 25, 318.)

105. Ein Verfahren, nach dem die Beisitzer des Kreismieteinigungsamtes vom Kreisausschuß nicht aus der Gesamtheit der auf den Vorschlagslisten enthaltenen tauglichen Personen ausgewählt werden und nach der die Reihenfolge der Gewählten an den einzelnen Sitzungen nicht durch Auslosung bestimmt wird, sondern nach dem vom Kreisausschuß für jeden zum Geschäftsbereiche des Kreismieteinigungsamtes gehörigen Ort zwei besondere Beisitzer gewählt werden, die an jeder Angelegenheiten ihres Ortes betreffenden Mieteinigungsamtssitzung teilnehmen, entspricht nicht dem Gesetz und ist daher unzulässig.

(17. Y. 109/24. REntsch. v. 17. 11. 24. OLG. 44, 7; JW. 24, 2010[12]; GE. 25, 215; PrVerwBl. 46, 263.)

106. Bei der Entscheidung des Mieteinigungsamtes in Sachen, in denen die Gemeindebehörde Partei ist, insbesondere bei der Festsetzung von Zwangsmietverträgen, darf kein früheres oder jetziges Mitglied des die Gemeindebehörde nach außen vertretenden Organs mitwirken.

(17. Y. 30/23. REntsch. v. 31. 1. 24. OLG. 43, 241; JW. 24, 835[16]; MEK. 2, 112; DJZ. 24, 915.)

Aufrechterhalten.

(17. Y. 72/24. REntsch. v. 3. 11. 24. OLG. 44, 6; JW. 24, 2021[27]; EA. 25, 355.)

---

107. Das Mieteinigungsamt und die Beschwerdestelle dürfen eine sachliche Entscheidung auf einen an sich zu ihrer Zuständigkeit gehörigen Antrag nicht deshalb ablehnen, weil die Entscheidung für das Rechtsverhältnis der Parteien nach ihrer Auffassung nicht in Betracht kommen kann.

(17. Y. 140/24. REntsch. v. 8. 12. 24. OLG. 44, 15; JW. 25, 800[4]; PrVerwBl. 46, 284.)

Aufrechterhalten.

(17. Y. 131/24. REntsch. v. 9. 2. 25.)

108. Das Mieteinigungsamt darf dem Wohnungsamte durch einstweilige Anordnung untersagen, seine Verfügungen vor eingetretener Rechtskraft zu vollstrecken.

(17. Y. 44/24. REntsch. v. 5. 6. 24. OLG. 43, 265; JW. 24, 2025[34]; MEK. 2, 116; EA. 24, 322.)

109. Bei der Entscheidung über die Beschwerde gegen eine Wohnungsbeschlagnahme hat das Mieteinigungsamt nicht nur die formellen Voraussetzungen der Beschlagnahme, sondern auch nachzuprüfen, ob sie unter Anwendung des billigen Ermessens aufrechtzuerhalten ist.

(17. Y. 102/24. REntsch. v. 6. 10. 24, OLG. 44, 25; JW. 24, 2011[13]; MEK. 2, 91; GE. 25, 98; PrVerwBl. 46, 153.)

110. Auch im Geltungsbereiche der Anordnung des Verbandspräsidenten des Siedlungsverbandes Ruhrkohlenbezirk vom 25. September 1920 hat das Mieteinigungsamt bei Entscheidungen über Beschlagnahmeverfügungen

des Wohnungsamtes und Festsetzung von Zwangsmietverträgen das billige Ermessen anzuwenden.

(17. Y. 99/24. REntsch. v. 8. 12. 24. OLG. 44, 25.)

111. Das Mieteinigungsamt darf eine auf § 11 des Groß-Berliner Wohnungsnotrechts vom 12. Mai 1921 gestützte Räumungsaufforderung des Wohnungsamtes aufheben, wenn das billige Ermessen dazu führt, den Betroffenen weiter wohnen zu lassen.

(17. Y. 41/24. REntsch. v. 19. 5. 24. OLG. 43, 255; MEK. 2, 89; GE. 24, 657, 1475.)

112. Hatte der Verfügungsberechtigte nach § 4 Abs. 1 des Wohnungsmangelgesetzes in der ursprünglichen Fassung gegen den Zwangsmietvertrag Widerspruch erhoben, so konnte das Mieteinigungsamt entscheiden und einen neuen Zwangsmietvertrag mit demselben Mieter festsetzen; diese Befugnis steht ihm dagegen nicht zu, wenn der Widerspruch von dem Wohnungsuchenden erhoben worden ist.

(17. Y. 48/24. REntsch. v. 12. 6. 24. OLG. 43, 258; JW. 24, 2018[24]; MEK. 2, 24; EA. 24, 323.)

113. Das Mieteinigungsamt kann seine nach dem Inkrafttreten des Mieterschutzgesetzes ergangenen Entscheidungen nicht abändern oder aufheben, es sei denn, daß es der Rechtsbeschwerde gemäß § 42 Abs. 1 dieses Gesetzes abhilft.

(17. Y. 48/24. REntsch. v. 12. 6. 24. OLG. 43, 258; JW. 24, 2018[24]; MEK. 2, 24; EA. 24, 323.)

114. Auf Rechtsbeschwerde darf das Mieteinigungsamt seine angefochtene Entscheidung nur dann abändern, wenn diese Entscheidung auf einer Gesetzesverletzung beruht,

nicht aber nur auf Grund neuen tatsächlichen Vorbringens.

(17. Y. 130/24. REntsch. v. 2. 3. 25. EA. 25, 368.)

115. Die Wiederaufnahme des rechtskräftig abgeschlossenen Verfahrens vor dem Mieteinigungsamt ist unter den gleichen Voraussetzungen wie im bürgerlichen Rechtsstreit zulässig.

(17. Y. 161/24. REntsch. v. 17. 3. 25.)

---

116. Gegen die Entscheidungen der Mieteinigungsämter als Kleingartenschiedsgerichte findet eine Rechtsbeschwerde nicht statt[1]).

(17. Y. 21/24. REntsch. v. 14. 4. 24. PrJustMinBl. 24, 222; JW. 24, 843[29]; MEK. 1, 54; EA. 24, 313; LZ. 24, 475.)

117. Auch über die Einwendung, daß der zugewiesene Ersatzraum in einer anderen Gemeinde liegt, entscheidet das Mieteinigungsamt nach § 16 Abs. 1 Satz 2 des Mieterschutzgesetzes endgültig.

(17. Y. 32/24. REntsch. v. 12. 6. 24. OLG. 43, 331; JW. 24, 2009[8]; MEK. 2, 84; GE. 25, 56; PrVerwBl. 46, 21.)

118. Gegen eine nach Erledigung der Hauptsache ergangene Kostenentscheidung des Mieteinigungsamtes ist die Rechtsbeschwerde nicht zulässig.

(17. Y. 96/24. REntsch. v. 6. 10. 24. OLG. 44, 7; JW. 25, 801[5]; GE. 25, 135.)

119. Durch das Mieteinigungsamt vorgenommene

---

[1]) Ebenso REntsch. d. OLG. Dresden 6 Reg. 143/24 v. 18. 11. 24 (SächsJMBl. 25, 1).

Streitwertfestsetzungen und Festsetzungen der Kostenhöhe sind durch Rechtsbeschwerde nicht anfechtbar.

(17. Y. 114/24. REntsch. v. 17. 11. 24. OLG. 44, 7.)

---

120. Wenn das Mieteinigungsamt den Antrag des Vermieters auf Erhöhung der Friedensmiete durch Beschluß zurückgewiesen und die Entscheidung über den Antrag des Mieters auf Festsetzung der Friedensmiete einer Schlußentscheidung vorbehalten hat, so kann der zurückweisende Beschluß selbständig mit der Rechtsbeschwerde angefochten werden.

(17. Y. 121/24. REntsch. v. 17. 11. 24. OLG. 44, 9; JW. 24, 2012[16].)

121. Die schriftliche Einlegung der Rechtsbeschwerde erfordert nach § 21 der Anordnung der Reichsregierung für das Verfahren vor dem Mieteinigungsamt und der Beschwerdestelle vom 19. September 1923, daß die Beschwerdeschrift von der Partei oder einer zu ihrer Vertretung befugten Persönlichkeit handschriftlich unterzeichnet ist.

(17. Y. 135/24. REntsch. v. 9. 2. 25. EA. 25, 362.)

122. Auf Beginn und Ende der Rechtsbeschwerdefrist hat es keinen Einfluß, wenn der in § 40 Abs. 4 des Mieterschutzgesetzes vorgeschriebene Hinweis auf die zulässigen Rechtsbehelfe unterbleibt oder unrichtig erfolgt.

(17. Y. 30/25. REntsch. v. 7. 4. 25. EA. 25, MaiNr.)

123. Der Lauf der Frist zur Einlegung der Rechtsbeschwerde in Mieterschutzsachen beginnt für den Beschwerdeführer, der bei Verkündung der angefochtenen Entscheidung gegenwärtig oder vertreten war, mit der Verkündung der Entscheidung.

(17. Y. 30/24. REntsch. v. 8. 5. 24. MEK. 2, 121.)

124. Gegen einen nicht in Gegenwart des Beteiligten oder seines Bevollmächtigten verkündeten Beschluß des Mieteinigungsamtes beginnt für diesen Beteiligten die Frist zur Einlegung der Rechtsbeschwerde erst mit der Mitteilung der Entscheidung zu laufen.

(17. Y. 25/24. REntsch. v. 28. 4. 24. OLG. 43, 245; MEK. 2, 119.)

125 Gegen einen Beteiligten, der sich vor Beendigung der Verkündung der Entscheidung des Mieteinigungsamtes entfernt hat, beginnt die Frist zur Einlegung der Rechtsbeschwerde erst mit der Mitteilung der Entscheidung zu laufen.

(17. Y. 67/24. REntsch. v. 6. 10. 24. OLG. 44, 9; JW. 24, 2023[31]; MEK. 2, 30; PrVerwBl. 46, 162.)

126. Seit Inkrafttreten des Mieterschutzgesetzes ist gegen die auf Grund von § 9d der Wohnungsmangelverordnung und von § 16 des Wohnungsmangelgesetzes ergehenden Beschwerdeentscheidungen der Mieteinigungsämter dem unmittelbar Betroffenen die Rechtsbeschwerde an das Landgericht gegeben[1]).

(17. Y. 11/24. REntsch. v. 20. 3. 24. OLG. 43, 238; JW. 24, 842[26]; MEK. 2, 122.)

127. Gegen die Beschwerdeentscheidung des Mieteinigungsamtes in Wohnungsmangelangelegenheiten kann auch die Gemeindebehörde Rechtsbeschwerde einlegen[1]).

(17. Y. 10/24. REntsch. v. 20. 3. 24. OLG. 43, 240; JW. 24, 843[27]; MEK. 2, 126.)

128. Dem Verfügungsberechtigten steht die Rechtsbe-

---

[1]) Anders Bayern Tb Nr. 9.

schwerde gegen die Festsetzung eines Zwangsmietvertrages durch das Mieteinigungsamt zu.

(17. Y 58/24. REntsch. v. 30. 6. 24. OLG. 43, 332; JW. 24, 2011[15]; MEK. 2, 131.)

129. In dem auf den Abschluß eines Zwangsmietvertrages gerichteten Verfahren ist die Gemeindebehörde (das Wohnungsamt) Partei und deshalb berechtigt, Rechtsbeschwerde einzulegen.

(17. Y. 17/24. REntsch. v. 6. 3. 24. JW. 24, 840[21]; MEK. 2, 130; GE. 24, 809.)

130. a) Die Beschwerdestelle darf vor ihrer Entscheidung einstweilige Anordnungen erlassen.

b) Die Beschwerdestelle darf dem Wohnungsamt durch einstweilige Anordnung untersagen, seine Verfügungen vor eingetretener Rechtskraft zu vollstrecken.

(17. Y. 44/24. REntsch. v. 5. 6. 24. OLG. 43, 265; JW. 24, 2025[34]; MEK. 2, 116; EA. 24, 322.)

131. Die unrichtige Anwendung des billigen Ermessens verletzt das Gesetz. Die Beschwerdestelle muß deshalb nicht nur prüfen, ob das Mieteinigungsamt billiges Ermessen überhaupt angewendet hat, sondern auch, ob die Anwendung richtig erfolgt ist[1]).

(17. Y. 137/24. REntsch. v. 20. 2. 25. GE. 25, 907.)

---

[1]) Dazu REntsch. d. OLG. Dresden 6a Reg. 846/24 v. 20. 1. 25 (SächsJMBl. 15):

„Die Rechtsbeschwerde nach § 41 des Mieterschutzgesetzes kann darauf gestützt werden, daß das Mieteinigungsamt nicht nach billigem Ermessen entschieden hat. Die Entscheidung ist dann nicht nach billigem Ermessen getroffen, wenn sie sich infolge Unterlassung der gebotenen Abwägung der Belange der Beteiligten ohne weiteres als offenbar unbillig darstellt“.

132. Das Landgericht darf — abgesehen von der Nachprüfung von Verfahrensmängeln — nur dann tatsächliche Feststellungen des Mieteinigungsamtes nachprüfen oder ergänzen, wenn es eine Gesetzesverletzung festgestellt hat und der neuen Tatsachen für die eigene Entscheidung bedarf.

(17. Y. 5/24. REntsch. v. 13. 3. 24. OLG. 43, 242; JW. 24, 840[23]; MEK. 2, 133.)

133. Wenn das Landgericht einen Beschluß des Mieteinigungsamtes aufhebt und die Sache an dieses zur anderweiten Verhandlung zurückverweist, so ist grundsätzlich die Kostenentscheidung auch für die landgerichtliche Instanz dem Mieteinigungsamte zu überlassen.

(17. Y. 38/24. REntsch. v. 19. 5. 24. MEK. 2, 143.)

134. Die Beschwerdestelle ist nicht befugt, ihre Entscheidung über die Rechtsbeschwerde nach der Bekanntgabe an die Parteien abzuändern.

(17. Y. 47/24. REntsch. v. 5. 6. 24. OLG. 43, 262; MEK. 2, 139.)

---

135. Die abweichende Entscheidung einer außerpreußischen Beschwerdestelle verpflichtet das Landgericht nicht zur Einholung eines Rechtsentscheides des Kammergerichts.

(17. Y. 18/24. REntsch. v. 13. 3. 24. OLG. 43, 244; JW. 24, 840[22]; EA. 24, 308.)

136. Wenn bei einem Landgericht mehrere Rechtsbeschwerdekammern bestehen und eine Kammer von der ihr bekannten Entscheidung einer anderen Kammer abweichen

will, so hat sie die Sache dem Kammergericht zum Rechtsentscheide vorzulegen.

(17. Y. 96/24. REntsch. v. 6. 10. 24. OLG. 44, 7; JW. 25, 801[5]; GE. 25, 135.)

137. Hat eine Beschwerdestelle einen Rechtsentscheid nachgesucht, weil sie bei der Entscheidung einer Rechtsfrage von der ihr bekannten Entscheidung einer anderen Beschwerdestelle abweichen will, so darf sie, solange der Rechtsentscheid aussteht, über Rechtsbeschwerden nicht nach ihrer von der anderen Beschwerdestelle abweichenden Rechtsauffassung entscheiden.

(17. Y. 23/25. REntsch. v. 9. 2. 25. JW. 25, 801[6]; EA. 25, 361; GE. 25, 556.)

138. Rechtsentscheide können nur in Mieteinigungs-, nicht in Mietschöffensachen eingeholt werden.

(17. Y. 101/24. REntsch. v. 7. 11. 24. OLG. 44, 10; JW. 24, 2025[33].)

---

139. a) Der § 15 der Anordnung der Reichsregierung für das Verfahren vor dem Mieteinigungsamt und der Beschwerdestelle vom 19. September 1923 ist gültig.

b) Die Beschwerdestelle hat selbst die Höhe der zu ersetzenden baren Auslagen in ihrem Beschlusse anzugeben.

c) Zu den baren Auslagen, die erstattungsfähig sind, können auch die gesetzlichen Gebühren eines Rechtsanwalts gehören.

d) Der § 15 der Verfahrensanordnung findet auch Anwendung, wenn das Wohnungsamt im Verfahren Partei ist. Im Falle seines Unterliegens sind die baren Auslagen der Gemeinde aufzuerlegen.

(17. Y. 117/24. REntsch. v. 19. 1. 25. EA. 25, 361.)

VI. Übergangsrecht.

140. Der § 51 Abs. 2 des Mieterschutzgesetzes bezieht sich auch auf Vergleiche, die vor dem 1. Oktober 1923 vor einem Gericht geschlossen sind.

(17. Y. 35/24. REntsch. v. 12. 6. 24. OLG. 43, 263; MEK. 2, 107.)

141. Die Genehmigung des Mieteinigungsamtes nach § 51 Abs. 2 des Mieterschutzgesetzes darf nicht in bedingter Form ergehen.

(17. Y. 43/24. REntsch. v. 12. 6. 24. OLG. 43, 333; JW. 24, 2013[18]; MEK. 2, 106; GE. 24, 1434; PrVerwBl. 46, 56.)

142. Eine Entscheidung des Mieteinigungsamtes, die eine vor dem 1. Oktober 1923 ergangene Entscheidung nach diesem Tage abändert, ist zulässig, sofern sie noch sachlich Bedeutung haben kann[1]).

(17. Y. 60/24. REntsch. v. 30. 6. 24. OLG. 43, 332; JW. 24, 2011[14]; MEK. 2, 137.)

143. Das Mieteinigungsamt kann seine Entscheidung, durch welche die Friedensmiete vor dem Inkrafttreten des Mieterschutzgesetzes festgesetzt worden ist, auch nach dem Inkrafttreten dieses Gesetzes abändern, wenn es

---

[1]) Die dem Kammergericht vorgelegte Rechtsfrage ging dahin, ob das Mieteinigungsamt heute noch den die Kündigung eines Mietvertrages genehmigenden Beschluß im sog. Wiederaufnahmeverfahren aufheben könne. Das Landgericht wollte das verneinen, weil die Mieteinigungsämter heute nicht mehr mit Kündigungsgenehmigungen befaßt sind. Das Kammergericht ist diesem formalen Bedenken nicht beigetreten.

die Abänderung nach billigem Ermessen für erforderlich hält[1]).

(17. Y. 50/24. REntsch. v. 5. 6. 24. OLG. 43, 262; JW. 24, 2013[19]; MEK. 2, 65; EA. 24, 323; GE. 24, 944; PrVerwBl. 45, 435.)

144. Das Mieteinigungsamt kann die vor dem 1. Oktober 1923 erteilte Genehmigung zur Zwangsvollstreckung aus einem Urteil, welches zur Herausgabe eines vermieteten oder sonst zum Gebrauch überlassenen Raumes verpflichtet, bis zur Beendigung der ordnungsmäßig durchgeführten Zwangsvollstreckung zurücknehmen.

(17. Y. 8/24. REntsch. v. 11. 2. 24. JW. 24, 839[19]; MEK. 2, 97; EA. 24, 303.)

Aufrechterhalten.

(17. Y. 68/24. REntsch. v. 23. 7. 24. OLG. 43, 333; MEK. 2, 103.)

145. Weist das Mieteinigungsamt einen Antrag, eine vor dem 1. Oktober 1923 erlassene Entscheidung nach diesem Tage abzuändern, zurück, so ist gegen diese Entscheidung die Rechtsbeschwerde zulässig[2]).

(17. Y. 167/24. REntsch. v. 20. 2. 25. EA. 25, 368; GE. 25, 856.)

146. Die Rechtsbeschwerde ist auch gegen eine auf Grund des § 51 Abs. 2 des Mieterschutzgesetzes und des § 16 des Groß-Berliner Wohnungsnotrechts in der Fassung vom 17. Sept. 1922 getroffene Entscheidung zulässig.

(17. Y. 35/24. REntsch. v. 12. 6. 24. OLG. 43, 263; MEK. 2, 107.)

---

[1]) Anders Bayern Tb Nr. 6, wonach eine Abänderung nur unter den Voraussetzungen des § 44 MietSchG. zulässig sein soll.

[2]) Ebenso Bayern Tb Nr. 6.

147. Wenn das Mieteinigungsamt eine vor dem 1. Oktober 1923 ergangene Entscheidung nach diesem Tage abändert, ist gegen die abändernde Entscheidung die Rechtsbeschwerde zulässig.

(17. Y. 60/24. REntsch. v. 30. 6. 24. OLG. 43, 332; JW. 24, 2011[14]; MEK. 2, 137.)

Tb.

Rechtsentscheide des Bayerischen Obersten Landesgerichts.

Sämtlich abgedruckt in der Zeitschrift für Rechtspflege in Bayern (BayZ.).

1. Eine neuerliche Festsetzung des ortsüblichen Mietzinses als Friedensmiete ist grundsätzlich ausgeschlossen, wenn die Parteien über die Höhe der gesetzlichen Miete eine Vereinbarung getroffen haben[1]).

(VII 2/1924. REntsch. v. 28. 6. 24. BayZ. 24, 248; OLG. 44, 11.)

2. Die nach § 1 des Reichsmietengesetzes zulässige Erklärung, daß die Höhe des Mietzinses nach den Vorschriften des Reichsmietengesetzes berechnet werden soll, ist auch dann zulässig, wenn durch eine nach dem Inkrafttreten des Reichsmietengesetzes getroffene Vereinbarung die Höhe der Friedensmiete festgesetzt worden ist. Dies gilt jedoch nicht für einen vor dem Mieteinigungsamte, dem Vorsitzenden des Mieteinigungsamtes oder der Beschwerdestelle geschlossenen Vergleich.

(VII 5/1924. REntsch. v. 10. 1. 25. BayZ. 25, 86.)

---

[1]) Teilweise aufgegeben durch Nr. 2.

3. Wird ein Familienhaus an mehrere Parteien vermietet, so liegt in der Regel eine „Verwendung zu wesentlich anderen Zwecken" im Sinne des § 2 Abs. 4 Satz 2 des Reichsmietengesetzes nicht vor.

(VII 4/1924. REntsch. v. 28. 11. 24. BayZ. 25, 15.)

4. Unter Um- und Neubauten im Sinne des § 16 des Reichsmietengesetzes und § 33 des Mieterschutzgesetzes sind nur solche Bauvornahmen zu verstehen, durch die Räume für eine Verwendung neu geschaffen werden, für die sie vorher nicht geeignet waren.

(VII 3/1924. REntsch. v. 11. 10. 24. BayZ. 24, 296; OLG. 44, 5.)

5. Wenn Räume, die nach dem 1. Juli 1918 bezugsfertig geworden sind, mit Räumen, die unter das Reichsmietengesetz fallen, als einheitliches Mietobjekt vermietet werden, so finden die Bestimmungen des Reichsmietengesetzes Anwendung, sofern nicht die unter das Reichsmietengesetz fallenden Räume ihrer Größe und Bedeutung nach hinter den übrigen in besonderem Maße zurückstehen.

(VII 7/1924. REntsch. v. 10. 1. 25. BayZ. 25, 88.)

6. Gegenüber einer Entscheidung des Mieteinigungsamtes über die Festsetzung der Friedensmiete, die der Rechtsbeschwerde nicht unterliegt, können die Parteien nur dann eine abweichende Festsetzung beantragen, wenn sie den Antrag auf neue Tatsachen zu gründen imstande sind, die sie in dem früheren Verfahren nicht geltend machen konnten. Solche Anträge sind vom Mieteinigungsamt sachlich zu würdigen. Gegen die Entscheidungen des Mieteinigungsamtes ist die Rechtsbeschwerde zulässig.

(VII 6/1924. REntsch. v. 20. 12. 24. BayZ. 25, 87.)

7. a) Das Mieteinigungsamt ist zur Entscheidung der Frage zuständig, was als Betriebskosten im Sinne des § 4 des Reichsmietengesetzes anzusehen ist.

b) Ist eine unbebaute Fläche mit einem Gebäude oder Gebäudeteile vermietet, so zählt die für die unbebaute Fläche geschuldete Grundwertabgabe nicht zu den Betriebskosten im Sinne des § 4 des Reichsmietengesetzes.

(VII 2/1925. REntsch. v. 21. 3. 25.)

8. Gegen Entscheidungen des Mieteinigungsamtes auf Grund des § 27 Abs. 2 der (Bayerischen) Bekanntmachung vom 14. Juni 1922 zur Ausführung des Reichsmietengesetzes[1]) ist die Rechtsbeschwerde zulässig.

(VII 8/1924. REntsch. v. 2. 1. 25. BayZ. 25, 88.)

9. Auf dem Gebiete des Wohnungsmangelgesetzes ist die Rechtsbeschwerde nach § 41 des Mieterschutzgesetzes unzulässig.

(VII 1/1924. REntsch. v. 21. 6. 24. BayZ. 24, 175.)

T c.

Rechtsentscheide des Oberlandesgerichts Dresden.

Sämtlich abgedruckt im Sächsischen Justizministerialblatt (SächsJMBl.). Sie sind bei Preußen (Ta) unter Nr. 30, 116 und 131 erwähnt.

---

[1]) Betr. Umlegung der Sammelheizungskosten.

Schlagwortregister.

Es bedeuten: die großen und kleinen Buchstaben: die Gesetze usw. gemäß dem Inhaltsverzeichnisse; die Zahlen: die Artikel, Paragraphen oder Nummern; die Exponenten: die Absätze oder sonstige Unterteilung; ein Stern: die Anmerkung.

A.

D.

E.

G.

H.

J.

K.

L.

M.

N.

O.

P.

U.

Z.

XI. 25. — 15 000,

Nr. 13. **Konkurs-O. u Anfechtungs-G.** Von R. Sydow. Fortgef. v. L. Busch u. O. Krieg. 13. Aufl. 1923. Mit Nachtr. 1924. Rm 4,—

Nr. 14. **Gerichtsverfassungsgesetz.** Von R. Sydow. Fortgeführt von L. Busch. 10. Auflage. 1925. Rm 6,—

Nr. 15. **Das deutsche Gerichtskostengesetz.** Von R. Sydow. Fortgeführt von L. Busch und F. Koehler. 11. Auflage. In Bearbeitung.

Nr. 16. **Rechtsanwaltordnung.** Von R. Sydow. 5. Auflage von M. Jacobsohn. Mit Nachtrag von 1910. — 1907. Rm 1,20

Nr. 17. **Gebührenordn. f. Rechtsanw. u. d. Preuß. Gebührengesetz.** Von R. Sydow. Fortgef. v. L. Busch u. O. Krieg. 12. Aufl. 1922. Mit Nachtrag, enth. alle Änderungen und Neuerungen bis Mai 1925. Rm 5,— (Nachtrag allein Rm 2,50)

Nr. 18. **Reichsstempelgesetz.** Von P. Loeck. Vergriffen. Wird durch Kapitalverkehrssteuergesetz ersetzt. Erläuterte Ausgabe in Bearbeitung.

Nr. 19. **Die Seegesetzgebung.** Von W. E. Knitschky. 5. Auflage von O. Rudorff. — 1913. Rm 8,—

Nr. 20. **Krankenversicherungsgesetz** siehe Nr. **107, 161.**

Nr. 21. **Die Konsulargesetzgebung.** Von Ph. Zorn. 3. Auflage von A. Zorn. — 1911. Rm 4,50

Nr. 22. **Patentgesetz.** Von R. Lutter. 8. Auflage. — 1920. Mit Nachtrag. — 1924. Rm 4,—. Nachtrag apart Rm 0,40

Nr. 23. **Gewerbe-Unfallversicherungsgesetz** siehe Nr. **108, 161.**

Nr. 24. **Aktiengesellschaft u. Kommanditgesellschaften auf Aktien.** Von H. Keyßner und H. Veit Simon. 7. Aufl. In Bearbeitung.

Nr. 25. **Brausteuergesetz.** Von A. Düffe. 2. Aufl. — 1910. Rm 2,—

Nr. 26. **Münz- und Notenbankwesen.** Von R. Koch. 7. Aufl. von Reichsbankpräsident Schacht. 1925. Rm 14,—

Nr. 27. **Gesundheitswesen im Deutschen Reich.** Von E. Goesch und J. Karsten. — 1888. Vergriffen.

Nr. 28. **Bau-Unfallversicherungsgesetz** siehe Nr. **108.**

Nr. 29. **Erwerbs- und Wirtschaftsgenossenschaften.** Von L. Parisius und H. Crüger. 18. Auflage. — 1925. Rm 4,—

Nr. 30. **Invalidenversicherungsgesetz** siehe Nr. **109, 161.**

Nr. 31. **Gewerbegerichtsgesetz.** Von W. Cuno. Vergriffen, neunte Auflage in Vorbereitung. Siehe auch Nr. **112, 112a.**

Nr. 32. **Gesellschaften mit beschränkter Haftung.** Von L. Parisius und H. Crüger. 16. Aufl. — 1923. Rm 2,—

Nr. 33. **Vereins- und Versammlungsrecht.** Von E. Ball. 3. Auflage von F. Friedenthal. — 1907. Rm 2,—

Reichs-Vereinsgesetz vom 19. April 1908 siehe Nr. **88.**

Nr. 34. **Die Abzahlungsgeschäfte.** 3. Auflage von E. Wilke. — 1910. Rm 1,20

Nr. 35. **Die Reichs-Eisenbahngesetzgebung.** Von W. Coermann. — 1895. (Siehe auch Nr. 66.) Rm 2,—

Nr. 36. **Privatrechtliche Verhältnisse der Binnenschiffahrt und Flößerei.** Von E. Löwe. 6. Auflage. — 1923. Rm 4,—

Nr. 37. **Unlauterer Wettbewerb.** Von A. Pinner. 7. Auflage von A. Elster. — 1921. Rm 1,40

Nr. 38/39. **Bürgerliches Gesetzbuch nebst Einführungsgesetz.** Von A. Achilles. In Verbindung mit F. André, O. Meyer, O. Strecker, K. v. Unzner herausgegeben von M. Greiff. 11. Aufl. — 1923. Mit Nachtrag 1924. Rm 13,—

Nr. 40. Gesetz, betr. die **Pflichten der Kaufleute bei Aufbewahrung fremder Wertpapiere [Depotgesetz].** Von F. Lusensky. 3. Auflage. — 1916. Mit Nachtrag 1924. Rm 1,—

Nr. 41. **Börsengesetz.** Von Th. Hemptenmacher. 8. Auflage von O. Meyer. — 1915. Rm 3,50

Nr. 42. **Grundbuchordnung.** Von O. Fischer. 8. Auflage. — 1924. Rm 3,—

Nr. 43. **Zwangsvollstreckung.** Von J. Krech und O. Fischer. 9. Auflage von O. Fischer. — 1922. Rm 3,50

Nr. 44. **Auswanderungswesen.** Von F. Stoerk. — 1899. Rm 2,—

Nr. 45. **Das Entmündigungsrecht.** Von P. Koll. — 1900. Rm 1,20

Nr. 46. **Freiwillige Gerichtsbarkeit.** Von H. Jastrow. 6. Auflage von Herm. Günther. — 1921. Rm 4,50

Nr. 47. **Deutsches Vormundschaftsrecht.** Von M. Schultzenstein und P. Köhne. 2. Auflage. — 1901. Rm 2,50

Nr. 48. Gesetze, betr. den **Drogen-, Gift- und Farbenhandel** außerhalb der Apotheken. Von J. Broh. — 1899. Rm 1,20

Nr. 49. **Deutsche Kolonialgesetzgebung.** Von Ph. Zorn. 2. Auflage von Sassen. — 1913. Rm 5,—

Nr. 50. **Der Viehkauf [Viehgewährschaft].** Von H. Stölzle und H. Weiskopf. 5. Auflage. — 1913. Rm 5,50

Nr. 51. **Hypothekenbankgesetz.** Von H. Göppert. 2. Auflage von Seibel. — 1911. Rm 2,20

Nr. 52. **Rechte der Besitzer von Schuldverschreibungen.** Von H. Göppert. 2. Auflage von E. Trendelenburg. — 1915. Rm 1,50

Nr. 53. **Reichspreßgesetz.** Von A. Born. 3. Auflage. — 1924. Rm 4,—

Nr. 54. Verkehr mit **Nahrungsmitteln, Genußmitteln und Gebrauchsgegenständen.** Von G. Lebbin. — 2. Auflage. Im Druck.

Nr. 55. **Beschlagnahme von Lohn- und Gehaltsforderungen.** Von G. Meyer. 5. Auflage. — 1914. Durch Nachträge ergänzt 1925. (Nachträge allein Rm 0,70) Rm 2,30

Nr. 56. **Bekämpfung gemeingefährlicher Krankheiten.** Von B. Burkhardt. — 1900. Rm 1,20

Nr. 57. **See-Unfallversicherungsgesetz** siehe Nr. 108.

Nr. 58. **Recht der unehelichen Kinder.** Von H. Jastrow. — 1901. Mit Nachtrag 1925. Rm 1,60

Nr. 59. **Beurkundung des Personenstandes und die Eheschließung.** Von F. Fibler. 2. Auflage. — 1912. Rm 2,30

Nr. 60. **Das Urheberrecht an Werken der Literatur und der Tonkunst.** Von O. Lindemann. 4. Auflage. — 1921. Rm 1,80

Nr. 61. **Verlagsrecht.** Von B. Marwitz. 3. Auflage. — 1922. Rm 1,60

Nr. 62. **Private Versicherungsunternehmungen.** Von H. Könige. 3. Auflage. In Bearbeitung.

Nr. 63. **Gesetzestafel des deutschen Reichsrechts.** Von H. Bruhns. 2. Auflage. — 1913. Rm 3,—

Nr. 64. Gesetzsammlung, betr. den **Handel mit Drogen und Giften.** Von H. Sonnenfeld. 2. Auflage. — 1912. Rm 3,—

Nr. 65. **Weingesetz.** Von G. Lebbin. 2. Aufl. — 1909. Rm 2,—

Nr. 66. **Die Eisenbahn-Gesetzgebung.** Von W. Pietsch. 2. Auflage. — 1913. (Siehe auch Nr. 91.) Vergriffen.

Nr. 67. **Militär-Strafgesetzbuch.** Von A. Romen und C. Rissom. 3. Auflage. — 1918. Rm 5,—

Nr. 68. **Fleischbeschaugesetz.** Von G. Lebbin und G. Baum. — 1903. Rm 2,80

Nr. 69. Reichsgesetz über die **Naturalleistungen der bewaffneten Macht im Frieden.** Von W. v. Hippel. — 1903. Rm 1,—

Nr. 70. **Das Reichs-Haftpflichtgesetz.** Von G. Eger. — 1903. Vergr. — (Als Ersatz Komment. von Seligsohn. — 1920. Rm 6,50)

Nr. 71. **Kinderarbeit in gewerblichen Betrieben.** Von H. Spangenberg. 2. Auflage. — 1904. Rm 1,20

Nr. 72. **Unfallversicherungsgesetz** siehe Nr. 108.

Nr. 73. **Entschädigung für unschuldig erlittene Verhaftung und Bestrafung.** Von A. Romen. — 1904. Rm 1,70

Nr. 74. **Die Kaufmannsgerichte.** Von M. Apt. 3. Auflage. — 1904. (Siehe auch Nr. 112.) Vergriffen.

Nr. 75. **Konsulargerichtsbarkeit.** Von A. F. Vorwerk. 2. Ausgabe, mit den Schutzgebietsgesetzen. — 1908. Rm 1,60

Nr. 76. **Die Rechtshilfe im Verkehr mit den ordentlichen Gerichten.** Von A. Friedländer. — 1906. Rm 1,50

Nr. 77. **Das Erbschafts-StG.** Von B. Hendel. 1920. Rm 5,— — Neue Fass. v. H. Schachian. 3. Aufl. — 1925. Rm 2,50

Nr. 78. Zigarettensteuergesetz. Von Cuno. In Vorbereitung.

Nr. 79. Die Militärpensionsgesetze. Von A. Romen.

a) I. Teil: **Offizierpensionsgesetz.** — 1907. Rm 2,—

b) II. Teil: **Mannschaftsversorgungsgesetz.** Mit **Kapitalabfindungsgesetz.** — 1908. Rm 2,—

Militärversorgungsgesetze siehe auch Nr. 136, 152 u. 152a.

Nr. 80. Gerichtliche Registerführung. Von O. Lindemann. — 1906. Rm 2,40

Nr. 81. Urheberrecht an Werken der bildenden Künste und der Photographie. Von L. Fuld. 2. Auflage. Im Druck.

Nr. 82. Reichsbeamtengesetz. Von A. Arndt. 3. Auflage. —1923. Mit Nachtrag, enth. die Änderungen bis 1924. Rm 3,50

Nr. 83. Versicherungsvertrag. Von P. Hager und E. Bruck. 5. Auflage. — 1925. Im Druck.

Nr. 84. Sammlung kleinerer privatrechtlicher Reichsgesetze. Von G. Müller. — 1908. Rm 5,50

Nr. 85. Scheckgesetz. Neue Auflage im Druck.

Nr. 86. Die Auslieferungsverträge des Deutschen Reiches. Von A. Cohn. — 1908. Rm 4,—

Nr. 87a. Das deutsche Warenzeichenrecht. Von Freund und Magnus. 6., neubearbeitete Auflage. Teil I: **Die internationalen Verträge.** — 1924. Rm 9,—

Nr. 88. Vereinsgesetz. Von A. Romen. 4. Aufl. — Vergriffen.

Nr. 89. Vogelschutzgesetz. Von L. v. Boxberger. – 1909. Rm 1,—

Nr. 90. Die Haager Abkommen über das **Internationale Privatrecht.** Von G. Bogeng. — 1908. Rm 2,—

Nr. 91. Eisenbahn-Verkehrsordnung. Von E. Blume. 2. Auflage von Weirauch. — 1922. Mit Nachtrag, enth. alle Neuerungen bis Ende 1924. Rm 5,—. (Nachtrag einzeln Rm 1,50)

Nr. 92. Verkehr mit Kraftfahrzeugen. Von R. Kirchner. 8. Auflage. — 1915. Mit Nachtrag, enth. alle Neuerungen bis Ende 1924. Rm 5,—. (Nachtrag einzeln Rm 1,50)

Nr. 93. Sicherung der Bauforderungen. Von E. Harnier. 8. Auflage. — 1912. Rm 1,50

Nr. 94. Die Beamtenhaftpflichtgesetze des Reiches und der Länder. Von H. Delius. 3. Auflage. — 1921. Rm 3,20

Nr. 95. Die Berner Übereinkunft über **Internationales Urheberrecht.** Von H. Dungs. — 1910. Rm 1,—

Nr. 96. Branntweinsteuergesetz. 3. Auflage von K. Kniebe in Vorbereitung. **Branntweinmonopolgesetz** siehe Nr. 131 a.

Nr. 97. Schutzgebietsgesetz. Von J. Gerstmeyer. — 1910. Rm 2,50

Nr. 98. Sechs Haager Abkommen über Internationales Privatrecht. Von H. Dungs. — 1910. Rm 1,50

Nr. 99. **Die Abkommen d. Haager Friedenskonferenz.** Vergr. Jetzt: Wehberg, **Völkerbundakte.** Rm 4,— (Außerh. d. Samml.)

Nr. 100. **Kaligesetz.** Von B. Voelkel. — 1910. Rm 2,40

Nr. 101. **Zuwachssteuergesetz.** Von W. Cuno. — 1911. Rm 3,50

Nr. 102. **Urheberrecht an Mustern und Modellen und Schutz von Gebrauchsmustern.** Von J. Neuberg. — 1911. Rm 2,40

Nr. 103. **Reichs-Viehseuchengesetz.** Von W. v. Hippel. 2. Auflage. — 1912. Rm 4,—

Nr. 104. **Versicherungsgesetz für Angestellte** siehe Nr. 144.

Nr. 105. **Das Geldwesen in den deutschen Schutzgebieten.** Von W. Hintze. — 1912. Rm 1,80

Nr. 106—109. **Reichs-Versicherungsordnung.** Von F. Caspar und A. Spielhagen. 4 Bände. Kplt. Rm 18,—

Nr. 106. I., V. und VI. Buch. **Gemeinsame Vorschriften. — Beziehungen der Versicherungsträger zu einander und zu anderen Verpflichteten. — Verfahren.** Von K. Lippmann, L. Laß und H. Siefart. — 1913. Mit Nachtrag. Von K. Lippmann. — 1920. (Nachtrag einzeln Rm 0,40.) Rm 5,—

Nr. 107. II. Buch. **Krankenversicherung.** Von H. Siefart und F. Sitzler. — 1916. Mit Nachtrag. Von K. Lippmann. — 1920. (Nachtrag einzeln Rm 1,20.) Rm 5,50

Nr. 108. III. Buch. **Unfallversicherung.** Von A. Radtke. — 1913. Mit Nachtrag. Von A. Radtke. — 1921. (Nachtrag einzeln Rm 1,60.) Rm 6,50

Nr. 109. IV. Buch. **Invaliden- und Hinterbliebenenversicherung.** Von B. Jaup und H. Follmann. — Neudruck 1922. Mit Nachtrag, enthaltend die Ergänzungen 1914—1921. (Nachtrag einzeln Rm 1,—.) Rm 3,50

Reichsversicherungsordnung in neuester Fassung von K. Lippmann s. Nr. 161.

Nr. 110. **Wehrbeitragsgesetz.** Von A. Fernow. 2. Auflage. — 1913. Rm 1,60

Nr. 111. **Reichs- und Staatsangehörigkeitsgesetz.** Von A. Romen. — 1913. Vergriffen.

Nr. 112. **Kaufmannsgerichtsgesetz.** Von H. Depène. — 1914. Rm 2,60

Nr. 112a. **Kaufmanns- u. Gewerbegerichtsgesetz nebst Schlichtungsordnung.** (Ergbd. z. Nr. 112.) V. H. Depène. 1924. Rm 3,50

Die Nr. 112 u. 112a enthalten zusammen den vollständigen Text des Gewerbegerichtsgesetzes.

Nr. 113. **Postscheckgesetz.** Von J. Weiland. — 1914. Mit Nachtrag 1918. Rm 1,50

Nr. 113a. **Postscheckordnung.** Von J. Weiland. — 1914. Mit Nachtrag 1918. Rm 1,50

Nr. 114. **Waffengebrauch und Festnahmerecht des Militärs.** Von A. Romen und C. Rissom. — 1914. Rm 1,80

Nr. 115. **Das vertragliche Wettbewerbsverbot [Konkurrenzklausel].** Von G. Baum. — 1914. Rm 3,—

Nr. 116. **Kriegs-Zivil- u. Finanzgesetze.** 3. Aufl. — 1915. Rm 1,50

Nr. 116a. Zweite Folge: Jahr 1915. — 1916. Rm 1,20

Nr. 117. **Darlehnskassengesetz.** — 1915. Rm 1,80

Nr. 118. **Militärhinterbliebenengesetz.** Von Reh. Mit **Kapitalabfindungsgesetz.** — 1915. (Siehe auch Nr. **136.**) Rm 2,20

Nr. 119. **Kriegsleistungsgesetz.** Vergriffen.

Nr. 120. **Telegraphenwegegesetz.** Von Wolf. — 1916. Rm 1,—

Nr. 121. **Direkte Kriegssteuer.** Von A. Mrozek. 1916. Rm 3,50

Nr. 122. **Belagerungszustand.** Von H. Pürschel. 1916. Rm 3,50

Nr. 123. **Warenumsatzstempel.** Von Lindemann. — 1916. (**Umsatzsteuergesetze** siehe Nr. **132.**)

Nr. 124. **Todeserklärung Kriegsverschollener.** Von J. Partsch. — 1917. Rm 2,—

Nr. 125. **Vaterländischer Hilfsdienst.** 3. Auflage. — 1917. Rm 1,—

Nr. 126. **Besitzsteuergesetz.** Von A. Mrozek. Vergriffen.

Nr. 127. **Geschäftsaufsicht zur Abwendung des Konkurses.** Von G. Klien u. Ernst Jaeger. — 1917. Durch Nachträge nach dem Stand v. 1924 ergänzt. Rm 1,60. Nachtrag einzeln 0,60

Nr. 128. **Verhaftung und Aufenthaltsbeschränkung.** Von A. Romen. — 1917. Rm 1,20

Nr. 129. **Zivilrechtkriegsgesetze.** Von Fischer. — 1918. Rm 1,50

Nr. 130. **Ersatzlebensmittelverordnung.** — 1918. Rm 1,50

Nr. 131 a. **Reichsfinanzgesetzgebung 1918.** Bd. I. **Getränkesteuern.** Von G. Mayer. — 1918. Rm 2,50

Nr. 131 b. **Reichsfinanzgesetzgebung 1918.** Bd. II. **Einkommen, Umsatz, Kriegsgewinn** usw. Von G. Mayer. — 1919. Rm 1,50

Nr. 132. **Umsatzsteuergesetz.** Von Otto Lindemann. 3. Auflage. — 1923. Rm 4,—

Nr. 133. **Reichswuchergesetzg.** Von Ad. Lobe. — 1918. Rm 2,80

Nr. 134. **Der Ostfrieden.** Von Karl Strupp. — 1918. Rm 3,—

Nr. 135. **Erbbaurecht.** Von H. Günther. — 1919. Rm 2,—

Nr. 136. **Militärvers.-Ges** Von H. Günther. — 1919. Rm 2,30

Nr. 137. **Reichsverfassung.** Von Arndt. 2. Aufl. — 1921. Rm 2,50

Nr. 138 a. **Arbeiterschutz und Arbeitsrecht.** Von A. Günther. 1920. Rm 5,—

Nr. 138 b. **Betriebsrätegesetz.** Von A. Günther. — 1920. Vergr.

Nr. 139. **Grunderwerbsteuergesetz.** Von Otto Lindemann. — 1919. Rm 1,80

Nr. 140. **Die Siedelungsgesetzgebung im Reich und in Preußen.** Von W. Holzapfel. — 1920. Rm 3,—

Nr. 141. **Sozialisierungsgesetze.** Von Reier. — 1920. Rm 2,20

Nr. 142. **Wirtschaftliche Demobilmachung.** Von Gg. Fischbach. — 1920. Rm 1,—

Nr. 143. **Reichsabgabenordnung.** Von Nieberl. — 1922. Mit Nachtrag, enth. die Änderungen von 1924. Rm 4,—

Nr. 144. **Versicherungsgesetz für Angestellte.** Von Lippmann. — 1920. Rm 3,50

Nr. 145. **Steuer- und Kapitalflucht.** Von E. H. Meyer. 2. Auflage. — 1921. Rm 1,60

Nr. 146. **Tabaksteuergesetz.** Von Wündisch. — 1920. Rm 3,—

Nr. 147. **Filmzensur.** Von Szczesny. — 1920. Rm 1,50

Nr. 148. **Reichsausgleichsgesetz.** Von Decke. — 1920. Rm 1,50

Nr. 149. **Reichsnotopfergesetz.** Von Friedmann und Wrzeszinsky. — 1921. Rm 4,—

Nr. 150. **Reichsschädengesetze.** Von Adolf Hohenstein und Wenzel Goldbaum. — 1922. Rm 4,—

Nr. 151. **Einkommensteuer und Körperschaftsteuer.** Von Hollaender. Im Druck.

Nr. 152. **Wohlfahrtsgesetze.** Von Behrend und Stranz-Hurwitz. Teil I. 1923. Rm 5,—

Nr. 152a. Desgl. Teil II. 1925. Rm 9,—

Nr. 152 und 152a zusammen bezogen Rm 12,—

Nr. 153. **Zwangsanleihegesetz.** Von Simon und Beutner. 1923. Rm 8,—

Nr. 154. **Jugendwohlfahrtsgesetz und Jugendgerichtsgesetz.** Von Drewes und Sandré. — 1923. Mit Nachtrag, enth. die Ergänzungen bis April 1924. Rm 6,—

Nr. 155. **Reichsknappschaftsgesetz.** Von Max Reuß und Fritz Hense. 2. Auflage. — 1926. In Bearbeitung.

Nr. 156. **Mietrecht und Wohnungsmangelgesetz.** Von Krieg. 3. Auflage. — 1925. Rm 7,—

Nr. 157. **Dritte Steuernotverordnung v. 14. 2. 1924** mit den Vorschriften über **Aufwertung.** Von Michaelis. Rm 7,—

Nr. 158. **Strafprozeßordnung.** Alte und neue Fassung synoptisch gegenübergestellt. Von Reichsanwalt Feisenberger. — 1924. Rm 4,50

Nr. 159. **Industriebelastungsgesetz.** Von Höpker. Rm 4,—

Nr. 160. **Fürsorgepflicht.** Von Sandré. Rm 6,—

Nr. 161. **Reichsversicherungsordnung.** Von K. Lippmann. Rm 11,—

Nr. 162. **Handelsrechtl. Nebenges.** Von Schreiber. Im Druck.

Nr. 163. **Notariatsrecht.** Von Szkolny. — 1925. Rm 8,50

B. Preußische Gesetze.

Nr. 1. **Die Verfassung des Freistaats Preußen.** Von A. Arndt. — 1921. Rm 2,—

Ausführlicher Kommentar von Stier-Somlo. — 1921. Rm 5,—

Nr. 2. **Preußische Beamten-Gesetzgebung.** Von K. Pfafferoth. 5. Auflage. — 1916. Rm 2,40

Nr. 3. **Notteſtamente.** Von E. Kurtz. — 1904. Rm 1,50

Nr. 4. **Gebührenordnung für Notare.** Vom 28. Oktober 1922. Von Rausnitz. 6. Auflage. — 1925. Rm 7,—

Nr. 5—9 vergriffen.

Nr. 10. **Einkommensteuergesetz** siehe Reichsgesetze Nr. 151.

Nr. 11. **Gewerbesteuergesetz.** Von A. Fernow. Vergriffen.

Nr. 12. **Allgemeines Berggesetz.** Von Schlüter und Hense. 4. Auflage. — In Vorbereitung.

Nr. 13. **Ergänzungssteuergesetz.** Von A. Fernow. 5. Aufl. Rm 3,—

Nr. 14. **Kommunalabgabengesetz.** Von F. Adickes. 6. Auflage von Falk. — 1922. Rm 3,50

Nr. 15. **Die Kreisordnungen.** Von O. Kolisch. — 1894. Vergriffen.

Nr. 16. **Konzessionierung gewerblicher Anlagen.** Von W. v. Rüdiger. 2. Auflage. — 1901. Vergriffen.

Nr. 17. **Preußisches Gerichtskostengesetz.** Von P. Siméon. 7. Auflage. — 1913. Mit Nachtrag von 1919 und 1920. Rm 4,—

Nr. 18. **Preußisches Stempelsteuergesetz.** Von P. Loeck und W. Seyffarth. 10. Auflage von Eiffler. — In Bearbeitung.

Nr. 19. **Jagdscheingesetz.** Von F. Kunze. 2. Aufl. — 1899. Rm 2,—

Nr. 20. **Die preußischen Erbschaftssteuergesetze.** Von U. Hoffmann. — 1905. Rm 3,—

(Reichs-Erbschaftssteuergesetz siehe Seite 12.)

Nr. 21. **Handelskammern.** Von F. Lusensky. 2. Auflage. — 1909. Rm 3,—

Nr. 22. **Anstellung und Versorgung der Kommunalbeamten.** Von W. Ledermann. 2. Auflage von L. Brühl. — 1914. Rm 2,—

Nr. 23. **Ausführungsgesetze zum Bürgerlichen Gesetzbuche.** Von P. Siméon. 3. Auflage. — 1914. Rm 2,20

Nr. 24. **Die Hinterlegungsordnung (1879).** Von G. Bartels. 2. Auflage. — 1908. Rm 2,—
Abänderungsgesetz vom 21. April 1913 siehe Nr. 53.

Nr. 25. **Preußische Kommunalbeamtengesetzgebung.** Von F. Kremski. — 1901. Rm 3,—

Nr. 26. **Diensteinkommen der Lehrer und Lehrerinnen.** Von G. Cremer. — 1900. Rm 2,20

Nr. 27. **Warenhaussteuer.** Von G. Strutz. — 1900. Rm 1,20

Nr. 28. **Die Fürsorgeerziehung Minderjähriger.** Von P. F. Aschrott. 3. Auflage. — 1917. Rm 2,80

Nr. 29. **Ärztliche Ehrengerichte, das Umlagerecht und die Kassen der Ärztekammern.** Von F. Fidler. — 1901. Rm 1,50

Nr. 30. **Preußisches Staatsschuldbuch** und **Reichsschuldbuch.** Von J. Mücke. — 1902. Rm 2,—

Nr. 31. **Die preußischen Gesindeordnungen.** Zwei Bände. Von St. Gerhard.
31 a. Altpreußische Provinzen und Rheinland. 2. Auflage. — 1914. Rm 3,—
31 b. Hannover, Schleswig-Holstein, Hessen-Nassau und Hohenzollern. — 1902. Rm 2,50

Nr. 32. **Städteordnung.** Von W. Ledermann und B. Brühl. 2. Auflage. — 1913. Rm 6,—

Nr. 33. **Rentenguts- und Anerbenrechts-Gesetzgebung.** Von M. Peltasohn und B. Peltasohn. — 1903. Vergriffen.

Nr. 34. Sammlung der wichtigsten **preußischen Strafgesetze.** Von Lindemann. 2. Auflage. — 1912. Rm 3,50

Nr. 35. **Geschäftsordnung für Gerichtsvollzieher** Von E. Exner. — 1904. Rm 3,—

Nr. 36. **Polizeiverordnungen in Preußen.** Von O. Lindemann. — 2. Auflage. 1912. Rm 2,50

Nr. 37. **Enteignung von Grundeigentum.** Von O. Meyer. 2. Auflage. — 1911. Vergriffen.

Nr. 38. **Kreis- und Provinzial-Abgabengesetz.** Von F. Schmidt. — 1906. Rm 1,20

Nr. 39. **Unterhaltung der öffentlichen Volksschulen.** Von A. Marcks. — 1906. Rm 1,80

Nr. 40. **Verwaltungsstrafverfahren.** Von R. Katzenstein. — 1907. Rm 3,50

Nr. 41. **Die preußischen Jagdpolizeigesetze.** Von F. Kunze und R. Kühnemann. 2. Auflage. — 1907. Vergriffen.

Guttentagsche Sammlung Preußischer Gesetze.

Nr. 42. **Allgemeine Landesverwaltung** und **Zuständigkeit der Verwaltungs- und Verwaltungsgerichtsbehörden.** Von K. Friedrichs. 2. Auflage. — 1921. Rm 3,—

Nr. 43. **Verschuldungsgrenze** für land- und forstwirtschaftlich benutzte Grundstücke. Von R. Leweck. — 1908. Rm 2,40

Nr. 44. **Quellenschutzgesetz.** Von E. Boelkel. — 1909. Rm 1,—

Nr. 45. **Rechtsverhältnisse der Juden in Preußen.** Von M. Kollenscher. — 1910. Rm 2,40

Nr. 46. **Austritt aus der Landeskirche.** Von H. Caro. — 1911. Rm 2,40

Nr. 47. **Feuerbestattung.** Von W. Lohmann. — 1912. Rm 1,50

Nr. 48. **Zweckverbandsgesetz für Groß-Berlin.** Von L. Brühl, K. Gordan und W. Ledermann. — 1912. Rm 4,—

Nr. 49. **Gesetze gegen die Verunstaltung landschaftlich hervorragender Gegenden.** Von O. Goldschmidt. — 1912. Rm 2,40

Nr. 50. **Gesetz, betr. die Anlegung und Veränderung von Straßen und Plätzen in Städten und ländlichen Ortschaften.** Von O. Meyer. — 1913. Rm 3,—

Nr. 51. **Das preußische Disziplinargesetz für die nichtrichterlichen Beamten.** Von E. v. Dultzig. — 1914. Rm 4,20

Nr. 52. **Preußisches Wassergesetz.** Von G. Wulff und F. Herold. — 1913. Rm 4,50

Nr. 53. **Hinterlegungsordnung** von 1913. Von Hagemann. — 1914. Rm 2,20

Nr. 54. **Anlegung von Sparkassenbeständen in Inhaberpapieren.** Von H. Döhring. — 1914. Rm 2,80

Nr. 55. **Preußisches Wohnungsgesetz.** Von B. Schmittmann. — 1918. Rm 2,60

Nr. 56. **Das preußische Tumultschadengesetz.** Von Bruno Friedländer. — 1919. Rm 0,80

Nr. 57. Gesetz über **Landeskulturbehörden.** Von W. Holzapfel. — 1919. Rm 2,—

Nr. 58. **Arbeitsnachweis.** Von P. Wölbling. — 1920. Rm 1,—

Nr. 59. **Bildung der neuen Stadtgemeinde Berlin.** Von P. Wölbling. 2. Auflage. — 1920. Rm 1,40

Nr. 60. **Umlegungsordnung.** Von W. Holzapfel. — 1921. Rm 1,80

Nr. 61. **Preußische Verwaltungsgebührenordnung.** Von K. Eiffler. Mit Nachtrag. — 1925. Rm 6,—

C. Textausgaben

ohne Anmerkungen mit Sachregister.

Aufwertungsgesetze mit Einleitung. Von Michaelis. Rm 1,50
Betriebsrätegesetz. Vergriffen.
Bürgerliches Gesetzbuch. 14. Auflage. Rm 5,—
Erbschaftssteuergesetz. Neue Fassung von H. Schachian. 3. Auflage. Rm 2,50
Freiwillige Gerichtsbarkeit. — 1920. Rm 1,—
Handelsgesetzbuch mit **Seerecht.** 11. Auflage. — 1924. Rm 2,60
Konkursordnung. 2. Auflage. — 1915. Mit Nachtr. 1925. Rm 1,—
Militärstrafgerichtsordnung m. **Einführungsges.** — 1901. Rm 1,30
Militär-Strafgesetzbuch. 2. Auflage. — 1916. Rm 0,50
Reichsfinanzgesetze von 1909. — 1909. Rm 2,60
Reichsmietengesetz. — 1922. Rm 0,50
Reichsnotopfergesetz. Vergriffen.
Reichssteuergesetze 1925 (Steuerüberleitungsgesetz mit Durchführungsbestimmungen — Einkommensteuer, Körperschaftsteuer, Reichsbewertungsgesetz, Vermögensteuer, Erbschaftssteuer). Rm 4,—
Reichsversicherungsordnung. Vergriffen.
Strafgesetzbuch. — 1925. Rm 3,—
Strafprozeßordnung. 5. Auflage. — 1924. Rm 2,50
Umsatzsteuergesetz. — 1920. Rm 0,60
Verkehrs- u. Kohlensteuer u. Kriegssteuerzuschlag. 1917. Rm 0,60
Verfassung des Deutschen Reiches v. 11. 8. 1919. 2. Aufl. Rm 0,60
Verfassung des Freistaates Preußen. Rm 0,60
Versicherungsgesetz für Angestellte. — 1924/25. Rm 2,—
Wechselordnung. — 1908. Rm 0,50
Wehrbeitrag und Besitzsteuer. — 1913. Rm 0,50
Zivilprozeßordnung mit **Gerichtsverfassungsgesetz** und **Einführungsgesetzen.** — 1924. Rm 3,50
Zuwachssteuergesetz. — 1911. Rm 0,50
— **Ausführungsbestimmungen.** — 1911. Rm 0,40
Preuß. Ausf.-Anweis. zur **Gewerbeordnung.** — 1904. Rm 1,—

Schlagwort-Register

R. = Nummer der Sammlung Deutscher Reichsgesetze.
P. = Nummer der Sammlung Preußischer Gesetze.
S. = Seite.

Schlagwort-Register. (R. = Reichsgesetz, P. = preuß. Gesetz.)

Schlagwort-Register. (R. — Reichsgesetz, P. — preuß. Gesetz.)

Schlagwort-Register. (R. = Reichsgesetz, P. = preuß. Gesetz.)

FSC
www.fsc.org
MIX
Papier | Fördert gute Waldnutzung
FSC® C083411

Kolibri 360 GmbH
Ferdinand-Jühlke-Straße 7
99095 Erfurt, Deutschland
produktsicherheit@kolibri360.de